新教师角色适应与专业发展

主　　编　张永华　谌业锋

副 主 编　蒙佐德　严正辉　付建红

天津教育出版社

内容简介

　　有志于教育的青年大学生一旦走进新教师队伍,在面对教师职业的新鲜与兴奋中,难免在"教书育人"方面,有许多的职业茫然和工作盲点,新教师如何适应教师职业、新环境、新课改? 如何站稳、站好"三尺讲台"? 如何成为领导肯定、学生喜欢的好教师?《新教师角色适应与专业发展》一书,从角色适应、专业发展、教学策略、教学反思、人格修养等11个方面入手,以全新的教育理念,丰富的教育教学技能、技巧,为新教师角色适应、专业发展找到了途径与方法。

　　该书特别适合高校师范专业大学生专业学习,特别适合新教师岗前培训以及教师自我成长使用。该书立足于"灵商论理",力图通过新教师的"发现自我"、"治疗自我"与"创造自我"实现自我超越,促使有志青年从"学业有成"向"事业有成"转变,从"教学新手"逐渐成长为"教学能手、教学高手……"

图书在版编目(CIP)数据

新教师角色适应与专业发展 / 张永华,谌业锋主编

. —天津:天津教育出版社,2010.5

ISBN 978 - 7 - 5309 - 6032 - 5

Ⅰ.①新…　Ⅱ.①张… ②谌…　Ⅲ.①师资培养

Ⅳ.①G451.2

中国版本图书馆 CIP 数据核字(2010)第 062959 号

新教师角色适应与专业发展

出 版 人	胡振泰	
主　　编	张永华　谌业锋	
责任编辑	李勃洋	
出版发行	天津教育出版社	
	天津市和平区西康路 35 号	
	邮政编码 300051	
经　　销	全国新华书店	
印　　刷	河北伟琪印刷有限公司	
版　　次	2010 年 5 月第 1 版	
印　　次	2016 年 4 月第 4 次印刷	
规　　格	16 开 (787×1092 毫米)	
字　　数	325 千字	
印　　张	13.75	
定　　价	25.00 元	

前　言

　　随着我国高等教育走向大众化，昔日的天之骄子，如今头上已经失去了那耀眼的光环，有的甚至连找工作都感到困难。但也有不少有志于教育事业的青年大学生走进了教师这一职业。刚参加工作的新教师，对新环境和职业有一种新鲜感，面对新的挑战有一种兴奋感，但也有几分面对工作的盲目与茫然，对教育的责任并不明确，对新课改的要求知之甚少。如何适应教师职业、新环境、新课改？如何站稳、站好"三尺讲台"？如何成为领导肯定、学生喜欢的好教师？这些都是新教师最关注的问题。

　　古希腊人曾把"能认识自己"看成是人的最高智慧。作为一名新教师，应不断"认识自己"，才能逐步"超越自己"。在当今信息化社会里，新教师可能是新理念、新知识、新技术的富有者，但却是"教书育人"经验和技能的匮乏者。所以新教师要不断学习、不断进步，相信自己几年磨一剑的功夫，既不目空一切、也不自惭形秽，而是理智地给自己一个客观评价，以增强自己的上岗信心。如果新教师不能客观面对现实，甚至还认为自己是大材小用，或英雄无用武之地，那可能一上岗就会形成巨大的心理落差和心理障碍。因此，新教师要调整好自己的心态和期望值，不能眼高手低。

　　美国心理学家波斯纳提出：教师成长＝经验＋反思。如果一个新教师仅仅满足于书本知识，而不对前人的经验进行学习和思考，他可能永远只能停留在一个新手型教师的水准上。而我们认为新教师的成长仅有"经验＋反思"是不够的，还要加上"实践"，因为新课程特别强调教与学方式的变革，提出师生互动、有效学习、高效课堂……

　　"金无足赤，人无完人。"新教师相对老教师而言，自然存在缺乏教学经验、不熟悉教学方法、动手能力和科研能力不强等特点。面对自己的暂时弱势，新教师不要气馁，要坦然地正视它，把它看成是自己的工作潜能和发展空间，学会盯着这些不足去跨越障碍，以最大限度地缩短自己的岗位适应期。

　　从"我为人生"向"我为人师"转变，树立师表意识。有道是：学高为师，德高为范。新教师要想在别的教师面前像个"教师样"，除了要学会有"只管读好书"向"如何教好书"转变、由"只管考虑自己"向"要考虑学生"转变外，还要尽快改变自己过去当学生时的一些不良习惯与爱好，以一个称职教师的高标准来严格规范自己的言行举止和穿着打扮，时时、事事、处处在学生面前做好表率作用。

　　从"别人教我"向"我教别人"转变，树立责任意识。教师的天职和根本任务就是教书育人。要搞好教书育人，单凭工作热情不够，还要掌握一些技能。这就要求新教师学会由"别人向自己提问题"到"自己向别人提问题"转变，由"知识人"转变为"创意人"。一方面，要立足学生教学生的局限，即以学生的心理需求和接受能力为依据来搞好教书和育人；另一方面，要跳出学生教学生，在引导学生学习知识和形成能力的同时，帮助学生掌握好学习方法，培养好学习习惯，激发其学习兴趣，使他们人人都会学、人人都爱学并都能学好。

从"学业有成"向"事业有成"转变，树立成材意识。有人说："求生—求学—求道，是人生的三步曲。"新教师都是刚从高、中等学校毕业的学业有成者，要实现学业有成向事业有成跨越，就要尽早进行人生规划和设计，学会在事业中拾级而上，学会在工作中进行有序竞争和合作，学会和同事、学生一起共同进步，学会在实践中不断修正各种理论假设与错误。该书取材于专家型教师谌业锋老师的《新教师角色适应与专业发展》论文观点。立足于"灵商论理"与新课改、教师发展的需要，融入了教育学、心理学的最新研究成果，力图通过新教师的"自我发现"、"自我治疗"与"自我创造"实现自我超越，促使新教师从"教学新手"逐渐成长为"教学能手、教学高手……"

该书凝聚了多位教师和学者的辛勤汗水，特别适合高校师范专业大学生、新教师岗前培训、新教师自我成长使用。教程从新教师角色适应、专业发展、教学策略、教学反思、人格修养等11个方面深入，侧重理论建构、特点分析、新教师技能与素质训练。它将方便新教师角色适应与专业发展。各章编撰人员分别是：第一章（严正辉）；第二章（严正辉 谌业锋）；第三章（蒙佐德 严正辉）；第四章（蒙佐德 付建红）；第五章（蒙佐德 谌业锋）；第六章（付建红 蒙佐德）；第七章（谌业锋 张永华）；第八章（谌业锋 张永华）；第九章（谌业锋 付建红）；第十章（张永华）；第十一章（张永华）。此书弥补了传统新教师成长中只侧重理论知识学习，忽视心理技能、素质训练的缺陷，其理论性和针对性强，知识性、操作性全面。

编　者
2010 年 4 月

目　　录

第一章 新教师角色适应

刚踏入工作岗位的新教师面临社会地位、人际关系、工作环境等重大变化。尽快适应这些变化不仅关系到新教师个体发展，也关系到学校教育的健康发展。

第一节 新教师角色意识

在生活中的每个人都有一定的身份和地位并承担着一定职责。当个人按团体规定的职责和行为规范行动时，他就充当了一定角色。

一、教师角色意识的内涵

"角色"一词本是戏剧用语，指演员在舞台上按剧本要求所扮演的某特定人物，后来被广泛用于社会学和心理学等研究领域。一般说来，角色是由个体特定社会地位决定并为社会所期望的行为规范和行为模式的总和。

（一）教师角色及其特点

教师是受社会委托，对学生身心施加一定影响、发展学生能力、促进学生个性和谐、培养社会人才的教育专职工作者。其学识、能力及法律赋予的权利和职责决定了教师在教育活动中起主导作用。

1. 教师角色的含义

教师角色指教师在其职业活动中表现出的、由其特殊地位决定的、符合社会期望的行为模式。教师角色与教师专业存在密切关系。可以说，教师角色的成功塑造与教师专业化属于同一过程。

2. 教师角色的特点

教师从事专业工作必须遵守特定的行为规范，这就使教师在角色行为方面表现出不同于其它职业的特点。

（1）规定性和自主性。教师必须按社会要求教书育人，这说明教师角色的目标具有统一性和规定性，但这并不意味着教师角色没有自主性。一般来说，教师在从事具体教育教学活动时，是在遵照社会总体要求前提下，自主选择达到目标的方式和途径，尤其是在课堂教学中，教师更具有课程设计、教学组织、学生动机激发、管理与评价等方面的自主权。

（2）个体性和创造性。教师行为比其它职业的从业者更具个体性。一方面，在工作时间和空间上，教师以个人活动为主，也就是说，教育教学的成效与自身发展主要靠教师个体活动完成；另一方面，教师劳动指向每个学生，只有充分了解每个学生的个性特点与需求，才能实施因材施教和个性化教学。

（3）多样性和发展性。教师处于多维空间，在不同空间扮演着不同角色。教育社会学研究表明，教师是学校、社会和家庭等成员角色的交错、冲突而又协调的统一体。在社会生活中，教师是普通的社会成员，享有公民的权利和义务，扮演着"导师"和"公众模范"等角色；在学校中，教师扮演着"教员"、"领导者"、"心理保健者"和"纪律执行者"等角色。不同角色对教师有不同要求，如果教师不能很好地承担每种规定角色，就难以胜任工作。所以，教师既要了解自己承担的角色,还要用发展的眼光,根据时代变化不断适应与调整自身角色。

(4)弥散性和模糊性。教师承担着学生社会化的责任,需要根据自己的职责展开针对性的工作。但学生的变化和成长,不能说是某个教师劳动的直接结果。正因如此,教师往往存在角色内冲突,即教师个人角色的成就需要与教师集体角色成就间的矛盾,这就是教师难以从工作中获得满足感的原因。

(二)新教师角色意识的形成

新教师形成教师角色意识是一个渐进的过程,需要具备一定条件。了解教师角色意识的形成过程和条件,有助于新教师角色意识的转换和形成。

1.新教师角色意识的形成过程

许多关于教师角色的研究表明,教师角色意识的形成一般要经历三个阶段:

(1)角色认知阶段。角色认知指角色扮演者对某角色行为规范的认识和了解。对教师角色的认知表现为了解教师承担的社会职责,能将教师角色与其它职业角色区别开。一般来说,个体在正式成为教师之前,通过师范教育训练就能达到这个阶段,但这只是停留在抽象的理性认识方面。

(2)角色认同阶段。角色认同指个体的态度和行为与应扮演的角色一致。教师的角色认同是接受教师角色承担的社会职责,并用教师规范控制和衡量自己的行为。对教师角色的认同不仅表现为了解教师角色的行为规范、社会价值和评价,并常用优秀教师的标准来衡量自己,自觉评价与调节行为,且表现出强烈的职业情操。对教师角色的认同,始于正式充当了教师角色,有了一定的教育教学实践经验后。

(3)角色信念阶段。角色信念指将某职业角色的社会期望与要求转化为个体的心理需要。教师的角色信念是教师坚信自己对该职业的认识正确,并视其规范为行动指南,形成了教师职业特有的自尊心和荣誉感。

2.新教师角色意识形成的条件

角色意识是通过学习而获得的。教师的角色意识是在接受师范教育及其从事教师职业后逐步形成和巩固的。

(1)全面认识教师职业。促进教师角色的形成,首先是在正式成为教师前就应对教师职业及相应角色有全面的认识。在日常生活中,人们往往通过各种媒介形成对教师职业及角色的各种看法,这种看法可能具有片面性,如教师是"教书匠"、"教师工作稳定"、"教师只要有教参就能上课"等。对于未来的教师,在接受师范教育时,一方面要加强教师职业意识训练和技能培养,另一方面要有意识地获得有关教师角色的知识。

(2)学习榜样。教师榜样有助于新教师形成职业角色。通过学习榜样,新教师能掌握社会对教师的角色期望,学会在不同情境中从事角色活动,处理角色冲突。

(3)积极参与教育实践。社会是否尊师重教、学校是否人尽其才等都影响新教师角色意识的形成。新教师积极参与教育实践,能深化对教师职业社会价值和个人价值的认识,能将抽象的教师角色认知转化为角色信念,促进教师角色意识的形成。研究表明,经过一定时期的教育实践,绝大多数新教师能将社会对教师角色的要求转化为教师个人的要求。

(三)关于教师角色的观点

关于教师在教育过程中承担的角色,长期以来有许多不同理论派别。

1. 传统教师角色理论

(1)道德权威论。法国著名教育家涂尔干指出:教育是一种权威活动,教师作为社会道德代言人,在深刻理解道德的社会意义和权威基础上,将其内化为人格,再通过言行将社会道德规范、意志传递给学生。权威性是教师的职业特征,教师只有具备了这一特征,才能有效培养学生的自主性和责任感,帮助学生学会用社会道德规范和意志主宰自己的行为。

(2)文化传播论。美国教育社会学家华勒指出,教师受社会委托传递文化。在传递文化的过程中,教师处于支配地位,学生处于从属地位。这种支配与从属关系必然会导致师生之间的冲突、对抗。教师要有效传递社会文化,就必须具备牺牲精神,善于依据亚文化价值观规范教育学生,形成对学生的支配权。

(3)双重角色论。美国教育社会学家佛劳德认为,道德权威论和文化传播论适用于静态社会。现代社会变迁迅速,教师权威在不断被削弱,而学生同辈团体的影响却日益增大,教师再也不可能运用传统权威来控制学生,必须借助于社会赋予的新选择性权威影响学生,即通过传递知识技能帮助学生实现社会活动。但旧权威尚未消失,新权威又未完全建立,这就使学生在学习和行为上存在不少问题。所以,现代教师必须承担社会工作者和社会文化价值维护者两种角色。

(4)文化协调论。多数教育社会学家认为,道德权威论和文化传播论在强调教师权威的影响作用,而双重角色论则在强调学生团体的影响作用。实质上,任何社会都存在成人文化和儿童文化,这两种文化在价值观念和行为模式上存在分歧。一般来说,成人文化倾向于保守,儿童文化倾向于创新。教师承担着两代人的协调工作:一方面要有选择地将成人文化、价值观念传递给下一代,另一方面又要了解、研究下一代人的亚文化,培养年轻一代的独立能力和创造能力。

2. 当代教师角色理论

20 世纪 70 年代以来,不同理论流派从不同方面对教师角色进行了深入探讨,提出了有别于传统教师角色理论的观点。

(1)建构主义教师角色观。建构主义认为,知识是个体在特定文化情景中建构的经验;知识离不开学习的具体环境,课堂上学习的东西难以迁移和应用于课堂外;学校有必要创造与现实生活相似的真实情境。所以,教师应成为学生学习的"促进者"和"合作者",善于运用相互矛盾的事物引起学生认知不平衡,引导学生解决问题并监测其发现后的反思。同时,教师也是"学习者"和"探究者",应善于观察学生、帮助学生解决学习问题。新教师应通过认知工作发展智力、提高认识水平,成为一个"有力量的思想者"。

(2)人本主义教师角色观。人本主义关注人的价值、潜力和个别差异,强调情感、兴趣在学习中的作用,重视学习的自主性等。罗杰斯提出的"以学生为中心"的教师角色观认为,教师的作用在于帮助学生明确学习什么,帮助学生安排适当的学习活动和材料,帮助学生发现所学东西的个人价值,建立并维护能促进学习的心理气氛。为此,教师必须从权威角色转变为"促进者"角色。新教师要成为有效的学习"促进者"须具备三个条件:一是诚实,即做一个诚实的人,不把自己的感情与想法强加给学生;二是接受,即无条件接受、信任学生,相信学生有能力自我指导;三是理解,即站在学生立场上理解学生。

(3)实用主义教师角色观。杜威认为,实践对个人理解知识的形成具有重大意义。教学不仅要关心教学步骤的技术性问题,更要关注教学的理论问题。而有关教学的技术性和理论性问题,既需要教师学习,也需要教师不断反思,这样才能提高业务能力和水平。所以,教师不仅是"学习者"也是"反思型实践者"。

当代西方关于教师角色的提法众说不一,但对教师角色的描述存在以下共同因素:

● 社会角色——促进社会和经济发展。

● 学校角色——学生家长、教师同事、教学管理和社区的合作者。

● 课堂角色——教学专家和学生的引领者。

● 职业角色——自我职业认同和角色重塑。

(四)当代中小学教师的角色

上述理论从某些方面揭示了教师角色,但并不全面。在社会生活中,由于角色具有社会规定性,承担或扮演一定角色,表明个体对他人、集体、社会应尽相应的义务和责任。

当前,教育已发生了巨大变革。教师作为文化传承者的基本职能没有改变,但却不能再像以往那样直接以权威身份向学生传递知识经验,而是通过各种方式调动和引导学生参与学习活动,引导学生在自己精心设计的环境中探索。教师不再是单纯的知识传递者,而是学生的同伴、活动的组织者、学习的支持者和帮助者等。现代教师的角色主要有:

1. 设计者

对学生来讲,教师是知识的象征,是活的教科书。教师职业要求教师具有广博的基础知识、精深的专业知识及相关领域的知识。但"学者未必是良师",教师作为教育教学的设计者,必须回答三个问题:一是"教什么",即解决教育教学的目标问题;二是"如何教",既解决教育教学策略和方法的选择问题;三是"效果怎么样",即解决测验手段和方式选择问题。这三个问题表面上都是传统教师角色需要解决的问题,实际上,现代教育更应考虑学生因素,在理解和灵活运用各种教育教学策略的基础上,针对学生特点、特定的教育教学内容等,创设良好、宽松、合作的学习环境,以促进学生健康发展。所以教师还要具备高超的教育教学技能。

2. 组织者

传统教师扮演着领导学生、执行纪律的管理者角色,其作用在于帮助学生养成"律己"的行为习惯。但在信息时代,教育制度、教育模式、教学组织形式等发生了根本性变革,学生获取知识变得更主动,选择学习内容、学习时间、学习方式也更灵活。同时,由于强调个性发展,学生更多采用平等态度与教师交流。这些都在不断削弱教师的主导性权威,要求教师将"严格的管理者"角色转变为学生"活动的组织者"角色,既善于了解学生的需要、学习特点、学习过程和个性特征,理解学生犯错误的原因,进而促进师生间的彼此信任,通过建立友好融洽的人际关系来增强教育力量,也善于以平等身份与学生共同讨论、合作,作为学习同伴共同理解意义建构、解决问题。

3. 促进者

长期以来,教师无非是将人类已有知识传授给学生,使其在较高起点上发展。因此,教师既要有广博的基础知识、精深的专业知识及相关学科知识,又要把握所教学科的最新研究成果和发展趋势,还要懂得如何传授知识。但21世纪的教育改革要求教师不再把单纯的知识传授作为自己的主要教育教学任务,而应把教育教学重点放在学生获得知识的过程和方法上。因此,教师必须从知识传授者转变为学习促进者,由教学向导学转换。

4. 辅导者

通过"言传身教"和奖惩手段促使学生将社会道德规范转化为自身品质,这体现了教师的"品德教育者"角色。但学生成长中的许多问题与心理问题紧密联系,绝非单纯的道德品质问题。随着社会竞争的加剧,学生的心理问题日益突出,单凭思想道德教育很难解决学生的心理问题。这就要求教师充当学生心理健康的维护者,能及时发现学生心理的异常症状,帮助学生克服紧张和焦虑、学会主动调节情绪、避免挫折感;关心学生情绪变化,虚心倾听学生心声,把握学生心态,使学生保持正常、积极的情绪;帮助学生适应周围环境。

5. 反思者和研究者

获得了任教资格并不意味着能胜任教育工作。一般来说,教师发展是由不成熟到相对成熟的过程,该过程包括新手、高级新手、胜任、熟练、专家型五个阶段。专家型教师是教师专业性发展的最高目标。但单凭经验积累还不足以造就教育教学专家,教师从新手向专家发展,第一要将职前学习与职后培训相结合,不断拓展教师的专业内涵;第二要不断对自己的教育教学进行反思和评价,分析不足,提出改进方案;第三还要从事与自己教育教学有关的科学研究,从理论上提高自己的业务水平。

6. 家长代理人

在教育过程中,师生间存在较多的情感投入。对大多数学生来说,教师是他们继父母后的另一权威人物。大多数学生常把父母的特征、行为模式,与父母相处的经验、体会推及到与教师的交往中,把教师看成是父母的化身,希望教师能像父母那样对待自己,获得如同父母般的慈爱。对于教师来说,热爱教育就意味着愿意充当学生的保护人。教师对学生的热情、爱心乃至呵护,是教育学生的催化剂。但在实践中,并非所有学生都能获得教师父母般的关爱。所以,尽管绝大多数教师认同并接受这一角色,但并非所有教师都能成功扮演这一角色。

7. 学习者

终身学习是21世纪的生存理念,面对日新月异的科学技术和不断改革发展的教育,教师不仅要成为合格的"教人者",还应成为终身学习者。未来学校是一个为社区所有成员提供继续学习和成长的组织。教师不仅是学习社区的组织者、指导者,也是学习者、合作者,在指导学生的同时也获得自身的发展。

上述教师角色是教师在教育教学中,尤其是面对学生时应扮演好的主要角色,这些角色共同存在于一个动态的教育教学整体之中。上述内容反映了社会对教师角色期待中的一部分,虽然不能全部概括教师角色,但并不意味着可以忽略教师的其它角色。

二、教师角色意识的结构

教师角色意识指教师对自己角色地位、相应角色行为规范及角色扮演的认知、理解和体验。只有形成明确的角色意识,教师群体才能形成符合社会要求的职业行为规范,教师个体也才能不断调节、完善自己的职业行为,履行好教师的社会职责。教师角色意识的心理结构一般由三部分内容构成:

(一)角色认知

角色认知是角色扮演者对角色的社会地位、作用、行为规范以及与其他社会角色关系的认识。个体能否成功扮演某种角色,取决于对角色的认知程度,尤其是对角色地位的认识与理解。个体只有具备一定角色地位后,才会去了解、掌握相应的角色行为规范,进行实际的角色扮演。教师角色意识的首要内容是对自身角色地位的认识,如教师在社会中的地位、价值与作用,在教育教学工作中的位置。

教师角色认知主要是通过专业学习、职业训练、社会交往等,在了解社会对教师角色的期望和要求的基础上实现的。

(二)角色体验

角色体验指个体在角色扮演过程中,对自身角色行为及结果受各方面评价与期待而产生的认识和情绪体验。角色体验一般因角色主体行为是否符合角色规范并受到不同评价而产生。教师对角色扮演的难度、影响因素、角色行为的适宜性、对他人的影响、与互动对象的关系、角色扮演的效果、社会评价等的认识与判断,都会产生相应情绪体验,并最终影响教师的角色扮演。

(三)角色期待

角色期待指角色扮演者、他人及社会对自己行为表现的期望。角色期待往往因具体的人和情境不同而不同。教师角色期待包括两方面内容:一是教师的自我形象期待,即教师对自己的角色行为的期望;二是社会公众的教师形象期待。

如果教师角色既满足自我形象期待,又符合社会公众形象期待,那么教师就能积极履行教师职责。否则,就可能消极地对待教育工作。如果教师的社会公众形象较差,就会加剧社会对教师角色的不满,进而使教师形象的优势被社会公众忽略或低估。

三、教师角色意识的功能

角色意识居于教师教育观念结构的核心地位,涉及教师的自我认识、自我认同观念。教师的角色意识不仅是教师对社会自我的认知,也是教师其它的教育观念如课程观、学习观、发展观、学生观等的基础,支配着教师的教育行为,影响着教师自我成长和学生的身心发展。教师的角色意识具有下列功能:

(一)体验教师角色

教师的角色意识影响其心理体验。研究表明,个体的角色意识与心理状态、情绪感受存在密切关系。一般来说,教师体验到的角色冲突越大,则工作心理压力也越大;角色冲突与角色模糊会导致职业倦怠。因为相互冲突的角色要求会使教师无所适从,长时间的角色冲突会导致疲倦感,进而表现出消极的态度与惰性行为。而且角色意识还影响教师的职业满足感,角色意识清晰的教师明白自己的权利与职责、应遵循的行为规范和行为应达到的目标,容易产生工作的有序感、安全感与满足感;而角色意识模糊则会导致角色扮演茫然与失败,很难产生职业满足感。

(二)支配教师行为

一般来说,个体在认识自己角色并期望他人或社会积极对待自己角色的基础上行事。教师的角色意识直接影响其角色扮演的成败,是影响教师教育行为适宜性的前提。一方面,教师的角色意识制约其当前的角色行为,如果教师具有清晰明确的角色意识,那么其教育行为就会倾向于理性化、有序化;反之,教育行为就会随意化、情绪化。另一方面,教师的角色意识还预示其未来的行为反应方式,成为角色行为的指导模式。

(三)促进教师成熟

角色意识是角色成熟的重要条件。角色可分为期望角色、领悟角色和实践角色。期望角色一般代表社会的理想期望,是社会规定的一整套教师权利、义务和行为规范;领悟角色是教师根据自己对期望角色的解释、认识而形成的观念中的角色模式;实践角色是教师在教育教学实践中实际扮演的角色。教师的实践角色与期望角色越接近,那么他扮演的角色就越成功,教育效果也就越明显。然而,期望角色向实践角色转化须经过教师的认识、理解。一般说来,角色意识是期望角色转化为实践角色的前提,而领悟角色则是期望角色向实践角色转换的中介。

(四)影响学生发展

教师的角色意识通过指引教师的教育行为而影响学生身心健康发展。教师作为学生发展过程中的重要影响人物,其作用发挥绝不可忽视。如果教师不能准确、清晰认识自己的角色地位、角色行为规范,那么就会表现出随意的甚至是盲目的教育教学行为,使自己难以判断自己行为是否恰当、能否对学生产生的积极影响,更难反思、调整与修正自己的不当教育教学观念和行为。可见,改善教师角色意识,不仅是提高教师素质、促进教师专业发展的需要,也是促进儿童、青少年学生身心健康发展的需要。

综上所述,新教师需要反思自己的角色意识与角色行为,自觉发现角色意识的矛盾与不适宜问题,主动澄清对教师角色的认识,不断调整与改善角色意识,形成恰当的角色意识。这样才能在教育教学过程中实施积极的、恰当的教育教学行为,自觉调整与儿童、青少年学生的交往方式与互动行为,从而促进儿童、青少年学生健康成长与发展。

第二节　新教师的角色转变

促进新教师角色转变,不仅需要教育行政部门和学校重视新教师培养工作,更需要新教师转变角色观念,主动融入新的学校环境,积极依托新环境施展自身的才华。就新教师来讲,首先面临的就是自己境遇的转变和职业角色的转变。

一、境遇转变

涉世不深、缺乏职业能力的新教师,一方面,思想观念、思维方式、行为习惯、为人处事等还带有大学生的特点,尚未摆脱大学生的稚气;另一方面,又希望尽快以教师的身份,肩负起教书育人的重任。这种转变意味着境遇的变化,需要新教师及时调整自身角色。

(一)从"被呵护者"变为"保护者"

当代大学生是家庭、学校保护的重点对象。无论在家庭还是学校,一般不必为自己的衣食住行操心,更不必为未知的职业去掌握相关的要求、义务和责任。但就业后,任何事情都需要自己作出判断和选择。所以,新教师首先要学会独立生活、独立思考、自我管理、自我保护、应对人生挫折以及自我维权等;其次要保持平静的心态,学会适应紧张而又有节奏的中小学生活,切不能好高骛远、自命不凡,更不能用自己习惯的方式去改变环境和学校规章制度。另一方面,新教师不仅要成为"自我保护者",还要成为学生的保护者,以促进学生身心健康发展。

(二)从"学生人"变为"教师人"

从学生转变为教师的第一步就是要了解和掌握学校文化、学校规章制度、教师行为规范、仪态仪表、与学生互动的方式方法等。尽管许多新教师在毕业前就掌握了一系列关于中小学教师和教育教学的知识,但这些书本知识与中小学实际还存在较大距离。这就要求新教师树立敬业意识,积极参与岗前培训,虚心向老教师学习,充分发挥自己的潜力,以积极的乐观、执著的追求、高度的责任感、合作开放的精神，兢兢业业做好自己的本职工作。

（三）从"散漫者"变为"紧张者"

在悠闲的大学生活中，一些大学生养成了行为散漫的不良习惯，对学校的纪律和时间的约束深感不自在，总是想方设法找借口和理由迟到、请假，甚至旷课等。然而，进入工作岗位后，新教师不仅要服从工作安排，严格执行学校规章制度，还要做学生的"模范"和"表率"；既要认真完成教育教学本职工作，又要注重实干，做自己不愿或不感兴趣事，还要懂得人际沟通，学会妥协。

（四）从"理想者"变为"现实者"

当代大学生张扬个性、彰显自我，这种氛围培养了大学生区别于社会职业者的"独特性"。新教师们往往怀抱着理想化的职业追求，用习惯了的方式面对陌生的社会环境、新的生活方式和复杂的人际关系。社会现实远比理想追求复杂，它需要新教师注意自我形象，低调行事做事，少说多看多做；尊重领导，支持、理解同事，爱护、关心学生；言行符合教师职业规范等。否则，就会给他人留下不良印象。面对这些新要求，新教师们往往一时难以接受。对此，新教师的当务之急是尽快从理想者角色中解放出来，积极了解、接受现实，用可行的方式方法和行动对待新角色，尽快适应新的社会环境、生活方式和人际关系。

（五）从"学习者"变为"应用者"

在高校，大学生是理论知识的学习者。但在新的工作岗位，除有人安排工作外，没有人会告诉你该学什么做什么、怎么学怎么做。所有教师职业知识的获得、教育教学经验的探索和积累、教育教学能力的培养和提高、新的人际关系的处理和解决，都需要自己在行动中探索。所以，新教师不能不懂装懂，要放下架子，虚心向别人学习。这样就能把自己很快融入到学校集体，既使自己受益，又能让人喜欢自己，为职业角色成熟创造良好条件。

二、职业角色转变

学生到教师的变化实际上是责任和义务的变化。这意味着新教师要承担更多的社会责任与义务。但由于新教师既没有摆脱学生的稚气，又希望尽快肩负起教师职责，这种角色转变与定位，难免造成种种困惑。那么，新教师怎样才能顺利完成职业角色的转变呢？

（一）积极应对角色冲突

传统的"师道尊严"在当前已受到了强烈冲击，这难免使部分教师产生失落感。新教师在新角色尚未完全适应、多种角色相互冲突的情况下，也可能产生一些不良情绪。所以，新教师一定要做好角色调适工作。

1.树立为教育献身的理想

许多新教师对社会认识不够，尽管憧憬美好的未来，但在踏上工作岗位后才发现学校环境、教师待遇、学生素质并不那么理想。面对现实困难，一些新教师会打"退堂鼓"，或计划改行，或眼高手低甚至荒废青春。国家提出"科教兴国"战略，说明教育在发展科技、增强经济实力中具有的重要地位。对此，教师在国家发展中的地位是不容置疑的。所以，新教师要有稳定的思想，树立为教育事业贡献一生的崇高理想。

2.正确认识角色身份

正确认识角色身份是认真履行角色义务的前提。新教师要转换自己的角色，首先就要正确认识新角色的定位和内涵。这就要求新教师：

（1）准确进行角色定位。积极反省和走出传统的教师角色，从教育教学规律出发，定位自己的工作和作用。

（2）强化角色意识。明确在新历史背景下的角色定位,强化角色意识,积极了解社会对教师职业的新期待,形成符合时代要求的教育教学行为,以满足社会、学生、家长、学校对新教师角色的期待。

（3）把握角色期待变化。准确把握社会、学生、家长、学校对教师角色期待的变化,在角色认知过程中重新整合时代的、历史的内容,并将其充实到新教师的内涵中,以缩小实际角色与期望角色间的差距,避免角色错位和角色冲突。

3.树立新的教育观念

新教师在形成了新角色的认知并调整好自己的角色心理后,需要有正确的教育观念来指引自己的教育教学行为。进行教师角色转换应树立下列教育观念:

（1）目标观。教育教学既要向学生传授知识,又要培养学生建构学习的综合能力和创新能力。新教师必须树立全面发展的观点,将教育教学目标定位在培养创新人才、实现由获取知识向培养创新能力的教学目标观转变。

（2）学生观。传统教育强调书本知识,众多教师也把钻研教材、设计教学、实现预定目标视为唯一任务,把课堂变为演出"教案剧"的舞台,把学生看作是被动的知识"接受器"。其实,教与学是相互联系的,教师主导作用的发挥有赖于学生的主体作用。现代教育强调学生的主体地位,这就要求新教师必须具备民主平等、理解宽容、关心支持、和谐融合的观念,与学生建立相互尊重、信任、理解的民主平等的师生关系,以此激发学生的学习动机和潜能,为发展学生心智、创造性和健全人格创设良好的教育教学氛围。

（3）课程观。传统课程强调教学内容的系统性、逻辑性、科学性,忽视学生的生活经验、情感、价值观、个性和创造性,致使众多教师将课程视为法定的教材,误认为教学内容改革就是课程改革,研究教学内容就是研究课程。事实上,课程涉及教育的各个方面。新教师一定要树立课程的整体观念,将课程与培养目标、课程结构、课程内容、教学改革、课程资源开发、评价体系建立、教师培训相联系,在教育教学中整合知识与技能、过程与方法、情感态度与价值观,关注学生的实践和生活经验,培养学生的社会责任感、健全人格、实践能力和创新精神,为学生全面、健康发展提供有利的空间。

（4）学习观。教育的真谛在于将知识转化为智慧,使文明得以积淀为人格。信息社会将教育变为了一个信息的选择过程,开发学生智能、教会学生学习已比传授知识更为重要。所以,新教师必须摒弃"重教不重学"的传统观念和做法,把教育教学变为对学生进行价值引导和自主建构知识经验的过程,着眼于学生潜能的开发,以及对认知、情感、态度与技能的和谐发展,关注学生的生活世界和学习愿望。

4.自我发展观

网络已渗透到教育教学的各个方面,教师已不再是知识和真理的化身。为应对信息化、学习化社会的挑战,新教师需要树立"终身学习"观念。

（1）积极参与教师培训。参与教师培训,能帮助新教师了解和掌握教师的行为规范、基本职责,熟悉学科教学内容的要求、体系和方法等,为迅速进入教师角色创造条件。

（2）虚心请教。新教师要有谦虚谨慎的态度,善于向老教师请教,学习他们的教学经验和方法,提高自己的教育教学技能和水平。

（3）扩充知识面。学生需要的知识经验是多方面的,教育教学不能仅仅局限于教材内容。新教师不仅应多学习本学科的背景知识,还要从各方面扩充自己的知识面。这样才能满足学生的求知欲和好奇心,才能为参与教育教学改革、提高教育教学能力和质量创造条件。

(4)勇于接受并改正失误。新教师教育教学经验不足、缺乏处理教育教学问题的教育机智,在教育教学过程中难免出现一些问题,如课堂时间的掌握、课堂节奏的把握、教学重难点的理解、知识的遗漏甚至错误、教育教学效果不理想等等。面对这种情况,新教师不应过分自责,要勇于承认、接受并改正。这样做不仅能提高自己的教育教学水平和能力,也能在学生面前树立自己"有错就改"的威信,在同行面前树立"谦虚好学"的自我形象。

(二)处理好角色关系

正确处理好不同人际关系,不仅是新教师个人和学校工作的需要,也是对学生产生积极影响的需要。一般来说,新教师要处理好以下几种关系:

1. 与学生的关系

和谐融洽的师生关系既能将学生的认知需要变为情感需要,也能使教师的职业需要成为职责需要。教育心理学研究表明,良好的师生关系是保证教师教育教学有效性的基础。对新教师来说,处理好与学生的关系是角色转型的关键。所以,新教师必须坚持"以爱为本"、"发扬民主"、"注重个性",正确处理好与学生的关系。

2. 与同事的关系

正确处理与同事的关系是新教师角色转变的基础。同一学校的教师必然存在着各种交往。新教师可能自以为理论知识和专业技能扎实、教育教学教法新颖而看不起老教师,老教师则可能因经验丰富、技能熟练而藐视新教师;也可能因工作、利益关系拉帮结派、暗中诋毁等等。鉴于这些情况,新教师应尊重同事、虚心求教、乐于助人,处理好与同事的关系。

3. 与领导的关系

学校正常运行不仅需要教师的教育教学和指导学生,还需要行政管理人员维持。但在社会改革的大背景下,教师也可能变成社会的"自由人",与领导关系的好坏会直接影响到自己的前途。尤其是新教师,处理好与学校领导的关系是新教师角色转变的前提。要求新教师做到:有分工合作意识;因人而宜,因人施法;踏实工作、任劳任怨;尽职尽责,不抢"风头"。

4. 与家长的关系

教师与学生家长的关系是致力于教育学生成才合作关系。对学生来说,家长是第一任"教师",教师是第二任"父母"。处理好与家长的关系是新教师角色转变的催化剂。为此,要求新教师做到:共同探讨学生教育问题;虚心听取家长的教育意见和建议;平等公正对待每位家长。只有正确处理好与家长的关系,才能赢得家长的尊重、理解和合作,在学校和家庭之间架起一座沟通的桥梁,形成教育的"合力"。

5. 与社会各方面的关系

社会关系形形色色,新教师一定要处理好这些关系的情感问题,既不要将处理社会关系的不良情绪带进课堂,更不能把气撒在学生身上,要尽一切可能处理好各方面的社会问题,使自己迅速、健康地从新教师转变为骨干教师。

(三)全面领悟社会责任

新教师在角色转换过程中,须加强角色实践,认真履行好教师的社会责任。我国在1993年10月颁布的《中华人民共和国教师法》第8条有明确规定:遵守宪法、法律和职业道德,为人师表;贯彻教育方针,遵守规章制度,执行学校教学计划,履行教师聘约,完成教育教学任务;对学生进行宪法所规定的基本原则教育、爱国主义、民族团结教育,法制教育,思想品德、文化和科学技术教育,组织带领学生开展有益的社会活动;关心、爱护学生,尊重学生人格,促进学生在品德、智力、体质等方面全面发展;制止有害于学生的行为与侵犯学生合法权宜的行为,批评和抵制有害于学生健康成长的现象;不断提高思想政治觉悟与教育教学业务水平。

(四)努力提高专业素质

教师素质是影响教育质量的关键,提高教育质量必须有高素质的教师队伍。这是新教师必须重视的问题。21世纪的教育更关注学生素质的全面发展。全面实施素质教育,需要新教师本身具有良好、全面的素质。新教师应从以下方面来提高自己:

1.树立良好的师德意识

师德指教师在教育过程中必须遵循的行为规范和准则,它是教师道德结构的主体部分,对调节教师道德行为起重要作用。这就要求新教师热爱教育、热爱学生、团结协作、严于律己、勇于创新。

2.提高文化素质

《学记》强调,"既知教之所兴,又知教之所由废,然后可以为师也"。新教师要不断拓宽专业知识、广泛涉猎其它学科知识、加强学习和运用教育理论知识,不断提高自己的业务能力和水平。

3.培养特殊的心理素质

教师职业的特殊性决定了从事教师职业的人应具有特殊的心理素质。这些心理素质是通过教师的艰苦训练获得的。新教师应着重培养的心理素质有:观察力、记忆力、思维能力、注意力、成熟的情感和坚强的意志品质。新教师有了健康的心理素质,才能热爱生活、追求执著,以愉快的心情把兴趣、情感专注于教育教学工作中,而不能只做单纯的"教书匠",更不能让教师不健康的心理状态影响学生心理的正常发育。

4.提高教学教育技能

第斯多惠指出:"一个差的教师奉送真理,一个好的教师则教人发现真理。"这说明教师应运用科学的教育教学方法,不仅让学生掌握现成的知识经验,还要让学生掌握获得知识经验的方法,即学会如何学习。这就要求新教师不断提高教育教学技能,变"满堂灌"为引导、点拨、讨论,让学生思考、质疑,主动积极地学习。为此,新教师应着重培养以下几种教育教学技能:教育教学组织能力,良好的语言表达能力,自我调控能力,教育教学科研能力,组织管理能力。

综合上述,新教师要尽快实现角色的转变,可概括为:认识上,多安心常尽心;学习上,多学习常请教;工作上,多尝试常反思;机会上,多悦纳常锻炼;对待学生上,多关心常亲近。

第三节　新课程中教师角色的新要求

在新课程改变的强烈冲击下,传统教育教学观念、方式方法正在发生深刻变化。新教师必须了解新课程的基本理念,积极参与课程改革,主动改变传统教育教学观念和方式,重新理解和定位教师角色。

一、新课程的基本理念

新课程无论是在课程目标观、内容观、结构观、管理观还是在教学观、课程评价观等方面都体现出了一系列不同于传统课程与教学的新理念。这些新理念全面表现在 2001 年 6 月教育部颁布的《基础教育课程改革纲要（试行）》中。下面从六个方面作一简述。

（一）课程功能观

传统课程注重静态的系统知识传授而忽视学生的实践能力培养，注重知识继承与复制而忽视知识创新，具有政治化、统一化、全面化等特点。新课程则体现了科技、文化和教育发展的时代潮流和要求，将课程目标定位于知识与技能、过程与方法、情感态度与价值观三方面，在一定程度上改变了过于注重知识传授的倾向，突出了形成学习者的学习态度、让学生亲身感受学习过程的重要性，注重培养和发展学习者的创新精神和实践能力，注重引导学生学会学习、学会生存、学会做人。

（二）课程结构观

我国传统课程强调学科本位而忽视学生经验，违背了学生的认知规律。学生已有的生活、学习经验是构建智慧的基础，新课程改革突出了三方面内容：一是课程的综合性，既重视根据学生经验组织教育内容，又重视学科的内在逻辑；二是将综合实践活动课规定为必修课，其目的在于加强学校与社会的联系，改变封闭办学、脱离社会的倾向，培养学生的社会责任感、创新精神和实践能力；三是突出了课程的均衡性与选择性，以培养全面发展的人，并为每个学生个性发展创造条件。

（三）课程内容观

"难、繁、偏、旧"的传统课程内容不仅限制了学生的自主学习和个性化学习需要，也束缚了教师选择、重组和优化教学内容的主体性和创造性。针对这种弊端，新课程强调加强课程内容与学生生活及现代社会、科技发展的联系，关注学生的学习兴趣和经验，精选终身学习必需的基础知识和技能；改变课程实施过于强调接受学习、死记硬背、机械训练现象，倡导主动参与、乐于探究、勤于动手，培养学生收集处理信息能力、获取新知识能力、分析解决问题能力、交流合作能力等。这就充分突出了课程内容的发展性、现实性和生活化，赋予静态课程内容以时代气息。

（四）课程资源和管理观

传统课程是一种封闭、应试型的范式，课程内容和教学进度由课程专家学者严格规划，教师仅仅是课程的机械实施者。新课程强调积极开发和合理利用校内外各种课程资源，能激发教师的课程开发意识。在课程管理方面，新课程将高度集权国家课程管理变为国家、地方、学校三级管理，以增强课程对地方、学校的适应性，调动学校、教师参与课改的积极性和主动性，开发优秀的校本课程。

（五）课程教学观

传统课程以接受学习、机械训练为特征，这种教育与应试教育相契合，严重妨碍了学生的身心健康发展和创造精神培养。新课程要求教学方式的变革，强调课程与教学的整合，注重课程探究教学，倡导学生主动参与、勤于动手、乐于探究、交流与合作的学习，培养学生搜集和处理信息的能力、获取知识的能力、分析问题和解决问题的能力。

（六）课程评价观

传统课程评价重视课程的定量和结果性评价，轻视课程的定性和过程性评价；重视学生

新教师角色适应与专业发展

知识和智力的发展,轻视学生的情感、意志等非智力因素发展;重视课程的甄别性和选拔性功能,轻视学生的可持续发展;重视单向评价,忽视多元性评价。新课程强调发展性评价观,要求学生全面发展,关注教师成长和自我评价,提倡教师的教学分析和反思。同时主张评价主体多元化,即教师评价、学生自评和互评相结合。这种评价目的不仅在于横向间的区分或筛选,更是教学双方在纵向上的提升。

二、适应新课程的新教师角色转换

新课程改革为教师提出了许多新要求。由于新教师缺乏教育教学经验和实际操作能力,没有传统教师角色定位的心理定势和束缚,容易在新课程环境下理解和塑造自己的职业角色。所以,新教师应从以下几方面来塑造自己的教师角色:

(一)学生学习的促进者

在信息化社会,教师不能再充当单纯的"知识传递者"角色,而应承担起"学习促进者"角色。

学习促进者指教师从单纯的知识传授者角色中解放出来,成为促进学生以学习能力为重心的个性和谐、健康发展的人。教师成为学生学习的促进者是新课程教师角色特征中的核心特征,它要求教师由知识的传授者、灌输者、拥有者转变为教育教学活动的合作者、引导者和参与者,从教育教学的权威者、训导者、管理者转变为教育教学的引导者、激励者、服务者。这意味着传统的教学将让位于师生互教互学,形成真正的"学习共同体"。那么,新教师如何成为学生学习的促进者呢?

1. 营造主动参与、自主学习的良好氛围

自主学习是学习者对学习过程进行自我控制的一种自主独立的学习方式。罗杰斯认为,个体的创造力需要"心理安全"条件下才能获得最大限度的表现和发展。为此,新教师要充分尊重、信任每个学生,鼓励学生大胆发表自己的意见、看法,即便学生有不正确的甚至是错误的看法,都应用欣赏的态度给予鼓励,而不是讽刺、挖苦、打击学生。只有在民主和谐的氛围中,师生平等对话,学生的个性才能得以充分的张扬,潜能才能得以发挥;也只有这样,才能培养学生探索未知的情感、意志、信念、动机等非智力因素,真正实现师生知识同步、思维共振、感情共鸣。

2. 创设主动参与、自主学习的教学情境

苏霍姆林斯基指出,人的心灵深处总有一种把自己看做发现者、研究者和探索者的固有需要,这种需要在儿童的精神世界中尤其强烈。所以,教师要给学生提供必要的时间、空间和相应条件,让学生全员、全程和全方位参与。

(1)为学生提供充足的自主学习时间。在教育教学过程中,教师要少讲精讲,把更多地让学生自己去思考、操作、交流,从而将教师的教育教学活动内化为学生的自主学习,促进学生自主学习能力的提高。

(2)给学生自主质疑的权利。提出问题比解决问题更重要。学生能发现问题并敢于提出问题,说明学生在刻苦钻研、主动思考。因此,教师不能唯书唯上,要鼓励学生大胆质疑,在"疑"中发现问题、产生兴趣,迸发出创新的火花。

(3)指导学生掌握自主求知方法。除指导学生掌握常规学习方法外,教师要教会学生学习策略,让学生学会在具体学习情境中选择有效的学习策略和方法,将自主意识、自我激励、自我评价、自我反思、自我调控贯穿于学习全过程,提高自学能力。

(4)创设合作学习情境。合作学习是学生以主动合作方式代替教师主导教学的一种学习方式。充分发挥"合作学习"的作用,能使每个学生获益。在合作学习中,两个学生一组彼此轮流向对方总结学习材料,一个学生主讲时另一个学生听并纠正其错误和遗漏。然后两个学生彼此变换角色,直到学完学习材料。研究证明:以合作方式学习的学生比单独总结的学生或简单阅读材料的学生,其学习和保持都很有效。

3. 开展多样化活动,促进自主学习

在各学科的新课程中,一般都安排有科学探究活动,如观察与思考、实验、调查探究、资料分析、模拟制作、进一步探究、演示实验、设计、技能训练、课外实践等。充分利用和组织这些多样化的活动,能让学生主动参与、亲身体验,培养学生的学习兴趣、观察能力、动手操作能力、科学探究能力、自主学习能力等等,从而促进学习自主性的发展。为此,新教师要注意以下问题:

(1)给学生自由的学习权。学生具有学习责任感,他们希望拥有参与、选择学习内容、控制学习过程、决定学习时间、规划自己学习的权利。教师应给予学生选择和参与机会,如在学习内容、教学程序、学习评价、学习纪律等方面给学生选择的机会,与学生共同制订课堂规范,采用以学生为主导的学习方式如合作学习、集体讨论、小组对话、角色扮演等;让学生进行自我评价,听取学生反馈,改善教学与管理等等。

(2)建立积极的师生关系。积极的师生关系是以学生为中心的自主学习的关键特征。师生间建立友好、和谐、民主、积极的关系,能促成良好的教学互动。因此,新教师应充分信任、关怀、尊重和理解学生,营造自主学习的氛围和安全的师生关系。

(3)建立自我管理准则。自我管理是学生有效跟踪和改变自己学习行为的方法。指导学生进行自我管理,有利于学生从他律变成自律。新教师可采用以下步骤培养学生自我管理能力:明确自我管理目标,确定自我管理程序,执行自我管理程序,评价自我管理成效。

(4)鼓励学生自我激励和相互激励。学生良好的学习情绪能激发思维力、想象力和创造力。因此,要注意培养和调动学生的积极情感,鼓励学生相互激励和自我激励,这不仅是教育教学成功的前提,也是促进学生自我管理、自主学习的基础。对学习能力强、成绩优秀的学生,应提出更高期望;而对学习能力差、学习效果不明显和落后的学生,应善于发现其"闪光点"、"成长点",使其看到自己的长处和优点,增强其学习自信心。

4. 运用激励手段,促进自主学习

自主学习是新课程提倡的新型学习方式之一,表现为"我要学、我能学、我会学、坚持学",它有助于培养学生终身学习和发展的能力。教师激励学生的手段主要有:兴趣激励、动机激励、情感激励、成功激励、目标激励、评价激励。

激励能点燃学生心灵的火花,给学生无限的信心和力量,其效果是空洞说教或居高临下的灌输所无法取代的。学生离开了教师的激励和引导,自主学习就会变为随意的、自由学习,会影响学生的发展。新教师必须明确这种自主学习的误区。

(二)教育教学的研究者

长期以来,我国绝大多数中小学教师把教育教学研究看作是教育理论工作者的工作,认为自己身处教育教学第一线,仅仅是一名"教书匠"。新课程改革要求教师"在教学中研究,在研究中教学",成为名副其实的专家型教师。新教师要培养自己的科研能力,必须从以下几方面入手:

1.明确教育科研的意义

教育教学科研具有以下意义:一是促进教育科学发展;二是提升教育实践的质量,如促进教师教育教学观念的转变、提高教育教学决策水平、推进教育教学改革、提高自己的教育理论素养和研究水平。

2.增强教育科研的自觉性

不少中小学教师对教育科研缺乏认识,有许多错误认识,如:怕改革、怕影响升学率、怕家长抱怨而沿袭传统教育模式;科研高深莫测,是专家的工作;教师的任务是教书,搞科研是额外负担;科研就是写论文、发表文章等。这些错误认识不同程度地削弱了教师的研究意识,制约了教师研究能力的提高。新教师必须拒绝这些观念,树立全新意识,把教育科研视为分内工作。

3.掌握教育科研的知识

教育理论是指导教育教学活动的有力武器,也是提高研究能力的首要条件。因此,新教师不能满足于已有教育教学理论知识,要在教育教学实践中结合工作实际和研究专题深入学习相关的新知识、新理论、新方法。

4.积极开展教学改革实践

搞好常规教学是衡量教师业务水平与能力的主要标准,但只注重常规教学,势必会导致教学方法单一化、模式化,难以适应素质教育要求。教师要更好地从事教学工作,就必须开展科学研究,不断更新、扩展自己的科学视野和知识领域,以科研促进教学。教学研究和教改实验是提高教师教学能力和业务素质的根本途径。

(三)课程建设与开发者

长期以来,多数教师认为,课程教学就是将专家组织好的知识体系分为一个个单元,规定好各单元的任务、内容、方法、时间和对学生的要求。实际上,现代课程是以教科书为核心,包括了传统教育教学媒体和现代电子教育教学媒体组成的多种媒体的教材体系。教师角色不仅仅体现在对现成知识信息的利用上,更体现在收集课程软件信息、编写课程软件、制作教学节目等方面。同时,三级课程管理赋予了教师全方位参与课程研究和开发的权利。所以,新教师不能成为课程的忠实执行者,而应成为课程的建设者和开发者。为此,新教师应做到以下几点:

1.推进课程理论素养

教师要自觉研究新课程的理念和课程理论的宏观发展趋势,推进自身的课程理论素养。新课程融入了许多现代教育的新理念,如果教师对新课程观念缺乏透彻的理解,就难以把握好课程标准和新教材,教学方法和学生学习方法的改变就无从谈起。

2.合理筛选课程资源

从我国课程改革趋势看,凡有助于学生主动学习、和谐发展的资源,都应加以开发利用,各地区丰富的自然、社会、人文资源等都是可供开发的课程资源。但哪些资源具有开发和利用价值,还须通过筛选才能确定。面对大量的资源,新教师要根据教学目标、教学需要进行合理取舍,精心筛选。

3.精心设计课程结构

精选了课程资源后,还要对其进行艺术加工,通过加工、整合,让工具性和人文性课程资源交融在一起,通过多种形式让学生乐于接受,让知识、技能、情感、态度、价值观在课程资源中融为一体。即使是现成的教科书,新教师也要在充分解读基础上,依据学校情况、学生情况以及自身情况进行适当取舍、增删,依靠自己的教育智慧作出富有针对性的设计,力求避免盲目照搬统一的课程计划而忽视特定教学情境和活生生的人。新教师应该是"用教科书教"而"非教教科书"者。

4. 主动参与课程研制

新教师应明确自己在课程开发过程中的任务,主动参与课程研制。首先,在课程规划阶段,要制定好具体的课程目标,选择课本,挑选教学参考资料,识别和利用学校及社区的课程资源,协调各门课程内容和研制乡土教材。其次,在课程实施阶段,要依据《基础教育课程改革纲要》要求,灵活运用各种教学方法,改善教育质量。再次,在课程评价阶段,要担负起课程评价的职责:明确计划是否满足了课程目标要求,弄清楚计划是否正确可行,是否使学生产生兴趣和满足学习需要,考察讲述的材料、信息及方式,检验自己完成的课程产品如学习指导书、单元练习、补充教学材料、乡土教学材料等。

(四)社区型的开放教师

随着社会发展,学校不再是社区中的"象牙塔",而是越来越广泛地同社区发生各种联系。一方面,学校教育资源向社区开放,引导和参与社区的一些社会活动,尤其是教育活动;另一方面,社区也在向学校开放可供利用的教育资源,参与学校的教育活动。学校教育与社区教育正走向终身教育要求的"一体化",即学校教育社区化、社区生活教育化。

新课程强调学校与社区的互动,重视挖掘社区教育资源。教师不仅是学校成员,也是社区成员,是社区教育、科学、文化事业的共建者。在这种情况下,教师工作不能仅局限于学校、课堂,教师角色须从专业型、学校型教师拓展为"社区型"教师。教师角色是开放型的,要注重利用社区资源来丰富学校教育的内容和意义。

第四节　新教师角色转变困难的原因与解决措施

每个人在进入角色时,首先须明确自己将扮演什么角色,确定自己社会生活的出发点;其次须理解和表现自己扮演的角色,即在正确认知角色后着手培养自己的角色兴趣和能力。这就需要新教师了解和掌握角色冲突及其解决的相关知识、技术技巧。

一、教师的角色冲突

角色冲突指个体经常被要求扮演与其价值系统不一致的角色或同时扮演两种(或两种以上)相互矛盾的角色时产生的内心冲突。

(一)教师角色冲突的类型和表现

由于种种原因,个体在角色扮演过程中总会出现角色失调现象,即角色冲突。角色冲突可分为角色内冲突和角色间冲突。角色内冲突是由于个体对同一角色的不同期待或角色本身对角色期望模糊等引起的角色冲突;角色间冲突则是同一个体同时集两个或两个以上角色而导致的矛盾冲突或不同个体对同一角色的不同理解而造成的矛盾冲突。

1. 教师角色间的冲突

在实际工作中,如果教师不能融合和组织不同角色,在遇到多种角色同时提出两种相反的角色期望时,就会产生行为和心理方面的矛盾冲突。

(1)权威与朋友的冲突。教师要有效影响、管理和教育学生,就必须具备一定权威。但良好的教育教学效果并不取决于权威的运用,而是取决于学生在感情上对教师的接受。教师只有经常性地深入学生,了解学生的种种特点、兴趣爱好、动机需要、能力水平等,成为学生的"知心朋友",才能开展有针对性的教育工作。

"朋友"角色表现为教师对每个学生热情、同情、关心、爱心、真诚、平等和公平公正。研究表明:学生最喜欢、认为对自己帮助最大的教师具有合作民主、亲切关怀学生、精通教育教学的特征。实践也证明,教师热爱尊重学生、平等相待、坦诚相见,学生就愿意同教师交心谈心,就能成为学生的"知心朋友"。当然,教师成为学生的"知心朋友"不能失掉自己的身份,不能为取悦学生、赢得学生信任而迁就学生;也不能因为师生关系密切而容忍、谅解和纵容学生的错误。然而,教师很难同时具有"严格管理者"和"知心朋友"的角色,这就使教师常常陷入冲突之中。

(2)教员与父母的冲突。"教员"是教师首要的、最突出的核心角色,教师必须具备较强的"传道、授业、解惑"的业务能力。但随着知识传播途径的不断增多,"教员"角色应更突出其指导作用。同时,学生还要求教师对自己如父母般的亲切和蔼。事实上,教师的父母形象能激发教师对学生的爱心,强化教师的教育责任意识。但教员与父母角色毕竟有较大差异甚至冲突。子女对父母的期望是可亲,而学生对教师的期望是可敬。学生期望教师既是教员又是父母,这就要求教师既可敬又可亲。然而,受传统教师观念影响,一些教师容易形成父辈化人格,行为拘谨、摆家长架子,严厉对待学生,使学生产生教师"可畏不可亲"的感觉;一些教师则过分充当父母代理人角色,百般呵护学生而淡化了教员角色,使学生对教师产生严重的依赖性,教师也为照顾学生而耗费大量时间和精力,既影响教育教学,也不利于学生自理能力和独力能力培养。这种教师可亲但不可敬。

(3)领导者与顺应者的冲突。良好班集体形成、学生健康成长有赖于教师的有效领导。但学生是具有主观能动性和独立人格的主体,教师必须尊重学生的主体地位,顺应学生身心发展规律和合理要求。当学生遇到困难时,教师不应摆领导者架子,批评、训斥学生,使学生感到畏惧、胆怯,而应及时提供帮助、咨询,给予必要同情和理解,创造谅解和宽容的气氛,给予情感和心理支持,帮助学生减轻焦虑和紧张。这就要求教师扮演学生的同情者、顺应者角色。这说明,教师作为领导者时要严格要求和管理学生,而作为顺应者时又要尊重、谅解和宽容学生。对多数教师来说,很难同时扮演好这两种角色。

2. 教师角色内的冲突

教师角色冲突还表现为角色内的冲突,这种冲突有时非常严重,甚至可能使教师职业冷漠和职业倦怠。教师角色内冲突主要表现为:

(1)不同角色期望引起的冲突。对教师角色的不同期望来自四个方面,这些期望都可能造成教师的角色内冲突。

首先,社会期望。一般来说,国家要求教师严格执行党的教育方针和政策,促进全体学生全面发展。但在应试教育影响下,社会、家长和教育行政管理者则关注教师提高学生成绩,追求升学率,并以此为衡量教师工作的唯一标准。尽管许多教师都愿意按国家教育方针和要求开展教育教学活动,但面对社会的巨大压力,又不得不想方设法地追求高升学率。

其次,学校期望。学校中不同身份的人对教师角色有不同期望。校长、书记、教导主任、教研组长等对教师角色的期望很难保持一致。无论是在教育思想、观念、方法方面,还是在对某些教育教学问题的处理方面,都可能存在一定分歧。尤其是学校领导缺乏领导才能和威望而办事不公平时,这种分歧往往激烈并难以调和。如果教师长期处于这种意见难以集中、集体不团结的局面中,就会陷入进退两难的痛苦之中。

再次,社会角色定势。长期以来,社会形成了对教师职业的理想化期待。在我国传统文化中,"敬业"与"奉献"等价值观念已成为社会对教师的职业期待,也成为教师的基本思维与生活方式,而且这种价值观已内化为教师对自己的道德要求。于是将教师美化为"工程师"、"蜡烛"、"人梯"、"孺子牛",要求教师做"安贫乐道"、"言义不言利"、"燃烧自己照亮别人"等的"完人"。对教师职业理想化、完美化,忽视了教师是具有个性的、活生生的、生活在现实中的、不可能十全十美的个体。当教师角色有悖于社会期望时,就会遭致他人非议和社会指责,从而使教师产生心理矛盾与冲突。

最后,来自不同方面的评价。对教师角色的不同评价是我国当今困扰教师最现实、最剧烈的角色心理冲突。教育对社会的价值决定了教师职业劳动应具有较高的社会地位和经济待遇。正因为如此,教师一般会过高估计自己的工作价值。但由于我国还没有真正形成全社会"尊师重教"的局面,教师实际的社会地位和经济待遇还比较低。面对这种现实,教师会产生不公平的失落感。不公平的失落感会加剧教师心理冲突,进而使之失去职业兴趣。

(2)角色局限引起的冲突。角色的局限指教师认识、能力水平与角色需求间存在的差距。这些差距引起的角色冲突表现为:

首先,角色义务与角色行为的冲突。热爱教育事业、热爱学生是从事教育职业的前提。但不少教师甚至在师范院校读书时就没有打算从事教育,即使当了教师也没有打算终生献身于教育事业。因此,在实际工作中,对学校、对学生表现不出好感,仅仅是出于良心或迫于形势而不得不履行角色义务,其言行与教师角色期望存在较大差距。这种冲突表现为敷衍工作,埋怨、冷漠学校、同事,厌烦学生。

其次,教师价值观与角色职责要求不符。长期以来,教师一直被视为社会的模范,但社会价值观多元化使教师自身的价值观与教育中应传递的价值观产生了不一致现象,为成功扮演职业角色,教师不得不压抑自己的价值观。尤其是当教师价值观与学生价值观对立时,教师既要维持社会价值观,又要宽容和理解学生。于是,在面对不同价值观或对新旧价值观冲突而进行心理调适时,必然就会导致自身压抑和痛苦。

再次,个人能力与角色需求不符。教师角色要求教师具备较高的能力水平和多方面才能。但面对不同班集体和学生时,需要教师有足够的耐心和有较强的组织管理能力、教育艺术。而在实际工作中,不少教师虽然工作积极、热情,但实际效果却不理想,并为此感到不安。这难免会影响教师的自信心和自尊心,怀疑自己有无教育好学生的能力。

(二)教师角色冲突的原因

角色冲突源于个体扮演的不同角色中不相容的成分。教师在实际工作中扮演的多种角色同时为教师提出了不同角色期望,如果教师不能有效融合和组织不同角色,就会带来行为上、心理上的矛盾和冲突。尤其是新课程实施必将与原有教育观念、教师自身条件等发生冲突。严重的角色冲突不仅会妨碍教师的角色扮演,还会破坏教师的正常生活秩序。

1. 教师角色冲突的外因

教师角色冲突的外因主要是由于社会规范不当,造成教师角色定位困难而形成的。

(1)社会期望值过高。教师角色与其地位密切关联。自古以来,教师就被认为是传递文化、培养人才的社会角色。董泽芳(1996)研究认为:教师既要传承旧文化又要启蒙新文化,既要"传道、授业、解惑"又要"教书育人",既是学者又是圣者。种种社会期望交织,必然使教师常常陷入无所适从的苦恼中。

(2)教育环境压力。教师压力与社会教育环境相关。目前,导致教师心理冲突的社会压力主要有:一是学校和社会追求升学率,教师必须应对各种考试、考查;二是教育改革的进程加快,对教师职业素质提出更高要求,但多数教师难以在短时间内适应这种改革步伐,尤其是新课程改革带来的新问题;三是教师的付出与其物质报酬、社会地位等不相符。

(3)教师培训问题。当前的教师培训,其形式主义倾向明显,不少教育理论知识仅仅是停留在教师的口头上,并没有内化为教师的职业知识经验,对教育教学实践并没有发挥应有的作用。理论与实践的脱节也是教师角色冲突的一个因素。

2. 教师角色冲突的内因

从社会学角度来看,角色内冲突主要是由于个人期望与社会期望不一致,或个人能力与角色要求不一致,或角色期望不相容或不确定,或两个以上角色同时对个人提出履行角色要求,或两个角色对个人提出两种相反要求等原因造成的。角色内冲突的结果是,要么违心履行角色,要么角色崩溃或退出角色或创造角色或不愿扮演或无力扮演某一角色。教师角色冲突与外部因素相关,也与教师自身因素密切联系。就新教师来讲,角色内冲突主要有以下原因:

(1)角色认识偏差。教师角色的多样化的特点、社会对教师形象的理想化、教师训练的专业化程度等影响教师角色冲突。由于教师专业知识的缺乏,对角色认识有误、承担角色太多、角色体验不深、角色扮演技巧运用失当等都会造成角色冲突。

(2)个人知识特征。教师的实践知识为其专业诉求提供了有力支持,但教育教学实践对教师的决策能力和决策权限要求很高,而教师在实际的教育教学组织中却缺乏必要的决策权。

(3)缺乏处理教与学矛盾的能力。教师对课程重新加工时进退维谷,一方面希望扩大学生知识视野,培养学生的创新精神和批判意识;另一方面又不得不屈从于提高升学率的压力而无力顾及其他,只能让学生反复机械地掌握法定课程知识。

二、新教师角色转换存在的困难

从学生转变为教师,新教师一般存在三种心态:一是欣喜与忧虑并存。新教师为自己被社会承认、成为自食其力的劳动者欣喜,但也为工作环境条件、人际关系处理、特长发挥、做好本职工作而忧虑。二是自信与自负相伴。自信能凭借自己的"钻劲"、"闯劲"获得事业成功,觉得自己的专业知识和理论足以应对学生,不屑于接受老教师的经验指导。三是失落与怀旧交替。因缺乏对教育教学工作长期性、艰巨性的认识,总希望教育获得立竿见影的效果,在教育教学成绩不突出、他人评价不高的情况下,容易产生失落感;同时教师严谨的行为规范要求同松散的学生生活存在较大的距离,这容易使人怀念学生时代丰富、浪漫的生活而导致情绪消沉。在这三种心态的影响下,新教师转化角色存在下列困难:

(一)角色认识模糊

教师角色定位是一个动态过程,随着社会进步与教育发展,教师角色在不断调整和丰富。当代教师的角色是多元化的职业角色,集研究者、授业传道者、指导者、合作者等于一体。新教师对教师职业的理解、教师角色的认识主要来源于社会的共识、自己对教师和书本知识的感性理解。粗浅、笼统的角色认识和定位,不可能有效指导新教师的教育教学实践,只能承担传统的"传道、授业、解惑"任务。

(二)期望与现实的落差

多数新教师在工作一段时间后,会发现自己的努力付出难以获得学生、同行和领导的充分肯定。由此会产生高期望值与现实不符的心理落差。具体表现为:一是对学生失望。中小学学生一般对新教师充满期待。但由于新教师缺少实践经验,在制定教育教学目标、计划时往往脱离学生实际;教育教学手段单一、单调乏味,难以激发学生学习兴趣;与学生缺乏有效沟通,得不到同学尊重等。不能实现预期效果,新教师就会逐渐失去成就感。二是对同行失望。新教师总希望在学校大家庭中与同行和睦相处,但激烈的竞争使同伴成了工作业绩的竞争对象。这种与所学理论的反差会使其处于矛盾之中。三是对领导失望。在新教师心目中,学校领导是慈爱、宽容的长者。但现实生活中的领导只关注学校业绩,除对新教师工作提出过高要求外,一般很少关心他们的情感和心理需要。

(三)人际关系的困惑

当代新教师多数是自我意识强烈的独生子女,在从事教师职业前,一般缺乏他人意识和换位思考的能力。长时间养成的思维和行为习惯,使其在与学生、同事、领导相处时,过多考虑自身利益,少有考虑他人利益,缺少奉献和自我牺牲精神,不愿他人分享自己的教学经验和成果,当然更不愿意暴露自己的缺陷和错误。

(四)实践性知识缺乏的压力

新教师面临的最大压力就是缺乏实践性知识。尽管许多新教师都有美好的教育教学期望,但短暂的教育教学经历,必然会暴露出新教师教育教学驾驭能力不足、应变能力差、课后反思能力弱等缺陷,致使其教学目标制订死板、处理教材机械、忽视教育教学的情感和兴趣因素等等。教育教学结果不尽如人意可想而知。

(五)高付出与低收入的失衡

新教师一般有远大的工作目标,且教育工作非常投入。但这种投入与高收入行业相比,教师劳动报酬远远低于付出;与同行老教师相比,即使老教师能力差,其各种待遇仍然高于新教师。付出与回报不对等会影响新教师的工作热情和心理平衡。

(六)高要求下职业压力

一般新教师在面对高质量的教育要求时都会感到紧张不安。尤其是当前的职称评定聘任、末位淘汰、绩效工资等用工制度改革,往往会引起新教师的心理恐慌。

(七)自身心理素质问题

虽然新教师或多或少学过一些心理学知识,但他们却缺乏应用这些知识于教育实践的能力。面对教育竞争压力,一些心理素质较差的新教师,往往不能进行有效的自我调节,一遇到不愉快的事情就愁眉苦脸,表现出自信心不足和恐惧感。

三、解决新教师角色转换困难的措施

新教师角色转换困难的主要原因在于角色冲突。角色冲突有积极和消极两方面的影响。就积极意义来讲:有助于新教师适应角色要求,按社会期望与职业要求不断反思角色行为、审视角色形象、衡量角色扮演能力;促使新教师学习,自觉利用社会角色标准,检查自我角色,提高从业能力;使新教师体验到成功的乐趣,获得成就感、创造感。就消极方面来看:增加心理压力,影响身心健康;影响工作积极性,丧失工作信心、责任心甚至放弃工作;影响职业稳定,诱发角色转变。面对角色冲突,进行适当调适会有助于教师的成长和身心健康。

教师角色调适也称为角色适应,指人为缩小教师角色差距,协调教师的期望角色、领悟角色与实践角色三者之间关系的过程,包括社会调适与自我调适。

(一)角色适应的社会调适

教师角色冲突多由他人、社会等外因造成。教师角色的社会调适主要包括:提供社会支持,创造民主、宽松的工作环境和提供专家帮助等。

(二)角色适应的自我调适

社会调适仅仅是外在因素。新教师的角色调适主要还是取决于自我调适。教师自我调适指教师通过主观努力满足角色需要,自如高效地完成角色义务和职责的角色心理适应过程。教师对角色的心理适应是从事教育教学活动的心理前提。解决角色冲突,关键还在于教师自身。新教师应如何进行角色调适呢?

1. 正确进行角色定位

正确的自我定位能提高个人的精神满足感。新教师面临的最大心理问题就是对人生目标定位过高,远离实际能力,以至于经过最大努力也无法实现,从而产生失落感。为此,新教师要从实际出发,正确定位,制定恰当的教育教学工作和生活目标,提高自信,增强满足感和成功感,学会悦纳自己。

2. 树立正确的教育观念

(1)乐于奉献的人生观。教师职责艰巨而复杂,工作平凡而辛苦。新教师从事教育工作必须具备乐于奉献的职业精神,甚至有自我牺牲的心理准备。教师承担着人类的希望,其奉献精神表现为:操伟业、淡名利、承重负、不求显赫。

(2)科学的育人观。育人观的重点是教育目的观和学生观。新教师要认真学习掌握我国社会主义的教育目的,从学生实际出发,全面发展和培养学生素质。

(3)为人师表的行为观。教师是学生的楷模,其言行举止能为人师表。新教师应自觉严于律己,模范遵守国家法律和维护社会公德,热情关心和投入社会主义现代化建设,以高尚品德的言行为学生树立榜样。

3. 完善自我人格

心理状态良好的教师,首先应是具有完善人格的人。多数情况下,新教师角色转变使原有的处事原则受到了挑战。在新环境中,新教师要保持独立的见解,就须不断完善人生观和价值观。即使在权威和压力之下,也要有自己的立场,不随波逐流;对自己"为人"的特点有明确认识;对自己的能力、行为和性格等特点有正确的自我评价;承认并接纳自己的长处和短处,不被他人评价所左右。独立的人格是新教师在教学岗位上施展才能的第一步。

4. 保持一颗平常心

新教师对一切事物都要保持平常心,既不为挫折灰心丧气,也不为成功沾沾自喜,即"不以物喜,不以己悲"、"知足者常乐"。即使是缘于"责任感"而出现的焦虑感、紧迫感,也需要以平常心来调节。

5. 更新健康观念

积极稳定的情绪、乐观的人生态度是心理健康的重要标志,也是促进心理健康的重要条件。新教师必须具有心理健康重于物质富裕的意识,要学会心理保健,掌握常规处理心理问题的基本方法和技巧,适时适度调节自己的心态与情绪,以提升心理素质。尤其是目前,在教育体制改革激烈的竞争中,新教师应认识到,"优胜劣汰"是社会发展的必然趋势,只有正视现实,及时有效克服和化解不良情绪,祛除患得患失的想法,保持一种健康的心态,才能找到应有的位置,也才能真正拥有心理上的安全感。

第二章　新教师专业发展概述

促进教师专业发展已成为 21 世纪教师教育的主流话语。可以说，没有教师的专业发展，没有教师的成长，就不能充分发挥教师的作用，教育教学改革和发展就不会取得成效。

第一节　教师专业发展的特征

教师职业是古老而永恒的职业。当代教师不仅要指导学生掌握知识、发展智力，还要教会学生学习、培养学生创造能力和社会适应能力，促进学生身心和个性和谐发展。那么，如何来认识教师职业呢？

一、教师职业的专业化性质

教师是教育活动的组织者和领导者，其学识、能力及法律赋予的权利和职责，决定了教师在教育活动中起主导作用。发挥教师主导作用必须正确认识教师职业的性质。

（一）职业和专业

职业指个体从事工作的种类。随着分工的发展，职业分工经过了自然分工、社会分工和分工深化三个阶段。目前，各国对职业都有详细分类。

专业指一群人从事的、需要特殊智力才能完成的，需要专门技术的职业，其目的在于提供专门性的社会服务。专业是社会分工和职业分化形成的特殊职业，一般分为三类：专业性职业，如医生、律师、会计师；准专业性职业，如护士、图书管理员；非专业性职业，如售货员、操作工人。

（二）职业专业化的标准

一种职业能否成为专业，不同研究者提出了不同的标准。1989 年，奥斯丁概括了专业的 14 项特征：服务于社会的意识，终身面向于职业的志向；仅为本行业人掌握的明确知识技能体系；将研究成果和理论知识运用于实践；长时间的专门职业训练；控制职业证书的标准或资格的认定；拥有选择工作范围的自主权；对所作出的专业判断和行为负责，设立一套行为标准；致力于工作和为当事人服务，强调所提供的服务；安排行政管理人员是为了方便专业工作，而非事无巨细的岗位监督；专业成员组成的自我管理的组织；专业协会或特权团体对个人的成就给予认可；一套伦理规范以帮助澄清与所提供服务有关的模糊问题或疑难点；从业中高度的公众信任和自信；较高的社会声誉和经济地位。其中第 2、5、6、14 项是专业最重要的四个特征。

1966 年，联合国教科文组织《关于教师地位的建议》指出："教育工作应被视为专门职业，这种职业是一种要求教师具备经过严格并持续不断的研究才能获得专业知识及专门技能的公共业务。"1996 年，第 45 届国际教育大会建议"专业化：作为一种改善教师地位和工作条件的策略。"1993 年 10 月，我国《教师法》明确规定："教师是履行教育、教学职责的专业人员，承担教书育人，培养社会主义事业建设者和接班人，提高民族素质的使命。"1999 年，《中华人民共和国职业分类大典》将教师定义为"从事各级各类教育教学工作的专业人员"。教师专业发展已成为国际教师发展趋势。可见，教师是从事教育教学的专业人员。

(三)教师职业的专业性特点

教师职业属于专业,教师是从事教育教学工作的专业人员。这是教师职业的基本性质。根据专业标准,教师职业具有下列专业特点:

1. 为社会服务

教师职业是为社会培养人服务的职业。教师作为社会专职教育工作者,其任务是向年轻一代施加符合社会要求的影响,引导他们自觉学习,使之成长为符合社会要求的一代新人。这是其专业功能或服务宗旨。

2. 经过专业训练

专业训练是专门职业的基本特征。教师经过了长时间的专业训练,具备了专业知识和技能。同时,国家对教师专业有一系列规范,包括道德、知识、能力和其他素质,获得教师职业首先需要获得教师资格证书。

3. 有专业自主权

教师专业自主权指教师或教师团体在专业规范下,依其专业知识能对专业任务或工作享有专业判断,不受非专业成员干预的权利。联合国教科文组织在 1966 年的文件《关于教师地位的建议》中指出,教师专业自主权包括职业自由和教师权利。

(1)教师的职业自由。包括教师在履行职责上享有学术自由,有资格对最适合于学生的教具及教法作出判断,在选择和使用教材、选择教科书以及运用教育方法方面起主要作用;教师及教师专业组织应参加新的课程、教科书及教具的开发工作;任何领导监督制度都不得损害教师的自由、创造性和责任;教师有权利对自认为不恰当的工作评定提出申诉;教师可以自由采用据认为有助于评价学生进步的成绩评定技术等。

(2)教师的权利。包括教师参加社会生活及公共生活应受到鼓励;教师可自由行使市民所普遍享有的一切权利,并有担任公职的资格;当其公职任期终了后,可以重返以前或与此相等的职位等。

4. 有专业团体

教师是学校组织的成员,也是教师专业团体的一分子,教师除了在教学及教室层面可享有自我的专业自主外,也应参与学校的相关事务及专业团体活动。包括参与专业发展活动、参与教师专业组织、参与学校行政决策、参与课程发展、参与改善教师工作条件和维护教师专业尊严等。

5. 社会地位和经济待遇较高

教师是履行教育教学职责的专业人员,承担教书育人、培养社会主义事业建设者和接班人、提高民族素质的使命。教师的平均工资水平应当不低于或者高于国家公务员的平均工资水平,并逐步提高。建立正常晋级增薪制度,具体办法由国务院规定。

二、教师专业化的内涵

加强教师职业专业化建设是教师职业的发展趋势。20 世纪 80 年代以来,国内外都把专业化作为教师教育、教师管理的核心内容。

(一)教师专业化和专业发展

1. 教师专业化

教师专业化不仅是教师培养和教育的过程,也是教师培养、教育的目标和发展趋势,体现了社会对教师专业水平和地位的肯定和认可。

正确理解教师专业化,须把握几个问题:一是教师专业是复合性专业,既包括学科的专业性也包括教育的专业性。教育的专业性不是纯粹的科学知识而是科学和艺术的结合,具有科学性、艺术性、技能性和复杂性等特点。二是教师专业化的实现是多方面多主体努力的过程,既需要教师自身努力,也需要国家、政府、大学的努力。三是教师专业化有多方面内涵,如服务宗旨或专门功能、专业训练、专业权限、专业团体、专业地位。四是教师专业化是持续的努力过程,随着社会和教育的发展,其标准也会不断提高。

2. 教师专业发展

教师专业发展指教师专业能力熟练程度由一般化到专业化持续发展的过程。也就是说,教师专业发展既包括教师个人专业能力的持续发展,也包括教师职业能力的专业化提高。

职业专业化是职业训练和职业能力的专门化、独特化或特殊化。表现在从业者身上,就是具有高度的智能及其他特性,而有别于普通职业的工作能力和水平。教师作为专业的教育教学人员,要经历由不成熟到相对成熟的专业人员的发展历程。

(二)教师专业化发展的特点

教师专业化发展过程并不仅仅是在校接受职业教育的过程,更重要的是教师的终身发展过程。这一过程具有下列特点:

1. 自主性

专业自主性是教师专业发展的前提和基础,教师在设计课程、规划教学活动以及选择教材时,应有充分的自主性。教师必须把外在的影响转化为自身专业发展的动力,具有自我专业发展的意识。这种意识能增强教师专业发展的责任感,使教师不断寻求自我发展机会,逐渐获得自我发展的能力。教师专业发展要通过各种相关的制度激发教师的自我控制、自我引导和自我成长。

2. 阶段性和连续性

教师专业发展过程有明显的阶段性,有发展、停滞、低潮阶段。研究教师专业发展的阶段性有助于教师选择、确定专业发展的计划和目标。教师专业发展又具有连续性,教师只有不断进修和研究,以终生学习为基本理念,才能不断促进自身发展,确保教学知识和能力符合时代的需求。

3. 情景性

教师的许多知识和能力依靠个人经验和对教学的感悟而获得,新教师应不断反思自己的教育教学理念与行为,积极自我调整、建构,从而获得持续不断的专业发展。另外,教学情境具有不确定性,也赋有挑战性,教师的专业发展必须与教学实践、教学情境相联系,并与同事、专家、家长合作,在学校中建立一种相互合作的文化,以促进教师的成长。

4. 多样性

教学工作的复杂性决定了教师专业结构的复杂性,从而决定了教师专业发展的多样性。教师工作包括观察学生、创设学习情境、组织教学活动、训练学生、评价学生学习等多种活动,教师专业发展体现在这些不同的活动中。教学既是对知识、技能的传授,更是师生之间的情感交流,教师专业发展应注重教育知识、技能层面的发展,也应兼顾认知、技能、意志品质等各方面的成长。

三、教师专业发展的目标和内容

提高教师专业化水平，最根本的是明确教师专业化的意义，即为何要专业化而不是先解决怎样专业化。

(一)教师专业发展的目标

1. 追求献身教育的人生境界

教师专业化关键在于确立追求的人格境界，而不是把专业化目标局限在更新知识、完善知识结构、把教师职业看作技能性工作、成为教师谋生的手段。

2. 统一专业化的事实导向与价值导向

教师专业化具有双重性，即专业化的事实导向与价值导向。事实导向指教师寻求知识更新、提高教育技能，这是教师专业化的最基本要求。价值导向指在事实导向基础上，教师把教育活动作为一种境界加以追求。教师专业化必须是事实导向与价值导向的双重统一。

3. 具有终身学习和自我发展的能力

能正确评估自己的专业发展状况；确定自己未来的发展方向，能与他人进行合作，发展实践性知识，形成自己的教学风格。

(二)教师专业发展的内容

教师要成为一个成熟的教育专业人员，需要通过不断学习与探究来拓展专业内涵，提高专业水平，达到专业成熟的境界。教师专业发展的内容主要包括专业理念、专业知识和专业能力三个方面。(将在第二节详述)

四、教师专业发展过程

关于教师的专业发展过程，目前有许多观点，下面罗列一些观点以供参考。

(一)五阶段论

伯林纳(D. C. Berliner)认为教育专长的发展过程包括5个阶段：

1. 新手阶段

即教师获取教育教学所需知识和技能的阶段。新手教师除学习一些具体概念外，还学习一些教育教学情景下的具体规则。新手的教育教学行为较刻板、灵活较差，往往遵从课本规律或专家教师传授的经验。新手阶段是一个获取感性经验的阶段，其现实的、亲身的体验比口头获得的信息更为重要。

2. 进步的新手阶段

教师将实践经验与所学知识逐步联系起来，能找出不同情景的相似性，且有关情景知识也在增加。随着实践经验的增加，教师可以忽略或打破一些规则，依据具体情景来指导行为，教育教学行为开始变得灵活，但仍不能抓住教育教学的重要环节。

3. 胜任阶段

一种技能要达到胜任阶段，一般有两个特点：一是对要做的事有明确选择。这时个体做事有主次之分，能按计划办事，有确定的目标，并能选择最合适的方式达到目的；二是在操作某项技能时，能决定哪些环节重要、哪些不重要，依据经验知道应关注什么忽略什么。在这一阶段中，合格教师不会在时间把握和目标达成上出现错误，学会了如何在课程和教学上作出决策。与前两阶段相比，教师经常能感受到成功与失败的体验，也对成功和失败有更深刻的记忆。但处于该阶段的教师的行为仍不能达到迅速、流畅与灵活的程度。

4. 能手阶段

教师能从大量丰富经验中综合识别情景的相似性,从不同事件中考虑其联系。这种综合识别使教师能精确预测事件。但这一阶段的教师决策时仍带有分析性和随意性。

5. 专家阶段

如果说新手、熟练新手和胜任的教师是理性的,精通型教师是直觉性的,那么专家型教师的行为则是非理性的。这种非理性并不是说专家型教师想怎样做就怎样做,而是说他们对教育教学情景不但有直觉的把握,且能以非分析性、非随意性的方式,理智做出恰当反应,其行为表现流畅、灵活,不需要刻意加工。

(二)四阶段论

邵宝祥等人研究中发现,教师专业发展的关键是教师教育教学能力的发展。他们将教师专业的发展过程分为四个阶段。

1. 适应阶段

从教 1～2 年内,初为人师。课堂实际与师范教育所学理论反差较大。对新教师来说,最重要的是通过教育实践,尽快完成理论与实际的初步结合,形成初步的教学技能技巧,适应课堂教学的基本需要。这时教师要实现两个转变,一是由师范生向教师角色的转变;二是教学知识向教学能力的转变。

2. 成长阶段

从教 3～8 年之间,是教师教育教学能力迅速发展的阶段。教师对教育教学工作已有较多的成败体验,已获得初步的教育教学经验,掌握了各种教育教学技能,与学生建立了感情纽带,逐步达到了称职教师的标准。

3. 称职阶段

又称高原阶段,一般在 35 岁以后。教师已基本适应教育教学需要,能驾驭班级、课堂,业务水平、自信心、外部评价都达到了较高水平。但多数教师的教育教学能力发展在这一时期缓慢下来,部分教师甚至出现停滞。这主要是由于教师个人的抱负、意志品质、教育观念、知识结构及种种外部条件的制约,使其终究未能冲出高原阶段。而另一部分教师则通过持续努力,以及外部积极因素的作用,会突破"高原现象",教育教学能力会获得新发展。

4. 成熟阶段

教师的知识、能力结构将经历重大改造,认知、情感、人格等全面升华,形成了自己教育教学的独特风格,成为骨干教师、学科带头人,甚至对教育教学理论某些方面有所发现、有所创造,成为专家型、学者型教师。

(三)专家型教师

教师专业化的最终结果要求教师成为教育教学及其研究专家,尽管所有教师不可能全成为专家。那么,什么是专家型教师?专家型教师有何特点?

1. 专家型教师的含义

美国教育心理学家斯滕伯格以专家型教师群体的相似性特征为原型,建立了专家型教师的模型。他认为,应从两方面将专家型教师和非专家型教师区分开,一是承认专家型教师总体的多样性;二是承认不存在一套就教师个人而言是必要的、对总体来说是充分的专家型教师特征。这样既可以将那些具有丰富、高度组织的知识的教师视为教育教学专家,也可以将那些对课堂问题作出明智决策的教师视为教学专家。也就是说,专家型教师可具体描述为那些在教育教学领域中具有丰富的和组织化的专门知识，能高效解决教育教学中的各种问题，富有职业洞察力和创造力的教师。

所以，专家型教师有广义和狭义之分。广义的专家型教师指在某个领域或方面有专长的教师；狭义的专家型教师特指对某种学术、技能有特长、有专门研究的教师。如此界定包含了三层意思：一是专家型教师以某一学科、某一领域为限；二是专家型教师相对于该领域或学科内的非专家型教师而言；三是专家型教师指有某种专长的教师。

2. 专家型教师的基本特征

依据对多种文献资料的分析，可将专家型教师的特征归纳为以下几方面：

(1)知识结构优良。专家之所以在自己擅长的领域和特定的情境中表现优越，是因为他们在某领域中拥有比别人更丰富的知识，解决特定领域问题比别人更有效。研究表明，专家型教师和新手教师的知识结构存在重大差异。

(2)解决教育教学问题效率高。首先，专家型教师善于利用认知资源。专家型教师经验丰富、知识高度组织化、教育技能程序化和自动化，这些技能和知识经验占用的认知资源少，使专家能在有限的认知资源内较少作认知努力就可以完成更多任务，还能将节省认知资源投入到更高水平的认知活动中。其次，专家型教师善于监控认知执行过程。专家型教师在接触问题时具有计划性，善于自我观察，主动自我评价并随时自我调整。因此，专家型教师解决教育教学问题比非专家型教师的效率更高。

(3)善于创造性解决问题，具有较强的洞察力。专家和非专家型教师都在用知识解决问题，但专家型教师能创造性地解决问题，其解决方法既新颖又恰当，能产生独创的、有洞察力的解决方法。

(4)教育教学监控能力完善。在教育教学过程中，新手教师将精力集中于学科内容，关注能否顺利完成任务，很少兼顾学生的反馈和主动反思教育教学过程；专家型教师则在关注目标达成度的同时，能不断检查、评价、控制和调节教育教学行为，执行教学计划灵活有序，教学内容、学生行为、课堂气氛等都是其思维活动的对象。

(5)教育教学效能感强。教育教学效能感是教师对自己影响学生学习行为和成绩的能力的认识和评价。教师个人教育教学效能感一般随教龄增加而上升。较强的个人教育教学效能感是由新手教师成长为专家型教师的一个必要条件。具有较强个人教育教学效能感的教师未必能成长为专家型教师，而专家型教师则必定具有较强的个人教育教学效能感。

五、影响教师专业发展的因素

教师专业发展受多种因素影响，在不同发展阶段，影响教师专业发展的因素又各不相同。

(一)教师教育前的影响因素

教师在幼年与学生时期的生活经历、主观经验及人格特质等，对教师专业发展会产生影响，尤其是这一时期的"重要人物"如父母、教师，对其教师职业理想的形成、教师职业的选择、教育信念与教育行为模式的形成至关重要。师范生入学前已有的教育观念会对教师教育阶段的理论学习进行"过滤"，从而影响教育阶段理论学习的效果和新教育观念的形成。学生时期熟悉的教师行为模式也会在无意中对教师后来的执教行为产生影响。此外，青年人的价值取向、教师社会地位与待遇的高低、家庭经济状况等也会对教师职前的职业选择乃至职后专业发展产生影响。

（二）教师教育阶段的影响因素

在教师教育阶段，教师专业发展同样受多种因素影响。一是教师教育的课程设置、培养模式直接影响教师的专业发展，如课程设置能否兼顾学科专业性与教育专业性、是否安排足够的实践学习时间与机会、课堂教学方式方法是否科学有效、教育实习指导是否到位等，都影响师范生的专业成长。二是在接受教师教育期间，师范生的社会背景、人格特质、学校的教育设施、环境条件等也会影响师范生的专业发展。

（三）从教后的影响因素

教师从教后，专业发展的影响因素主要是学校环境、教师社会地位、生活与工作环境、学生、同辈团体等。其中，工作与生活环境是影响教师专业发展的主要因素。教师的工作与生活环境，大至时代背景、社会背景，小至社区环境、学校文化、课堂气氛等，对教师的专业发展都有重要意义。

第二节 教师专业发展的内容和途径

教师专业素质以一种结构形态而存在，经严格的教育训练而获得，并对教育教学实践和学生发展产生影响。教师的专业素质是多方面的，所以其专业发展也是多方面的。

一、教师专业发展的内容

教师专业发展包括专业理念、专业知识和专业能力三方面的内容。

（一）专业理念

专业理念指教师在理解和体验教育工作本质的基础上，形成的教育观念和理性信念。教师的专业理念由三个部分构成：

1. 教育理念

教育理念是教师对教育事业的理想和信念。它体现了教师个人的教育理想，奠定了教师基本的教育判断能力。是否具有对自己所从事职业的理念，是判断专业与非专业人员的一个重要依据。

新教师应树立科学教育意识和人文教育情怀，形成科学与人文融合的教育价值取向；适应终身学习的现代教育理念，确定教育教学任务时要着眼于学生一生的发展，强调为学生的终身学习与发展打好基础，强调学生对未来社会的适应能力，注重教会学生"学会学习"，注重学习方法的传授和学习能力的提高。

2. 专业态度

专业态度是在一定专业意识支配下形成的对专业活动特定对象的认识、评价与行为倾向。教师的专业态度对教师行为起指导与调节作用，对学生态度的形成产生潜移默化的影响。

新教师应树立敬业精神和责任感，并将这种专业精神转化为个体生命的组成部分，体现出强烈的生命力；树立服务意识，明确教师不是公共权力的贯彻者、道德裁判、真理代言人，而是为社会和个人发展提供精神和知识的服务者；教师还应不断改善和提高工作质量，提高自身的业务能力和专业素质，追求教师价值的最高实现，形成专业与生活相统一的发展取向，促进教师自身个性品质的和谐发展。

3. 专业道德

专业道德是教师在教育教学活动中处理人际关系所遵循的基本准则和职业操守。教师对学生的教育作用不仅是上课，而且还有言传身教。只有在职业道德、人格修养、待人接物等方面都起到榜样作用，才能成为一名在学生心目中有地位的教师。

新教师应增强事业心，强化职业责任感，具有敬业乐业、勤奋进取、开拓创新、无私奉献的良好精神意识；不断优化教师形象；理解教师职业，树立教师职业道德，对全体学生负责、尊重每位学生的个别性和差异性。

(二)专业知识

专业与非专业的根本区别在于专业活动需要独特的知识体系作为支撑。掌握教师的专业知识是教师从事教育教学的前提。美国教育家舒尔曼认为，教师必备的知识至少包括：学科内容知识，一般教学法知识，课程知识，学科教学法知识，有关学生及其特性的知识，有关教育脉络的知识，有关教育的目标、价值、哲学与历史渊源的知识。林崇德教授把教师的知识分为本体性知识、一般性文化知识、实践性知识和条件性知识。

1. 本体性知识

本体性知识指教师具有的特定学科知识，如语文、数学知识。

本体性知识是教师开展教育教学活动的基础，扎实的本体性知识是取得良好教育教学效果的基本保证。掌握本体性知识对新教师有四个基本要求：一是对学科知识有一定深度和广度；二是既懂得本学科历史又掌握该学科新进展；三是与本学科相关的知识；四是能把本学科知识变成自己的学科造诣，并能清楚表达。

2. 一般性文化知识

教育活动不同于一般发明创造或艺术创作。教育浸透着人文精神的、不间断的、无上境的探究与完善过程。

新教师要广泛学习和掌握一般文化知识，具有丰富的人文知识以及对历史、社会、文化的深刻洞察力，具有深厚的文化底蕴。同时面对科学技术的突飞猛进，学科之间的交叉渗透、学校综合课程的开设以及求知欲旺盛的学生，教师还应成为知识视野宽广的人。

3. 实践性知识

实践性知识指教师在面临实现有目的的行为中所具有的课堂情境知识以及与之相关的知识，是教师教育教学经验的积累和提炼，来源于课堂教育教学情境和师生互动行为，具有明显的情境性、个体性，体现了教师个人的教育智慧和教育教学风格。

实践性知识的积累需要教师具备反思型思维和教学能力。这就要求新教师要积极参与教育教学实践改革，不断积累教育教学经验，扩大和丰富自己的实践性知识。

4. 条件性知识

条件性知识指教师所具有的教育科学知识，包括学生身心发展的知识、教与学的知识和学生成绩评价的知识。

条件性知识是教师成功进行教育教学所必备的知识。教师要成功扮演好自己的角色，仅具备本体性知识和一般文化知识是不够的，更重要的是要具有教育科学方面的知识。这就要求新教师不断研究和更新教师知识的性质、范式、组织和内容，以保证教师这"一桶水"不是"死水"，而是源源不断的流水，给学生的"一杯水"也是长流不息的"新水"。

（三）专业能力

专业能力指教师组织教育活动、对学生施加有目的的影响的主体行动能力。教师的专业能力通过教育活动体现并保证教育活动有效进行。一般包括：

1. 教学认知能力

教学认知能力是教师对教学目标、教学任务、学习者特点、教学方法与策略以及教学情境的分析判断能力。主要表现为：分析掌握教学大纲的能力；分析处理教材的能力；教学设计能力；对学生学习准备性和个性特点的了解、判断的能力等。在教学能力结构中，教学认知能力是基础能力。新教师在教学实践中要注重以下认知能力的培养和提高：

（1）领会课程标准的能力。课程标准是实施教学的指导性文件。新课程从学生发展出发，既不过分追求知识的系统性，也不过分追求概念、规律表述的准确性、逻辑关系的严密性，而是全面考虑课程在知识与技能，过程与方法，情感、态度和价值观等方面的教育作用。

（2）了解和分析学生的能力。教育教学活动即使有正确的指导思想、恰当的教学方法和手段，但也不一定能保证获得理想的教育教学效果，其原因在于教师不了解学生实际情况。学生是教育教学的对象，是学习的主体，他们原有经验、认识水平、需要动机、思维能力、智商状况、情绪情感等直接影响教育目标定位、教学任务完成以及课程进度，甚至影响教法、教具的选择与应用。只有全面认识和了解学生，才能保证教育教学的客观性、可行性和针对性。可见，了解教育教学对象有助于教育教学获得成功。新教师正确了解和认识学生应注意：

第一，用马克思主义观点看待学生。人无完人，每个人都有优缺点。教师既不要完全肯定学生，也不要完全否定学生，而要用多元化的方法辩证地认识学生，对学生作出公正、客观的评价。

第二，掌握相关知识。要真正了解学生，单凭教师感受还不够，了解学生应建立在对相关知识的掌握上。因此，新教师须掌握心理学、教育学等方面的知识，了解当代学生身心发展规律、年龄特征及心理特点等。

第三，树立正确的学生观。学生是教育教学活动的学习主体，要尊重学生的平等地位，视学生为具有独立思维能力的个体，用科学教学手段调动学生参与教学活动的积极性和主动性，让他们体会到学习能力创造的价值，产生成就感。

第四，态度客观。教师获取关学生信息要切合实际、真实有效，不要把学生主观化、理想化，否则教育教学活动就会变为教师单方面的行为，致使教育教学成为盲目性的活动，达不到预期的效果。教师对学生的主观引导与学生客观的主体接受之间，不单是客观认识学生的问题，也是教师的教育教学态度问题。教师要保证客观认识学生，就必须正确处理"教与学"的关系，将二者科学统一、有效结合，这样才能达到教与学的双边默契，有效激发学生学习热情，获得良好的预期效果。

第五，方法可行。教师了解和认识学生应主动走进学生内部，深入学生生活空间，在实际中寻找认识学生的真实素材，切不可单凭教师印象或他人言论盲目定位、主观臆断。正确了解和认识学生的方法主要有观察法、测试法、访谈法、座谈法等。

（3）分析、处理教材的能力。教材是教师从事学科教学的第一手材料，包括教科书、教学参考资料、阅读资料、活动指导书刊、教学音像资料、欣赏挂图等。教师组织教学，应从培养目标出发，依据学生心理发展水平、接受能力等实际，准确分析教材、合理裁剪教材。正确的分析和处理教材应从以下几方面入手：

首先是分析教材总体结构。即认真分析教材内容、内容编排的逻辑顺序、知识之间的关系等。分析教材总体结构有助于教师准确把握知识的重点和难点。

其次是分析教材的知识点。要上好每一节课，教师必须明确本学科课程标准的目标要求，吃透教材，准确把握各章节知识的重点、难点和关键。这有助于教师在教学中把握传授知识的准确性，并熟练驾驭教材，拓展教材的知识领域。

再次是合理处理教材。教师对教材合理化处理是实现教学目标的必要条件。教材处理合理化要求教师以吃透学生为前提，把握好学生的知识基础、智力根基、心理特征等。最后是具有合作意识。在处理教材的过程中，应广泛征求同行的建议，这不仅能保证分析与处理教材的科学性，还能避免失误和遗漏，从而确保教学质量。

(4)把握学科发展的能力。教育教学不仅要关注学生的学业状况，还要关心学生的未来发展。所以，教师不能仅仅满足于教育教学现状，还应关注学科发展动态，掌握学科前沿信息。这不仅能帮助教师丰富知识结构，提高分析处理教材的能力，还能帮助教师不断更新知识观念，紧跟时代脚步，顺应知识信息时代的科学发展。

2. 教学操作能力

教学操作能力指教师在教学过程中使用教学策略的能力，是教师课堂教学能力的集中体现。具体来说，教师应具备以下几方面的操作能力：

(1)制定教学目标的能力。教学目标可以分为课程目标、学科目标和课堂教学目标三个层次。对新教师来说，主要是具备制定课堂教学目标的能力，即制定各教学单元的具体目标，并生成为一堂课的教学目标。制定教学目标要分析学习者，要分析现实生活，采纳学科专家的意见，并以一定的哲学和心理学思想为基础。

(2)编制教学计划的能力。教学计划既包括教师头脑中以观念形式存在的计划，也包括正式写出来的教学计划文本。新教师要编写教学单元及各堂课的教学计划，应具备一定策略，如分析教材、勾画概念框架、规划教学步骤、设计教学与其他教师合作交流等。

(3)整合教学内容的能力。教学设计本质上是教师课前的备课。备课是教学的基本环节，是上好课的前提。新教师备课要做到以下几点：具备一定的教育学、心理学基础知识和了解学生的基本技能；根据学生实际状况，对教学内容进行恰当组合；结合自身教学特长优化组合教学内容。

(4)选择、运用教学方法的能力。在教学中要安排各种具体的活动，如练习与操练、提问、讲解、问题解决等，各种教学活动要求教师有一定方法和策略：操练与练习中如何选择合适的题目，提供反馈和强化，以及如何提供相应的补救措施等；提问时如何选择合适的提问方式，对学生反应作启发引导和适当的反馈评价等。

(5)教学材料和教学技术的选择设计能力。教师要能正确分析评价教材，看到内容序列和结构等方面的优劣，并帮助学生选择合适的辅导材料。另外，随着教学技术的发展，教师要掌握一定的选择和应用教学技术的具体方法，合理组合、发挥各种技术的优势，使教学达到更好的效果。

(6)课堂管理能力。不管教师控制学生的能力如何，总要在课堂教学中对学生进行管理，要激发学习兴趣，组织学习小组，调控教学进程以及学生的合作讨论等活动，并处理课堂中的偶发事件。

(7)教学测评能力。教师要根据教学目标、教学内容，选择或编制一定的测验，并恰当选择测验的各种形式,在测验的基础上,对学生的学习给以恰当的反馈评价。

3. 教学监控能力

教学监控能力是教师为保证教学成功达到预期目标,在教学过程中将教学活动本身作为意识对象,不断对其计划、检查、评价、反馈、控制和调节的能力。这是教学诸能力中最高级的能力。它可分为:计划和安排教学活动的能力,有意识监察、评价和反馈实际教学活动的能力,调节、校正和有意识的自我控制教学的能力。

一般来说,教学水平高的教师,其教学监控能力也高。这是由于他们具有较多的关于教育教学、教学方法等方面的知识,善于计划、评价、调节自己的教学过程,灵活运用各种策略,以达到预设的教学目标。教学水平低的教师则正相反。这说明,在具备一定的学科知识以后,教学监控能力已成为影响教师教学效果的关键性因素。

(1)教学监控能力的表现。教师教学监控能力依据其在教学过程的不同阶段表现形式的不同,包括以下方面:

第一,计划与准备。即在课堂教学前,明确所教课程的内容、学生兴趣和需要、学生发展水平、教学目标、教学任务及教学方法与手段,并预测教学中可能出现的问题与教学效果。

第二,课堂组织与管理。即在课堂上密切注视学生反应,努力调动学生学习积极性,随时准备有效处理课堂上出现的偶发事件。

第三,教材的呈现。这是教师课堂教学的核心。教师对自己的教学进程、教学方法、学生的参与和反应等随时保持有意识的反省,并能根据反馈信息及时调整自己的教学活动,使之达到最佳效果。

第四,言语和非言语的沟通。在课堂教学中,教师与学生之间的言语与非言语的沟通是很重要的,教师在这方面应努力以积极的态度去感染学生,以多种形式鼓励学生努力学习,并保持和学生之间交流的敏感性和批判性,发现问题立即想办法纠正。

第五,评估学生的进步。教师教学的效果最终要落实到学生对知识的掌握程度和他们能力的发展速度与水平上,因此,教学监控能力水平高的教师必然会非常认真地了解学生的掌握情况,采用各种方法评估学生的进步程度,以便改进自己的教学。

第六,反省与评价。在一堂课或一个阶段的课上完后,教学监控能力高的教师会对自己已经上过的课进行回顾和评价,仔细分析自己的课在哪些方面取得成功,在哪些方面还有待改进,分析自己的教学是否适合学生的实际水平,是否能有效地促进学生的发展。

(2)教学监控能力发展的特征。教学监控能力是教师教学能力结构中的高级形式,是其它教学能力和行为的调节中枢。申继亮和辛涛(1996)认为,教学监控能力发展具有以下特征:

首先,从他控到自控。在教学监控能力获得发展前,教师的教学通常受制于外界环境,受教学参考书、课本、专家、领导和同事的影响,较被动甚至机械地进行教学。一旦教学监控能力获得发展并逐渐发挥主导作用,教师便更多以自己对教学、学生、教材及自身的理解来调节自己的教学活动。

其次,敏感性逐渐增强。教学监控的敏感性指教师根据教学情况和学生的反应,对自己的教学活动做出最佳调节和修正的灵敏程度,一般包括对教学情境中的各种线索变化的敏感性和在不同情境中最合适的教学策略的激活与提取的敏感性两方面,前者是信息反馈水平,后者是调节水平,敏感性是教师教学监控能力高低的一个重要指标。

再次,迁移性逐渐提高。教师教学监控能力可从一种教学情境迁移到与其相同或类似的其它教学情境中。教学监控能力高的教师的一个明显特点,就是善于将以往的教学监控经验有效应用于当前教学中,表现出良好的迁移能力。而教学监控能力差的教师,可能并不缺乏教学监控知识和经验,但在面对新教学情境时,却不能有效借鉴和运用这些知识和经验。迁移性的提高是教学监控能力真正提高的一个重要标志。

（3）教学监控能力的培养。教学监控能力发展的特征,教师培养自己的教学监控能力,可从以下几方面着手:首先,利用信息反馈。在教学活动中,教师要善于适时、全面、准确搜集、吸纳并处理教学信息。这些信息一方面来源于学校、教研组和其他教师对自己教学工作的评价和意见,另一方面来源于学生。所以,新教师要善于虚心听取和接受来自于不同方面的关于自己教学的意见、批评和建议。其次,依托技术手段。通过微格教学观看自己的教学录像,把自己的形象、教学过程直观、真切地展现在自己的面前,能够多视角、全方位地审视和反思自己。再次,利用教研活动。经常参加教学观摩、教学沙龙、理论研讨等教研活动,在活动中通过观察与评析、相互切磋与交流,既可以使教师有所借鉴和启发,学到看得见,摸得着的具体化的经验性知识,又可以促使教师反省或吸取某些教训,产生新的感悟,推动教师的超越、自砺和创新。

4.教育教学科研能力

教师应学会在教育教学中研究、思考和探究自己的教育教学,在研究中教学;应具有善于观察教育实践中存在的问题和发生的现象,勤于反思这些问题及现象背后的实质性东西,善于总结研究,形成从教育现象中提炼问题、分析问题、解决问题的能力;教师应具有对教育教学实践不断进行反思和改进的能力,具备有目的、有计划地进行专业学习、从事广泛学习及在实践中进行合作性、分享性学习的能力。

二、教师专业化的范式

美国著名科学哲学家库恩在《科学革命的结构》中指出,"范式"是如何看待研究对象的方式和视角、视野,它决定了我们如何看待对象,把对象看成什么,在对象中看到什么,是常规科学所赖以运作的理论基础和实践规范,是从事某一科学的研究群体所共同遵从的世界观和行为方式。教师专业化的范式主要有:

(一)"能干型实践者"范式

"能干型实践者"是以教师教育实践能力发展和提高为核心的教师专业化范式。如根据学生特点,制定适宜其发展的教育目标、内容和方法;设计和组织多种教育教学活动;有意识地创设和利用环境,积极引导学生的发展;有效激发学生主动学习的动机,培养其独立解决问题的能力等,同时,还包括教师与同事间积极的相互交流与协调,建立和谐、支持性的家校关系,与社区各机构建立起密切的合作关系等重要内容。教师的教育实践能力是衡量其专业能力与水平的一项重要指标。

(二)"研究型实践者"范式

目前,教师"研究型实践者"范式主要有三种:一是教师成为研究者,即教师通过自身实践活动不断对自己的理论进行校验、修正和完善。二是教师成为行动研究者,即教师针对某些实际问题改变自己原有的教育教学方式,在解决问题的过程中不断进行自我监控、评价,从而修正、改进和提高自己的理论。三是教师成为解放性行动研究者,即教师通过"促进者"即外来专家帮助,形成自己的研究共同体,并由教师共同体来引导他们不断地进行自我反思，调整教育实践。

(三)"反思型实践者"范式

反思是教师以自己的教育活动为思考对象，对自己的行为、决策以及由此所产生的结果进行认真的自我审视和分析的过程。通过反思，教师的自我觉察能力和自我反省水平得以提高，教育教学能力获得不断发展。因此，反思是教师专业化能力与水平的一个重要体现。

三、教师专业发展的途径

教师专业发展主要通过职前培养、入职指导和在职培训三条途径来实现。

(一)职前培养

"师范教育是整个教育事业的工作母机"，各级各类师范院校、准师范教育等承担着教师职前培养的主要任务，为基础教育培养合格新教师。因此，教师职前培养可以说是教师专业发展的起点。

具备一定教育科学方面的素养是教师有效实施教育教学的前提保证，也是教师区别其他职业的主要特征。正由于此，世界发达国家在师范院校中，把教育课程和教育实习置于突出地位。各级各类师范院校要致力于提高教师职前教育质量，关键是在办学思想上要突出"师范性"，强调在校生教育素质的培养。

(二)入职指导

新教师的入职指导是 20 世纪 70 年代发展起来的促进教师专业发展的指导计划。它主要由教师任职学校主持实施。新教师是已完成所有职前教育课程的教师，并获得了执教资格而进入了教育教学工作岗位，负有老教师相同的职责。对新教师来说，由师范生到正式教师是角色身份的转变、责任的变化，易产生不适应感。最初的教育生涯可能会给一些新教师留下一段受挫经历，这对多数新教师来说是相当严峻的考验。因此，新教师需要支持、理解、鼓励，给予信心、安慰和辅导，更需要教学现场的支援与各种教学技能方面的协助。

新教师入职指导是一个安排有序的计划，是专门向新教师提供至少为期一年的系统性帮助，旨在使其尽快适应环境，进入角色。新教师的入职指导经常采取的策略是学校安排有经验的指导教师进行"传、帮、带"，由导师现场指导并与之分享经验。入职指导对教师的影响主要体现在教学方法、教材处理、敬业态度、教学研究等方面。

(三)在职培训

教师专业发展的阶段性表明教师在整个任教期间应接受继续教育，以扩大和提高教师专业知识及专业能力，但这并不是在职培训的唯一目的。在科技迅猛发展的时代，人人都要接受终身教育，走上工作岗位后还要继续学习。而对教师来说，这种学习尤为迫切。

教师在职培训在发达国家已经制度化。我国教师在职培训主要有以下方式：脱产进修、函授教育、远程教育，参加业务研讨会、经验交流会、学术年会、考察学习、校本培训等。

第三节 新课程下新教师的专业发展

新课程的实施为教师专业发展提供了更多机会，拓宽了教师专业发展的渠道。因此，在新课程背景下，新教师除常规专业发展外，还应广泛探索教师专业发展理念，探寻教师专业发展的策略。

一、提高师德水平

我国《中小学教师职业道德规范》中规定了教师最基本的职业道德:依法执教,爱岗敬业,热爱学生,严谨治学,团结协作,尊重家长,廉洁从教,为人师表。新课程改革强调以学生为中心和师生合作,这就要求教师真正理解、关爱每个学生,建立和谐融洽的师生关系。所以,新教师需要从以下方面提高自己的师德水平。

(一)新课程对师德的规定

基础教育课程的培养目标要求全面贯彻教育方针,推进素质教育,体现时代要求,使学生具有爱国主义、集体主义精神,热爱社会主义,继承和发扬中华民族的优良传统和革命传统;具有社会主义民主法制意识,遵守国家法律和社会公德;逐步形成正确的世界观、人生观、价值观;具有社会责任感,努力为人民服务;具有初步的创新精神、实践能力、科学和人文素养以及环境意识;具有适应终身学习的基础知识、基本技能和方法;具有健壮的体魄和良好的心理素质,养成健康的审美情趣和生活方式,成为有理想、有道德、有文化、有纪律的一代新人。这一培养目标不仅体现了对学生的要求,也体现了对教师职业道德的要求。

1. 转变教育观念,树立新的育人观

师德总是受一定教育思想的影响和指导的。在"应试教育"思想影响下,教师的教育思想围绕着"应试"建构,活生生的学生变成了应付各种考试的机器。在这种教育思想支配下,教师可以不尊重学生、不考虑学生身心健康成长的客观需要,只维护少数学生利益,甚至可以随意侮辱和打骂学生。新课程理念下的师德建设,要求教师树立"以学生发展为本"的教育思想,即"育人为本"的教育观、"人才多样,人人成才"的人才观、全面发展的质量观、为学生终生发展和幸福奠定基础的教育价值观。

2. 优化师生关系,确立平等尊重观

传统课程置学生于被动地位,学生感受不到教师的亲情,师生关系紧张甚至对立。新课程把教学过程看作是师生共同探求新知识的过程,要求师生共同参与课程开发。这就要求教师树立学生是人、未成年人、不完美的人、发展中的人、独立发展的人、人格平等的人等学生观,并以此调整好教育过程中的师生关系。

3. 体现时代精神,开展新型教学活动

教师职业面向未来,需要与时俱进。新一轮课程改革是一次历史性变革,它与传统课程的区别在于:以学生为中心,提倡合作学习,强调探究学习。这就要求教师从全新的角度开展教育教学活动,以建构全新的教学方式和教学行为。所以,新教师必须学习和掌握现代教育技术,改革教学内容、方法和手段,建立符合学生全面发展规律、激发学生创造性的新型教育教学模式,不断提高教学质量。

(二)新课程理念的师德建设

师德建设既需要社会和教育当局努力,更需要教师自身来加强。就新教师来讲,不仅继承和弘扬传统教师的美德,又要与时俱进,树立新的教师职业道德。

1. 树立正确的教育信念

教育信念是教师爱岗敬业的精神力量,是教师与时俱进的内在动力,是教师提升素质的关键,是教师职业道德的最高层次。它不仅影响教师的教育态度和教育行为,还直接关系到教育工作成败和学生素质发展。所以,新教师在任何条件下,在任何挫折面前,只有坚信自己为之奋斗的事业是神圣而光荣的,才会义无返顾地贡献自己全部心血,坚持不懈地教育学生,为完成教育工作任务鞠躬尽瘁,无怨无悔。

2.培养高尚的道德情感

道德情感是人的高级社会性情感,是人类维系道德生活秩序的重要手段,也是个体从事道德实践活动的基础。没有道德情感,就不可能产生道德行为。教师职业并不仅仅是依靠教师的学识、才干和教学方法,更重要的是要有一颗热爱教育、热爱学生的心。

教师的道德情感表现为教师对教育的热爱、对学生的热爱。是否热爱学生,决定着教师的行为选择和取向。教师对学生的爱体现了对祖国和教育事业的爱;教师爱学生并不是迁就和溺爱学生,而是"爱而不溺"、"宽严结合";教师爱学生不只是关心学生学习成绩,更要关心其全面发展;不只是热爱优生,更要关心和爱护差生。可以说,培养教师高尚的道德情感,是新课程理念下提高教师道德素质的关键。

3.增强自律意识

提高师德水平需要教师发挥内在的"自律"精神,把外在约束转化为内在约束,由外在导向转换为内在导向。"他律"是"自律"的起点和基础,"自律"是"他律"的升华,是个体成熟的表现。新教师加强师德建设的目的在于形成完善的道德人格。

4.加强能力建设

教师能力是影响学生能力发展的关键因素。如果教师缺乏教书育人的能力,必然会导致沉重的心理负担,甚至对教育事业丧失信心。注重能力建设是新课程理念下提升教师素质,加强师德修养的必然要求。

教师的教育能力是多方面的,如教学能力、表达能力、观察能力、注意能力、教育机智等。教育过程是一个充满灵活性、创造性的艺术过程。没有渊博知识和高超技能的教师不可能获得教育的成功,更不会体验教育的幸福。教师能力的充分发挥是教育事业可持续发展的深层次推动力。新教师要想在教育改革中大显身手,不仅要安心于教育事业,还必须潜心钻研业务,不断提升教育教学工作能力,对工作精益求精。可见,加强教师能力建设是新时期师德建设的内在要求,是实施新课程的可靠保证。

二、提升专业水平

新教师一般已经具备了从事教育教学的专业知识。但仅局限于过去掌握的专业知识是不可能适应社会发展和课程改革要求的。所以,新教师需在工作中不断提升自己的专业水平。

(一)新教师专业发展模式

20世纪90年代,美国艾伦.C.奥恩斯坦(A. C. Onstein)等人把教师专业发展模式归纳为五种类型,即个人自我指导模式,观察、评估模式,参与发展、改进过程模式,培训模式和探究模式。对于新教师提升自己的专业水平而言,这几种模式可供参考。

1.个人自我指导模式

1974年,劳伦斯对97项在职发展活动的研究发现,个人化活动比对参与者一视同仁的活动更有可能实现既定目标。成人学习理论家相信成年人的自觉性,认为他们的学习意愿受现实生活的任务和问题激发而形成。这些观点有一个基本的共识:最适合甲的职业发展方式并非同样适合乙。因此,自我指导的教职员发展模式使得教师可以运用他们喜好的学习方式寻找工作中所遇问题的答案。

这种模式强调,教师发展的活动内容和形式可能千差万别,但都具有共同特征:教师自己设计学习活动,自己确立学习目标,并选择为实现目标需要进行的学习活动。所以,教师专业发展方式应因人而异,应调动每个教师自我发展的愿望。

2.观察、评估模式

教学能够客观地观察和分析,其反馈信息能促进教学的提高和改进。在教师评价中,课堂观察起关键作用,但须努力提高观察的可靠性:首先,制定观察指南等方法缩小观察范围;其次,进行前期讨论,增加观察者在观察前的信息种类和数量。临床指导者或同行指导者要交替使用分散式和集中式观察:前者记录所有重要的课堂活动,用来鉴别在讨论中确定需要解决的问题;同时通过集中观察确立下一次观察的主题,以便在下一次观察中集中力量收集与该主题有关的信息和数据。在处理反馈时,要针对教师认知水平差异分别对待;对"低抽象能力"的教师可予以指导性讨论,提出问题和发现结果主要由同行指导者或临床指导者完成;对"中等抽象能力"的教师予以合作式讨论;对"高抽象能力"教师予以非指导性方法,指导人员帮助其澄清问题和选择行动方式。这是一种强有力的教师专业发展模式。

观察、评估模式有各种不同形式,如同行指导、视导和教师评估等。一般来说,他人的观察可促进被观察者的思考和完善行为。教学是教师独立完成的工作,他人的观察为教师的教学活动提供了"很多双不同视角的眼睛"。另外,观察和评估对观察者和被观察者双方都起到促进作用,被观察者受益于对方的评价和反馈,而观察者则在观察、准备需要反馈的资料和与对方共同讨论的过程中得到收获和启示。

3.参与发展、改进过程模式

这种模式认为,教职员发展、学校改革和课程改革都并驾齐驱。教职员发展的目的是提高教师的思考能力,而课程开发和设置却是整个过程中最关键的方面。有关学校改革和革新的文献包含大量的学校改进的一般方法。有关高效能学校的研究提高了学校改革的其他方法。其中,伍德(Wood)及其同事通过分析富有成效的教职员发展活动后提出了 RPTIM 模式(即愿意、规划、培训、实施和巩固),这一模式被广泛运用于设计和实施教职员发展活动。这种模式可以通过阅读、讨论、观察、培训、试验和纠错等方法实现。因此,参与发展和改进过程的模式使教师在参与过程中通过多种学习的结合获得所要求具备的知识和技能。

4.培训模式

培训能改变教师教学行为。培训可以包括探索理论,观摩技能、模拟技能的运用,反馈教学表现和指导教学实践工作,还包括讨论和同行观察。由同行出任培训者的研究表明:教师从"专家"那里学到的东西同样可以在同行那里学到,甚至结果会更好。

5.探究模式

从 20 世纪 30 年代杜威提出探究模式以来,很多人一直倡导教师即行动研究者、学者、革新者、自我监测者和参与观察者。近来有理论家提出了各种探究形式。探究模式是教师根据教学实践提出有效问题并寻求问题的客观答案。探究可以个人开展、小组或全体教师一起开展。互动式研究和发展模式促进了教师和科研人员共同合作探究问题;合作研究、课堂行动研究鼓励教师的探究活动;行动研究有助于教师更好地把教学研究与其独特的课堂联系起来;以质量圈、解决问题小组和学校改进项目为形式的行动和研究,是发展教师思维的手段;课堂研究有助于教师评价自己教学的效果,"教师即研究者"有助于缩小研究与实践间的距离。

(二)新教师专业发展策略

新教师专业发展,有一定规律可循,但还需要自己掌握发展的策略、方法。

1.校本研究策略

教师专业发展的基础和生命是实践,只有在教育实践中与学校的日常工作相联系,与身边的教学相联系，与生动活泼的学生相联系，才能真正促进教师的专业发展。

新课程的基本理念之一是"教师即研究者"。教师在教育教学实践中发现问题、明确问题，并以此作为研究课题。教师以研究者身份置身于教育教学情境之中，以研究者眼光审视和分析教学理论和教学实践中的各种问题，对出现的问题进行探究，对积累的经验进行总结，使其形成规律性的认识。所以，新教师应立足于学校教育教学活动实际，积极参与学校开展的教育教学研究活动。

2. 实践反思和行动研究策略

以问题为中心的实践反思和行动研究是促进教师专业持续发展的真正动力。促进教师专业发展的"源头活水"在于教师自身的教学实践，在于教师能感悟教改实践提出的问题并对问题做出价值判断。

教师专业发展意味着要有自我反思机会，反思的主要方法是行动研究，即教师为提高自己实践的合理性与正当性，增强对实践及其得以进行的情景的理解而采取的自我反思探究的形式。行动研究强调教师在实际情境中进行研究，并将研究结果在同一情境中运用。新教师应积极开展行动研究，探讨教育教学问题，建立假说并寻求解决问题的方案。通过行动研究，新教师可以使教学中的反思走向系统化。这不仅有助于改善教育教学实践，也有助于新教师形成教育教学研究氛围，促进自己的专业发展和整体素质的提高。

3. 形成性评价策略

教师评价是对教师工作表现做出价值判断以促进其专业发展的连续历程。教师评价是教师专业成长与发展的一部分。通过评价，能让新教师了解自己教学工作的优缺点和专业发展中欠缺的能力，促进新教师自我进修和自我专业发展。因此，新教师一方面要认真对待来自于学校、同行、学生和家长的评价，虚心接受意见、批评；另一方面，也要不断进行自我评价，通过反思教育教学的成败得失，明确自己需要进一步提高的地方和发展的方向，从而树立教育理想，不断追求专业发展。

4. 网络与教师合作策略

校内和校际间的教师合作也是促进教师专业发展的有效形式之一。新教师通过各种形式的合作，可以进行有关教育教学的观点和学术交流、参与各种培训，进而自己组织自己的专业发展活动。

三、促进角色转变

新教师专业发展涉及到个人、学校组织和外在环境等方面。这些方面如能有效整合，就能顺利促进新教师的专业发展。所以，新教师只有主动、自觉进行自我反思，系统规划自我发展过程，才能实现专业发展。因此，新教师应制定好切实可行的专业发展计划。

(一)认识自我，评估成长环境

自我认识是新教师制定专业发展计划的第一步。每个人都在随年龄增长、时空环境变迁而不断发生变化。因此，新教师不断自我认识是制定专业发展计划的必要手段。新教师认识自我包括认识自己人格性质如志向兴趣、潜能、家庭背景、学历条件等，确认各种价值观如从事教师工作的目的、自己的抱负、成就动机、生活与工作目标等。评估时空环境包括政治、经济、社会、文化因素及可能的发展计划、所需的配合条件等。同时，还可以通过与他人交谈、反馈、自我反省等方式，了解自己对工作的喜好程度、自己的职业人格、职业目标等，为制定计划作好前期的准备工作。

(二)资料分析,审视发展机会

新教师在教育教学中的发展机会很多,如对教学方法的改善、从事教学研究、增进师生之间的融洽、开发校本课程、提高学生的学习效果等。在教育行政方面,教师可以审视自己兼任备课组长、教研组长、主任、校长等职位的机会。

(三)确立发展目标和行动策略

教师的发展目标代表了自己在工作上努力追求的理想。在确立发展的整体目标后,新教师对自我未来发展有了清晰轮廓后,要制定发展的远期、中期和近期目标。在选择行动策略时,应多参考过来人的意见,选择最适合自己的行动策略。一个好的行动策略不单是活动项目,而且应包含许多活动的组合与统合。一项目标的达成,也可经过许多不同途径实现。因此,在制定行动策略时,应注意整体的配合和灵活应用。

(四)按目标逐步执行

新教师要实现个人目标,应把握关键要素,制定行动策略。针对各行动策略,可再将其细分为小的行动方案。在努力过程中,还要不断配合外在情境因素做适当调整和修正。

(五)评价发展计划

发展活动陆续展开与完成时,新教师还需对活动效果进行评价,了解是否达到了预定目标,在发展过程中是否有不理想、欠周到的地方,然后反思问题和不足,并设法改善与补救。通过对每个步骤与目标实现状况进行相关评价,可以对活动过程进行及时的审视,不时地加以调整和修正。这样才能确立正确的行动计划和策略,使发展目标更有效率地达成。

四、学会学习

学会学习是新教师终身教育观念形成与实现的保证。传统课程注重接受性学习、死记硬背、机械训练,而新课程则强调引导学生学会学习、学会生存、学会做人。引导学生学会学习,教师就必须鼓励学生主动参与、乐于探究、勤于动手,培养学生搜集和处理信息的能力、获取新知识的能力、分析和解决问题的能力以及交流与合作的能力。

新教师要教会学生学会学习,自己首先应学会学习。因此,新教师应了解和掌握获取新知识技能、更新思想观念的途径,掌握基本的学习方法、策略,具备资料收集归类、分析综合、判断推理等能力。这样,新教师才能不断拓展知识面、更新教育观念、加深学科专业知识,并努力培养学生终身学习的能力。

(一)自主学习

自主学习是提高学习成效的关键因素。新教师应掌握的自主学习方法主要有:

1.问题解决学习

以新课程对教师的要求作为衡量标准,对自己的教育教学理念、水平和能力等进行梳理,确定存在问题,形成学习专题,以解决问题为目标,循序渐进地学习、实践。

2.建立学习文件夹

新教师对平时学习情况作累积性记录,把这些记录整理成学习文件夹。这种方式不仅可以作为自我学习的评价,还能帮助学习者认识自己学习的实力、缺点、倾向、习惯以及下一步的学习需求。

3.批判性阅读

在学习中,新教师会发现并非所有的教育文献都适用于自己或能够完全照搬,因此,必须有意识地从批判的视角去阅读,学会与书本对话,养成在书的边缘空白处写下评语、随感等的阅读习惯。

4. 自我调节学习

自我调节学习由四个环节构成：首先，判断自己原来的学习情况；其次，确定学习内容、目标、策略，作好规划；再次，通过自我评价或与同伴交流，实行学习过程的监控、学习策略的调整；最后，学习评价，向自己提交报告，并制定下一阶段的学习计划。以此形成学习的良性循环。

（二）合作学习

合作学习既是学习理念也是学习方式。肩负繁重教育教学任务的新教师，必须立足于岗位开展合作学习。

合作学习小组可以是教师自愿组合，也可以由学校根据需要进行配置，如有经验的教师和教学新手结合，或根据共同研究的课题来组合等。

合作学习的形式可以是规范的，也可以是"沙龙式"的。选择合作学习的内容既可以结合教学实际，也可以请某教师上课，还可以把"培训者"请进课堂，亲自上课，然后结合实践讲理论，即席为师生指导，引导讨论，使课堂变成学习交流的场所，把新课程的理念通过课堂直观地表现出来，使教师在潜移默化中接受理论，形成新的理念。

合作学习方法有：一是头脑风暴法，即每一位成员就某一个问题畅所欲言，提出自己的看法和意见；二是分享式讨论，即每一个成员把自己所获得的信息或教育教学改革中所取得的成功案例提出来交换与共享，以此促进信息的流动和成功经验的推广；三是批判式对话，即每一个成员可以就理论学习中的某一个观点或教育教学中遇到的热点问题、焦点问题站在反思的角度展开辩论或提出质疑，通过相互碰撞、充分摩擦，以达到高一层次的共识。

（三）做中学、学中做

新教师要善于把学习与教学结合起来，做到在"学中悟、学中做、学中思"，提高学习效率。如学习教育名著能提高教师文学素养、丰富教师的精神世界，这对教师拓展视野，提升教育境界，有很大的帮助。

（四）研究中学习

研究性学习有利于培养新教师的问题意识、创新精神、研究能力、个人风格和乐于探究的心理倾向，促进教师将教育教学理论学习与教育教学实践紧密结合，并形成良性循环。

新教师研究性学习主要是通过案例研究、课堂观察、叙事研究、反思实践、行动研究等形式，边研究边学习理论、实践理论，从中获得特定情境下的教育经验，重建知识体系，拓宽学术视野，提升整体素质。

五、提高信息技术运用能力

新课程改革要求大力推进信息技术在教学过程中的运用，为学生学习和发展提供丰富多彩的教育环境和有力的学习工具，促进信息技术与学科课程的整合，以实现教学内容的呈现方式、学生的学习方式、教师的教学方式和师生互动方式的变革，进而能培养学生利用信息技术的意识和能力。

将现代信息技术应用于教育教学活动，不仅能为教育教学发展提供新的空间，丰富和提升教育教学的内容、形式、方法和手段，还能帮助教师树立以提高教学质量和效益为目的、以转变学生学习方式和促进学生发展为宗旨的教学技术应用观。所以，新教师务必掌握现代教育技术，具备运用信息技术的能力。

第三章　新教师教学设计应知应会

教师应知应会什么,这个问题对于很多在岗教师来说,应该不是问题,但是,对于准备踏入教师行业的年轻人来说,就不一定不是问题了。教师应知应会内容广泛,但新教师首先要解决如何开展教学工作的问题。这就涉及到教学设计。

第一节　教学目标设计

教学设计是 20 世纪 60～70 年代形成的现代教学技术,是教育技术学的核心内容,目前在我国越来越受重视。所谓教学设计,是指以获得优化的教学效果为目的,以学习理论、教学理论和传播理论为理论基础,运用系统方法分析教学问题、确定教学目标、建立解决教学问题的策略方案、试行解决方案、评价试行结果和修改方案的过程。

一、教学目标

目标是一种构想和蓝图,指导、规范教学从设计到实施再到评价的全过程。教学是学校的中心工作,是实现学生全面发展的基本途径,新教师必须重视教学目标的研究与设计。

(一)教学目标的内涵

教学目标是教学活动的预期结果或标准,即教学活动后学生行为和特征的预期变化。这些变化包括知识与技能、过程与方法、情感态度与价值观等方面的变化,具有可观测性。

教学目标不同于教学目的。首先,教学目的是为实现教育目的而提出的一种概括性的总体要求,对各级各类学校教学活动具有普遍的指导意义,而教学目标只是对特定教学活动起指导作用。其次,教学目的是教学领域必须贯彻的教育目的,体现了社会的意志和要求,具有强制性,而教学目标则体现了教学主体的要求,具有自主性和自由度。

教学目标也不同于培养目标、课程目标。培养目标用来界定某阶段教育的总体目标,并为安排各种类型的课程提供依据,是一种相对抽象、陈述较为宽泛的目标,在编制某一级、某一类或某一所学校的教学计划时就需要这类目标。课程目标比培养目标稍具体些,是根据某具体的学习领域和学生发展状况,用行为目标的形式把宽泛的目标分解得更具体,通常用来作为课程标准。

(二)教学目标的功能

教学目标通过明确教育活动目的,提示达到目标的最优过程与方法,并为评价教学活动结果提供标准。其功能体现在:

1.定向功能

教学目标是教学活动的预期结果,制约教学设计方向,指引教学过程,使教学活动有明确的共同指向。教学内容的确定、教学过程的实施、教学的评价、教学方法的选择、教学手段与媒体的使用、教学时数的安排等,都要依据教学目标确定。所以,教学目标是教学活动的"第一要素"。

2.激励功能

目标不仅是结果也是一种期待,是激发动机的诱因,具有激励功能。在教学开始时,应以恰当形式向学生陈述具体教学目标,激发其学习欲望,调动其学习积极性和主动性。

3. 测度功能

按照目标教学理论,教学目标具有测度功能,教学目标一旦确定,就成为测评教学效果的尺度。传统教学中,一堂课有多少学生学会、学会了多少都很难说清。因为传统教学中只有教学目的,没有教学目标,而教学目的是教师为完成教学任务提出的概括性要求。概括性是教学目的的特点,而这种概括性导致了其评价的模糊性。有了科学、合理、具体的教学目标后,就有了测量的尺度。教师可以通过多种途径和方式检验学生的目标达成情况,并根据检验结果,及时采取矫正性措施,实施补偿性教学。

4. 聚合功能

教学目标是课堂中各要素的联结点和灵魂,能把各种要素聚合起来,形成和谐的课堂状态,发挥出最佳的课程与教学整体效能。从教学角度看,教学过程由师生、教学内容、教学环境、教学方法、教学评价等因素组成,它们在教学过程中发挥各自的作用。但如果它们不能形成合力,就很难产生综合效应,能把这些因素凝聚起来的也只有教学目标。教学目标是教学的"统帅"和"灵魂"。

(三)教学目标分类

教学目标分类是运用分类学理论把各项教学目标由最高到最低排列,形成一个具体的多层次的系统,以实现教学目标的系列化、细目化和可操作化。目前影响比较大的有布卢姆等的教学目标分类理论和加涅的学习结果分类理论。

1. 布卢姆等的教学目标分类

20世纪五六十年代布卢姆等人第一次把分类学理论运用于教育领域,他于1956年出版的《教育目标分类学》将教学目标分为认知、情感和技能三大领域。

(1)认知领域的目标。布卢姆把认知目标分为由浅入深的六个层次。

● 知识。即识记,是最低层次能力,包括记忆名词、事实、规则和原理等。

● 理解。即了解学过知识或概念的意义。

● 运用。即将所学规则、方法、步骤、原理、原则和概念运用到新情境的能力。

● 分析。即将所学概念或原则,分析为各构成部分或找出各部分间的关系。

● 综合。即将所学的零散的概念或知识、原理、原则与事实等统合成新的整体。

● 评价。即依据某标准作价值判断的能力,是认知目标中最高层次的能力。

(2)情感领域目标。克拉斯沃尔1964年出版了有关情感教育目标分类的专著。他将情感领域的教育目标分为接受、反应、价值判断、价值组织和个性化等5项。

(3)技能领域目标。1972年,辛普逊将技能领域目标分为7类:知觉、心向、引导的反应、机械练习、复杂的反应、适应、创作。

上述目标类为教学实践提供了一套价值观念和保障体系,它以外显行为作为基点,以行为的复杂程度作为划分教学目标的依据。各类教学目标有明显的层次性,容易区别,便于教师操作,使教育工作者可以系统地评价学生学习,适用于可量化或客观描述、评价的知识技能。

2. 加涅的学习结果分类

加涅认为,人类学习现象极其复杂,不能用一种理论解释全部学习现象,必须对学习进行分类研究。他将学习结果分为:

（1）言语信息学习。即学习者学习后能记忆事物的名称、符号、地点、时间、定义、对事物的具体描述等具体事实。

（2）智慧技能学习。即学习者通过学习获得的使用符号与环境相互作用的能力。

（3）认知策略学习。即学习者用以调节自己注意、学习、记忆和思维等内部过程的技能，是学习者操纵管理自己学习过程的方式，是学生学会如何学习的核心成分。

（4）动作技能学习。即指导学习者身体运动、动手操作等所需要的能力。

（5）态度学习。态度是通过学习形成的影响个体行为选择的内部状态。

加涅吸收了现代认知心理学成果，把结果的测量、学习过程、学习条件等统筹考虑，强调了人类的认知过程和思维的内在机制，提出了每一类学习最为合适的内部条件和外在条件。这是与布卢姆教育目标分类的区别。

3. 我国基础教育课程改革确立的教学目标

我国《基础教育课程改革纲要（试行）》对课程目标从"知识与技能"、"过程与方法"、"情感态度与价值观"三方面提出了要求，构成了新课程的三维目标。这些目标指向学生的全面发展，注重学生在品德、才智、审美等方面的成长，是新课程基本理念的重要体现之一。

（1）知识与技能。强调基础知识和基本技能的获得。基础知识主要包括人类生存所不可或缺的核心知识和学科基本知识；基本能力——获取、收集、处理、运用信息的能力、创新精神和实践能力、终身学习的能力。

（2）过程与方法。突出让学生"学会学习"，使学生获得知识的过程同时成为获得学习方法和能力发展的过程。过程指应答性学习环境和交往、体验；方法包括基本的学习方式（自主学习、合作学习、探究学习）和具体的学习方式（发现学习、小组学习、交流式学习等）。

（3）情感、态度与价值观。不仅专注于人的理性发展，更致力于人格完善。情感不仅指学习兴趣、学习责任，更重要的是乐观的生活态度、求实的科学态度、宽容的人生态度。价值观不仅强调个人的价值，更强调个人价值和社会价值的统一；不仅强调科学的价值，更强调科学的价值和人文价值的统一；不仅强调人类价值，更强调人类价值和自然价值的统一，从而使学生内心确立起对真善美的价值追求以及人与自然和谐可持续发展的理念。

上述三维课程目标是一个整体，知识与技能、过程与方法、情感态度与价值观三方面互相联系，融为一体，体现了学生的全面发展、个性发展和终身发展的基本规律，体现了学生各种素质在学科课程培养中的有机联系，体现了时代对基础性学习能力、发展性学习能力和创新性学习能力培养的整体要求。

二、"新课改"三维目标的特点

基础教育新课改从知识与技能、过程与方法、情感态度与价值观三方面提出了对教学目标的要求，构成了新课程的三维目标。这些目标指向学生的全面发展，注重学生在品德、才智、审美等方面的成长。这种三维目标设计具有下列特点：

（一）整体性

三维目标是对学生发展要求的三个维度，是教学目标的三个方面而非三个目标。这三个维度是统一的整体，相互依存、互为基础。学生要学习知识与技能，须运用一定方法，也必经历一个过程。在学习过程中还伴有相应的情感和态度、价值取向。所以三维目标不可分割。

上课伊始,老师说:"同学们,我们来做个套圈的游戏好吗? 请同学在横线后向木桩上扔圆圈,每人扔3个,谁套的多谁就获胜。"如图示的样子,生2套了3个圈,生1和生3各套了1个和2个,教师宣布:"生2获胜,因为他套的圈最多。"同学们一片哗然。

生1激动地说:"这不公平。"

"为什么不公平?"老师问。"因为生2比别人离木桩近,容易套上。""哦,原来生2靠得近,你们靠得远,你们感觉不公平,那你们觉得怎样才公平?"

生3说:"我想和生2交换一下位置。"

"那不行,这样我就离木桩最远了。"生1立即回应。

生3说:"我们可以轮流到离木桩最近的点去扔圈。"

眼看同学们达成了协议,老师又说:"我们不想轮流套怎么办呢?"同学们唧唧喳喳地议论后,一名同学回答:"将其他人站的点向前移。"

"移到木桩那儿吗? 这么近,直接套上就不用比赛了。"老师接着说。"不,要使这些点到木桩的距离和生1的点到木桩的距离相等才行。"

老师听后在木桩上拴一根细绳,按这位同学说的量出许多点。然后说:"这些点到木桩的距离都相等,这样的点有多少个?"

同学们一起回答:"无数个。"老师拉绳转一圈画出了个圆。问:"这是什么?""圆。"同学们齐声答。

"今天我们就来学习圆。"老师随手板书课题:圆的认识。

案例中,教师通过套圈游戏,巧妙地将学生置身于充满趣味、宽松和谐的数学学习活动情境之中。以游戏为载体,自然将知识与技能目标(圆的特征:圆的所有半径相等)、过程与方法目标(感受知识的形成,体验数学学习的过程)和情感态度与价值观目标(学习圆的兴趣、游戏的公平性)有机地融为一体,即较完美地达成了三维教学目标。

(二)不均等性

虽然三维目标是一个整体,但并不意味着它对学生发展的贡献是等值的。在具体的课堂教学实践中,针对在不同学科或同一学科的不同内容里,"三维"中的每一维度并非均衡。

因为不同学科或同一学科的不同教学内容蕴含了不同价值,所以,并非所有教学内容都同时包含了三个均等的维度,也不是每堂课都包含三个均等的维度,可能某节课体现了三维目标中三个维度,也可能只突出反映了其中的一维或二维。

三个维度是教学目标设计的总体思路,而不是机械地把三种维度照搬到每节课的课堂教学中,成为新课程对教学目标设计的统一要求。因此,在教学过程中,教师须拥有三维目标意识,根据具体的教学内容灵活地设计三维目标。

(三)灵活性

三维目标既不是并列的,也不是一一对应的。即并非一种知识与技能对应一种方法与过程、对应一种情感态度与价值观。所以,在设计和陈述教学目标时,教师要从不同学科、不同学段、不同学生基础背景的实际出发,以灵活多样的方式进行整合统一。

案例二:数学《小数的加法与减法》教学目标

(1)知识与技能:理解和掌握小数加法和减法的计算方法。

(2)过程与方法:通过经历回忆、比较、反思等过程,体验小数加减和整数加减之间的内在联系,从而感悟小数加减法的算理。

（3）情感与态度：通过数学知识结构的内在联系及数学与生活的联系,激发学生学习数学的兴趣。

以上例子属于第一种形式,是将教学目标按照"知识与技能"、"过程与方法"、"情感态度与价值观"三个维度分开来陈述的。这样陈述是为了能使师生更立体地审视它,更清晰地理解本节课应该达到的目的。在具体教学实践中,这三方面是一体的,是不能完全割裂的。

案例三:数学《100万有多大》教学目标

（1）通过小组活动学会用估算的方法收集、整理和描述数据,能对大数字信息做出合理的解释和推断。

（2）经历自己熟悉的事物中大数的感悟过程,从不同角度对100万进行感受,发展学生的数感。

（3）在解决问题的过程中,能进行有条理的思考,鼓励学生解决问题策略的多样化。

（4）通过本节课小组活动,体验数学与日常生活是密切相关的,认识到许多实际问题可以借助数学方法来解决,并可借助数学语言来表述和交流,体会数学应用的价值,并愿意和他人合作,与人交流,发展共同解决问题的良好品质,增强环保意识和社会责任感。

上述教学目标陈述将三维度融合在一起。

目标（1）包含两个维度,"通过小组活动"属于过程与方法目标,"学会用估算方法收集、整理和描述数据,能对大数字信息做出合理的解释和推断"属于知识与技能目标。

目标（2）"经历对自己熟悉的事物中大数的感悟过程"属于过程与方法目标,"从不同角度对100万进行感受,进一步发展学生的数感"属于情感态度价值观目标。

目标（3）包括三个维度,"通过本节课小组活动,体验数学与日常生活是密切相关的"是过程与方法目标,"认识到许多实际问题可以借助数学方法来解决,并可借助数学语言来表述和交流"是一个知识与技能目标,"体会到数学应用的价值,并愿意和他人合作,与人交流,发展共同解决问题的良好品质,增强环保意识和社会责任感"是情感态度与价值观目标。

三、教学目标设计

教学目标设计是实施教学的首要环节。对教师来讲,设计教学目标既是一个理论问题,也是一个操作问题。教学目标设计的好坏直接影响教学实施及其结果。

（一）教学目标设计的基本原则

设计教学目标既要考虑学生、社会生活和学科知识发展因素,也要考虑课程制定者认识水平和工作方式。设计教学目标应遵循如下基本原则：

1. 社会需求与学生个体需要统一

个体发展在社会中实现,社会发展必须以个体发展为基础。设计教学目标要考虑满足社会和学生需要的有机统一。就是说,既要承认个体的社会权利,也不把个体凌驾于社会之上。

2. 基础性和发展性统一

树立教学目标的层次意识,将教学目标分为基础性和发展性目标。教学目标的设计应面向全体学生,使学生在知、情、意、行等方面得到全面发展,养成学生参与未来社会生活的基本素质,为学生自主、多样、持续发展奠定基础。

3. 适应性和超越性统一

教学目标既适应现实又要超越现实。适应性意味着教学要立足于社会现实需要,但现实并不代表未来发展,未来发展有赖于对现实的超越。就学生而言,现有发展水平是其进一步发展的基础和起点,设计教学目标要了解并充分利用这一基础。同时,又要准确估计学生的发展可能性,教学目标只有从现实基础与发展潜能两方面反映学生的发展素质,才有可能使学生得到充分的、最大限度的发展。

4. 外显性和过程性统一

行为目标将教学目标表述为内容和行为结果两个维度,不能涵盖所有教育内容,如情意因素、个性品质等隐性的或生成性的目标。因此,设计教学目标还要关注过程中的隐性目标和生成性目标。

(二)设计教学目标的基本环节

一般说来,教育目的是既定的,教学目标设计应在其指导下进行,包括以下环节:

1. 目标分解

教学目标有层次性,学科目标、学年目标、学期目标、单元目标、课时目标都需要逐层细化。设计教学目标首先是分解目标。新课程标准确定了学科和年级目标。这些目标在具体教学过程中,需要自上而下地具体细化,一直分解到课时教学目标。以单元课程与教学目标为例,目标分解需经历四个步骤:

(1)学习需要和兴趣分析。确定学生通过单元教学必需学习与掌握的知识"主题"。

(2)学习任务选择。确定学生学习的内容。

(3)学习任务组织。分析各项学习任务间的关系,找出其先后顺序。学习任务间存在相对独立、相互平行、递进等不同关系,根据学习任务间不同的关系,对各学习任务做出调整与安排,使其具有科学、合理的逻辑顺序,保证教学能有序展开。

(4)目标表述和归类。明确了单元学习任务,首先要把每项学习任务编写成相应单元教学目标,即单元教学目标的表述。单元教学目标的表述要能说明学习者完成本单元学习后能做什么。如"圆的面积"单元教学目标可做如下表述:一是能说出身边的圆;二是能用不同方法求圆周长;三是能说明圆的面积与圆的周长的区别;四是能正确计算圆面积。

单元教学目标表述之后,还要对每个目标进行归类。因为不同教学目标的教学过程与条件不同,即使是同一教学目标,其层次水平不同,教学的过程与条件也不同。

2. 任务分析

任务分析旨在揭示学生要形成的终点能力构成成分及其层次关系,为学习顺序安排和教学事件设计提供心理学依据。其具体方法是从学习终点行为开始,一直追问到学习者原有知识基础为止,从而弄清所学知识与能力的构成成分及其层次关系。任务分析包括以下内容:

(1)确定学生的起点能力。起点能力是学生接受新学习任务前的原有知识技能的准备状态。起点能力是学生获得新能力的内部条件,在很大程度上决定教学的成败。确定起点能力的常用方法有诊断测验、作业批改、提问等。

(2)分析目标及其类型。在起点能力和终点能力之间,学生存在未掌握的知识技能,而掌握这些知识、技能又是达到终点目标的前提。介于起点与终点间的各层次目标都是通向终点目标的台阶。确定目标后还要对其类型加以辨别,以科学确定教学方式。

（3）分析学习的支持性条件。保证终点目标达成的先决条件。有效学习除必要条件外，还要有支持性条件即认知策略。

3. 起点确定

一是对学习新知识所需的预备知识和技能的分析；二是对目标能力的分析，即了解学生是否已完全掌握或部分掌握了教学所要达到的目标，以及达到的程度如何；三是了解学生对所学内容的态度如何。对学生学习起点能力的分析主要通过调查方法进行，如诊断性测验、个别谈话、学情调查座谈等都是行之有效的方法。

4. 目标表述

目标编制的核心是目标陈述。能否科学、精确陈述教学目标直接关系到教学目标的达成与检测。目标陈述模糊、无法操作和测量是教师存在的主要问题。目标陈述的基本形式有：

（1）行为目标。通常采用"ABCD设计要素"表述教学的行为目标：一是对象，在表述教学目标时要针对实现目标的主体对象；二是行为，用学生行为变化描述教学过程和结果，教学结束时学生应达到的知识、能力水平和情感态度；三是条件，说明产生行为的条件；四是标准，教师评估学生行为质量、学生判断行为是否达到学习目标的标准。

（2）内部过程与外显行为相结合的目标。行为目标克服了传统教学目标陈述含糊、难以操作和测评的缺点，但也存在忽视体验性、表现性目标；只重视一般性教学目标，忽视创新性教学目标；教学只重视事先所预期的目标，忽略了生成性目标。学习的实质是心理的变化，教学的真正目标不是具体的行为变化，而是内在的能力或情感变化。教师在陈述教学目标时，首先要明确陈述如记忆、知觉、理解、创造、欣赏、热爱、尊重等内在的心理变化。但这些变化不能直接进行观察和测量，容易回到模糊不清的老路。为了使这些内在变化可以观察和测量，还需要列举反映这些内在变化的行为样品。这样就避免了各自的弊端，找到了一个好的结合点。

（3）表现性目标。表现性目标主要是描述学生在教学过程中作业的情境、将要处理的问题、将要从事的活动任务等。其一，表现性目标也是教学前预设的。表现性目标是教师课前经地深思熟虑并依据教学内容和学生实际的创设；其二，表现性目标规定学生作业的情境、将要处理的问题或要开展的活动而非行为结果，关注的是过程而不是结果，旨在培养学生的创造性，强调个性化。

5. 教学目标的呈现

如何呈现教学目标是一个教学技术问题。教学目标的呈现从时间上说，既可以在前也可以在后；从方式上说，既可以分散展示也可以集中展示。选择何种方式要考虑教学年级高低和教学内容特点。呈现目标要注意以下几点：呈现目标自然；分散呈现目标的效果比集中呈现好；呈现目标与回扣目标结合；每一课时目标不宜太多，要突出重点、难点目标；对小学低年级学生适宜间接呈现目标；对于难度较大的教学目标一般采用后置方式呈现；高年级以自主学习为主的课型宜课前呈现目标，以发挥目标的指向作用；情感目标在课堂上不宜呈现。

案例四：语文《落日的幻觉》教学设计呈现

（一）案例背景

1. 教材分析

这篇文章是八年级上册第四单元的最后一篇文章，是在学习了九篇说明文基础上学习的文章,是一篇事理说明文,是与学生的生活实际联系最为密切的文章,也是最能体现语文人文性与工具性相结合的文章。

2.学生分析

我们的学生都是农民工子女,学习习惯与学习态度不是太好,即使学习了九篇说明文,但在说明文最为基本的知识上一般也掌握不太牢固,所以对学生不能提出过高的要求,应该注重最基本的语文知识点和说明文知识的教学。

(二)教学目标

1.知识与能力

(1)掌握文中的词语。

(2)理清文章的结构,判断说明顺序。

(3)理解文章所阐述的科学道理。

(4)学会观察事物,探究其中的原理。

2.过程与方法

(1)学生课前预习生字词,熟读课文。

(2)教师制作多媒体课件并准备各种图片。

(3)教学中以学生自主、合作学习为主。

3.情感、态度与价值观

能够观察事物,并能够积极思考,通过现象去看本质。

(三)教学重点与难点

1.重点是能够理清文章的说明顺序。

2.难点是能够理解文章所阐述的科学道理。

(四)教学突破

突破重点是采用小组合作讨论的形式进行,突破难点是准备了一些图片,让学生获得直观感受,然后结合物理知识进行。

(五)教学过程实录

师:你们见过落日吗?

生:见过。

师:那你们观察过落日吗?如果观察过能告诉老师你观察到哪些内容吗?

生1:我观察过落日的颜色很黄、很红,而且非常的大。

生2:我观察到落日时候周围的天空都变成了红色。

师:很好,这位同学还注意到了周围的景色变化。那有的同学没有观察过落日,但没有关系,老师今天给大家提供一组图片,请看大屏幕。(多媒体显示)

(导入说明:从学生平常的生活场景中导入能够引起学生的兴趣,很好地进入学习状态。)

师:看完了图片,感觉很美吧,但我们今天不是欣赏图片的,而是通过一篇说明文了解一下为什么落日很美。(显示课题、作者)那今天我们要学习哪些内容呢?(显示学习目标)

①理清文章思路。

②理解文章说明的科学道理。

③学会观察。

......

这节课可说明的地方比较多,通过这一课要诠释很多内容也不现实,下面我主要通过教学目标来说明,新教师如何确定教学目标?

教学目标是一篇文章的灵魂和核心,目标有多大,舞台就有多大。应该说一篇文章的教学成功与否关键就是看教学目标是否正确。这篇文章的目标是如何确定的呢?结合文章的三个目标我详细地说明一下:

首先,我把目标确定为理清文章的思路。这也是中考考纲中明确要求学生必备的能力之一。我们的学生在学习语文的习惯上存在很大的问题,主要是从小学开始就没有养成看书的习惯,导致我们学生在现代文课外阅读时常丢分的原因之一就是不会理清文章的思路,而我平时上课时一般就是从文章的思路入手。如果不明白作者写了哪些内容,怎样安排文章的内容的,又怎能深入挖掘一篇文章的内涵呢?但理清思路又不同于对课文的分段分层,而是从整体上把握,看清部分之间的联系,教学说明文尤其如此。所以,从一篇文章的思路入手,能够从整体上获得感悟。

其次,我确定理解文章所要说明的科学原理为第二个教学目标。确定这个教学目标是从语文的人文性上去考虑的,新课程强调语文人文性性质即大语文观,语文即生活,生活即语文。所以文章从学生的生活实际中选择这篇文章,激发学生的阅读兴趣,这是我们语文教学的难点,也是语文教学中最为矛盾的地方,有时在教学中我们发现:往往在生活和语文中我们能和孩子一起共鸣、快乐,但想到考试,马上又要收回我们的想法,重新回到语文工具性的课堂中,我这节课尽量通过将表格和图片以及学生日常生活的经历联系一起,通过一个交流的平台,完成这个难点的突破。

第三个目标我确定为要求学生学会观察。"授之以鱼,不如授之以渔。"在教学的过程中我告诉他们问题,不如引导他们发现问题,这样他们就会主动寻找问题的答案,就如同一道菜,你告诉他或咸或淡,他不会有感觉,你让他尝一下,他不但知道结果,而且印象深刻。这就是我们语文教学中要完成的任务,因此教会他们观察,是学会新的解决问题的方法之一,所以我确定教会学生观察生活是关键。

通过三个目标,我觉得语文教学中就应该要确定好教学的目标,只有目标明确了,教学的过程就会简化而集中。因此通过这个案例我主要是说明要使语文教学有效,就要使我们的目标合理、明确。

第二节　教学内容设计

教学内容解决"应该教什么"、"应该学什么"和"怎样选择教的内容"问题。能否科学、合理地设计教学内容,将直接影响教学的效果和质量。

一、教学内容的含义

教学内容指在一定教育价值观及相应教学目标指导下,对学科知识、社会生活经验或学习者经验中有关知识经验的概念、原理、技能、方法、价值观等的选择和组织而构成的体系。教学内容的基本性质是知识,包括学科知识、社会生活经验、活动三个要素。

与传统教学内容相比,新课程规定的教学内容具有基础性、先进性和整合性特征。这些特征体现了时代发展和学生发展的基本要求。

二、教学内容的选择和组织

教师选择和组织教学内容,最首要的是确定学生能力、需要、兴趣、动力及学习某种内容的潜力。

(一)选择和组织教学内容的依据

对教师来讲,尽管有课程标准和教科书,但在选择和组织教学内容时,仍然要考虑各方面的问题和要求。

1.课程目标

新课程标准体现了教学的三维目标。教师在选择和组织教学内容时,应充分考虑课程标准规定的教学目标,如小学数学课程标准强调让学生"体会数学与自然及人类社会的密切联系"、"初步学会运用数学的思维方式去观察、分析现实社会,去解决日常生活中和其他学科学习中的问题",在选择和组织内容时,就应为学生提供机会体会、观察和分析现实问题和数学与人类社会的联系,选择密切联系学生生活实际和现实社会的内容。

2.学生需要、兴趣与身心发展水平

促进学生发展是教学的基本职能之一。教学内容选择和组织应关注学生的需要、兴趣、身心发展特点。教师只有根据学生的需要、兴趣与身心发展水平选择和组织教学内容,才能促进学生的主动参与。

3.社会发展需要

学生个体发展与社会发展交织在一起。"教育是为学生的未来生活做准备",选择和组织教学内容,必须考虑现实社会与未来社会需求,使学生在未来生活中有所作为。

4.教学内容的性质

选择和组织教学内容需要考虑内容的重要性、实用性、正确性等问题,以便学生能"学得会、用得上"。

(二)选择和组织教学内容的原则

教师选择和组织教学内容既不能仅依据自身经验任意取舍,也不能要求学生掌握教科书的全部内容,而要依据实际全面权衡。

1.选择教学内容的原则

学生不可能用有限的时间、精力学习无限的内容。在选择教学内容时应考虑其基础性、先进性和整合性,关注学生学习心理特点和发展规律。

(1)体现教学内容的特点。第一,中小学教育的目标是让学生掌握人类文化的精华,最大限度地开发潜能,形成适应社会和自身发展必备的基础知识结构和基本技能。因此,教学内容应体现基础性。第二,教学内容的基础性相对稳定,但与选择社会文化和科技发展的新成果并不矛盾。学生在获取基础知识与技能的同时,需适当了解前沿的科学技术信息。选择教学内容应在保证基础性的前提下考虑先进性因素。第三,选择教学内容要注意其整合性,即基础性与先进性、内容广度与深度、知识与情感、理论与实践的整合,以使课程与教学内容具有一定的系统性和整体性,有利于学生建构知识结构。

(2)关注学生心理特点和发展规律。教学内容选择应适应学生现实发展状况和需要,必须反对不顾学生心理特点和发展规律的选择观念和行为;必须防止急功近利倾向,使教学内容与学生已有知识和身心需要及能力一致,指向学生未来发展。

2. 组织教学内容的原则

教学内容相对稳定，一般按学科课程标准进行选择。但选择好教学内容后，还需要教师精心组织。组织教学内容要遵循下列原则：

（1）逻辑顺序与心理顺序结合原则。学生将来要能积极投入社会生活，就须重视社会和个人需求。社会职业的专业性和系统性要求学生具备相应的知识体系，这就要求按一定逻辑顺序呈现知识。另外，关注学生个人愿望和兴趣就是关注学生心理特点和发展规律，按照学生心理顺序编排知识。按这一原则组织教学内容，既不可倾向于一方面，也不可倾向于另一方面，二者应相互协调统一。

（2）纵向组织与横向组织结合原则。纵向组织指按某准则，以先后顺序排列教学内容，将选择的教学内容要素按逻辑顺序，同时兼顾心理顺序由浅入深、由简到繁组织起来，以突出学习内容从已知到未知、从具体到抽象的特点。横向组织指打破学科界限和传统知识体系，找出各教学内容间的内在联系，求同存异、整合为一个有机的整体，以便学生获得统一的观点，使行为与教学内容统合在一起，并有机会探索个人和社会最关心的问题。这种编排原则强调知识的广度而非深度，关心知识的应用而非知识的形式。

一般地说，纵向组织原则注重教学内容的体系和知识深度，而横向组织原则强调教学内容的综合性和知识的广度。在教学实践中，不能将横向原则与纵向原则割裂开，而应将这两种原则有机结合起来，形成一个立体的教学内容编排方法。

（3）直线前进与螺旋上升组织原则。直线式组织是把学科内容按线性排列，组织成在逻辑上前后直接联系的直线，前后内容基本不重复。螺旋式组织则是在不同阶段，根据课程目标使教学内容不同程度、不同层次地重复出现。直线式和螺旋式教学内容，在现代教学理论中以不同方式出现。赞科夫主张，教师讲的内容，只要学生懂了就可以往下讲。因为不断呈现新内容能使学生保持学习兴趣；布鲁纳主张螺旋式课程，认为教学内容的核心是学科基本结构，要向学生呈现学科基本概念和原理，以后不断在高层次上重复，直到学生能从结构角度全面把握该门学科为止。

三、我国中小学的教学内容

我国基础教育课程的教学内容在组织与选择方面遵循了上述原则，把有益于学生心理发展、学会生存、全面发展的内容作为教学的主要内容。这些内容包括：

（一）自然和社会等基本知识、经验

学生具有认识自然、社会以及了解自己的需要。中小学教学内容应包括自然、社会和关于人类的基础知识。一是基本事实，即关于自然、社会和人类的基本情况及科学事例；二是基本概念，包括具体概念和定义概念；三是规则、规律及原理；四是有关活动方法的知识；五是有关社会关系准则和评价的知识。

（二）某些活动方式、方法的经验

人类在长期的社会实践中积累了一系列有关活动方式的经验，这些经验对后人来说是宝贵的精神财富。学生只有吸取前人的这些经验才能将自己领会的基础知识转化为相应技能。技能可分为两类：智力技能和操作技能。智力技能是运用知识和经验去完成某种智力活动的方式，是在头脑内部对事物进行分析与综合、抽象与概括的技能。操作技能是运用知识和经验去完成某种机体运动或操作某种对象的活动方式，如测量技能、运动技能就属于操作技能。

(三)提高综合能力的经验

学生要顺利进行学习、交往和基本的生产活动,至少需具备七种能力:人体的基本活动能力、一定水平的智力、口头或书面表达能力、审美能力、辨别是非及美丑善恶的能力、运用所学知识解决实际问题的能力及创造力等。这些能力的形成依赖于学习间接经验和获得必需的直接经验,特别是直接经验对提高学生的综合能力具有不可替代的促进作用。

这一类教学内容的主要特点是:以提高学生能力为主要任务,不同类型的能力需要不同类型的训练材料;与实际活动有密切联系,用以培养某种能力的训练材料须与某种实际活动的特点相符合;按照不同的活动方式,提供不同的心理训练材料。

(四)培养情感、态度、价值观的内容

情感、态度、价值观在个体人格构成中居于重要地位,人的全面发展除智力外,还有情感、态度、价值观的发展,这些素质的发展程度影响个人未来和人生质量,对学生的认识和行动起动机作用。如果对学习和工作、对国家和集体缺乏感情,就不可能以顽强意志力克服学习、工作、生活中出现的困难。这部分课程与教学内容包含一系列特殊内容:对待科学知识、道德标准、现实审美表现以及政治思想情感的评价态度。

上述内容体现如下特点:一是加强与学生生活、现代社会和科技发展的联系;二是关注学生的学习兴趣和经验;三是精选终身学习必备的基础知识和技能。

四、不同类型知识的教学设计

不同知识类型有不同的教学设计要求,应采取不同的教学设计。

(一)陈述性知识教学设计

陈述性知识指个人有意识的提取线索,并能直接陈述的知识。主要回答"是什么"的问题,可用来区别和辨别事物,一般通过记忆获得。它可以分为有关事物名称或符号的知识、简单命题知识或事实知识、有意义命题的组合知识。陈述性知识的教学设计需注意:

1. 教学目标以回忆能力为中心

确定教学目标应以学生回忆知识的能力为中心,要求学生口头或书面叙述所学到的有关知识,以此检查学生是否具备了这种能力。

2. 注重新旧知识的联系

设计教学内容要注重确立新旧知识之间的联系,找准联系点。

3. 找准新知识生长点

确保学生把新旧知识联系起来,找到新知识的生长点。为帮助学生理解新知识,可以考虑教材呈现方式与讲解,利用多媒体教学手段揭示事物发展的过程,通过关键点的提问引起学生的关注与思考,运用及时的反馈进行有针对性的补救等。

4. 发展元认知能力

使学生学会控制自己的知识理解过程,即发展学生的元认知能力。

(二)程序性知识教学设计

程序性知识指个人缺乏有意识的提取线索,只能借助于某种具体作业形式来间接推测其存在的知识。主要解决"做什么"和"怎么做"的问题。程序性知识以产生式表征,形式是"如果……则……",产生式又可以组成产生式系统。教学设计时需注意:

1. 明确教学目标达成标准

明确判断教学目标达到的标准是学生面对各种不同概念与规则的运用情境,能顺利进

行识别、运算和操作。

2. 重视建构知识网络

把教学内容的概念或规则放进知识网络中讲解与练习,如讲上位概念应唤起、充实下位概念;讲下位概念应帮助学生同上位概念相联系,使新知识能顺利纳入相应的知识网络中。

3. 正确运用正反例

概念讲解与练习要注意正反例的运用。正例有助于概括和迁移,但也可能导致泛化;使用反例有助于辨别,使掌握的概念达到精确。

4. 引导学生运用新规则

如果教学内容是规则,应着重引导学生将新习得的规则运用于新情境,做到一旦见到恰当的条件("如果"),便能立即作出反应("则")。

5. 安排练习

对于由一系列产生式组成的较长的程序性知识,应考虑练习内容与时间的分散与集中、部分与整体的关系,一般先练习局部技能,然后进行整体练习。

(三)策略性知识教学设计

策略性知识是关于如何学习和如何思维的知识,是关于如何使用陈述性知识和程序性知识去学习、记忆、解决问题的一般性方法。策略性知识教学设计需注意:

1. 确立策略性知识的地位

在拟定的教学目标中,必须有检查"学生学会学习"的教学目标。如要求学生学会设计图表,系统整理所学的章、节内容;学会用比较法鉴别事物、事件等的异同;能总结自己学习中的有效方法等。传统教学目标常常仅有检查陈述性和程序性两类知识的教学目标,而忽略了对策略性知识的要求与检测。

2. 突出学习方法教学

教学内容应结合陈述性知识和程序性知识教学,突出学习方法的教学,或专门开设学习方法课,教给学生如何预习、复习、记笔记及如何学会选择性注意、反思等具体学习方法。

3. 善教策略性知识

新教师要学会教策略性知识,善于展示内隐思维活动的调节、控制过程,使学生能效仿。可以说,既善于教陈述性、程序性知识又善于教策略性知识的教师才是真正好的教师。

第三节 课堂组织设计

课堂教学是现代学校最主要、最基本的组织形式。如何设计课堂组织,这也是新教师必须考虑的问题。

一、课堂组织设计的类型

座位排列形式和学生座位影响对学生的学习态度、教学活动参与度、学业成绩等。同时,也制约师生间、学生间的交往范围、互动形式和互动效果,并对信息交流的方式、范围、效果产生重要影响。座位排列形式在一定程度上反映教师的教学观。

我国中小学课堂组织设计一般有三种形式:基本课堂组织设计、特殊课堂组织设计和暂时性课堂组织设计。

(一)课堂组织设计

基本的课堂组织设计以教师为中心。教师活动在教室前面,学生与教师进行目光接触和交流。因此,学生座位以纵横排列方式安排。这种设计模式有利于教师的教学活动,能较好调节和控制学生,有利于学生将注意力集中于教师,适合于提问、回答和课堂作业。学生能更多地与教师进行接触和交流。我国学校中每个班级人数较多,一般采用这种设计模式。

(二)特殊课堂组织设计

特殊的课堂组织设计是以学生、课程为中心的一种座位排列模式,如矩形、环形和马蹄形。这种模式一般在需要学生集体讨论教学内容时采用。学生和教师面对其他人,允许学生谈话、相互帮助等,有利于学生间的联系,但教师对全班讲解和控制较困难。特别是如果小学低年级采用这种形式,学生花在学习上的时间会减少,容易出现一些不当行为。所以,这种课堂设计多用在高年级。

(三)暂时性课堂组织设计

暂时性课堂组织设计根据教学内容的临时性需要,将座位进行暂时性调整,以利于教学活动。如教师要进行演示,希望各位学生都能观察到,于是可以临时采用堆式。学生紧坐在一起靠近注意中心,后面学生可以站着看。如果要进行全班性的辩论或看录相等,可以采取椭圆马蹄形。如果要求学生按兴趣进行合作学习,可采取兴趣站的方式安排座位。总之,课堂环境的设计,座位的安排要根据教学内容的要求进行,才有利于教学效果的提高。

课堂设计除根据教学内容与活动要求进行外,还必须考虑其他一些因素。如教室的大小、学生人数、桌椅尺寸和形状、固定设施、黑板位置、视听设备等方面的因素。

二、课堂教学组织形式

一般来讲,常用的教学组织形式有课堂演讲、课堂问答、课堂自习三种,合作学习是不常见的教学组织形式。

(一)课堂演讲

课堂演讲包括讲解和演示,是将演讲作为授课的重要形式。讲解是教师向学生讲述概念、原理和事实发生、发展的过程及规律,它以感性经验为基础,经过逻辑推理上升到概念和理论水平;演示是教师通过展示各种直观教具、实物或示范性实验,使学生获得有关概念或原理的感性认识。如果教师在教学中能将这两种形式结合起来,那么效果会更佳。

演讲是中小学教师常用的授课形式,在运用时教师要注意以下问题:

1. 积极消化教材

新教师在讲授教学内容前有两次消化教材的过程。一次消化教材是在学生时期对所学专业内容的消化,目的是理解、掌握所学专业内容;二次消化教材则是在成为教师后,针对学生特点和条件,结合所教学生存在的问题,对教学内容进行加工,目的是为了让学生更好地理解、记忆和应用知识。

二次消化教材是新教师保证讲授质量的关键环节。所以,新教师要想讲好课,就必须在二次消化教材上花费大量时间和精力,了解学生原有认知结构、教材与学生原有认知结构的关系,认真钻研教学内容,考虑如何让学生学懂。面对不断变化的学生,新教师还必须清楚,二次消化教材还不能一劳永逸。

2. 明确讲授目的

讲授目的是从效果来讲的,主要是教师通过讲授希望获得什么样的效果?起到什么样的作用？使学生发生什么样的变化？杜和戎在《讲授学》里把讲授目的归纳为三点：让学生"好学"、"想学"、"会学"。"好学"、"想学"、"会学"是紧密联系在一起的。"好学"指教师为学生铺平学习的道路，"想学"指学生产生学习的愿望和动力，而"会学"则是学生在教师为其铺平的学习道路上学会学习。这三个目的相互依存、缺一不可。

3. 正确运用讲授原则

讲授原则是教师在讲授过程中必须遵循的基本准则。新教师在讲授中一定要灵活把握讲授的启发性、吸引性、精通性、感染性等原则。

4. 掌握讲授的基本要领

讲授要领是教师在教学原则指导下，讲授要注意的基本问题。新教师应掌握的基本讲授要领主要有以下几方面：精选讲授内容；精心组织讲授内容；活跃课堂气氛；讲好第一堂课；提高表达艺术；主动听取反馈意见。

（二）课堂问答

课堂问答是教师根据学生知识基础向学生提出问题，引导学生经过思考作出回答，从而获得知识，发展智力的教学形式。其特点在于信息的双向交流。

课堂问答要求教师具有丰富的课程知识和较高的教学艺术，也要求学生具有一定知识基础。新教师在课堂提问中应学会提出探究性问题，这样才能启发学生思维。要做到这一点，新教师应注意以下问题：

1. 问题要有鼓励性

教师提出的问题要能引起学生积极参与，推动学生进行独立的或集体的探究活动。这里所说的积极参与不是指根据教师的讲述或课本，对教师提出的问题通过机械回忆回答，而是通过积极的探索和思考再做出回答。

2. 问题要有开放性

教师提出的问题要允许学生做出多种可能的解释或回答。开放性问题比只用"是"或"否"回答的封闭性问题更能促进学生思考。

3. 问题要有序列性

教师提出的问题是递进式的、有层次的、有节奏的、前后衔接、相互呼应和逐步深化的。

4. 问题要有提示性

即对学生答问要能起指导或引导作用，给学生指出回答的方向或从哪些方面去思考。

新课程改革提倡以学生自主性和探索性为基础的研究性学习，以培养学生的创新精神和实践能力。那么，在新课程改革的教学中，教师提出什么样的"问题"才是好问题呢？问题明确、具体和可感；问题具有思考价值；关注"三维"目标的全面达成；问题具有情境性。

（三）课堂自习

课堂自习是学生在教师指导下，以学生为主进行的课程预习、复习和练习，有时学生自学一些有关课程的内容等。课堂自习能增强学生的自我学习能力、钻研能力和创新能力。新教师要认真对待和组织学生的课堂自习。

1. 明确目的、任务适中

教师首先要明确自习的目标，对自习的每个环节、目标达成心中有数，并让学生知道学什么、怎么学、学到什么程度；自习内容安排要细致，使学习任务具体化；自习任务不能过多，以免使多数同学不能完成；也不能太少，以免浪费有效时间。可针对不同层次学生调控任务的数量和难度,给学生一定的弹性空间。

2. 精选精练,注重学习时效

结合自习内容和学生实际备好自习课,并及时掌握学生自习情况,做好相应指导、督促和调整。

3. 发现问题及时解决

对自习的重点、易错点、易混点要提前指导;对学生自习出现的问题要及时解答,以便学生能真正掌握、领会知识,不留死角,不留盲点。

4. 及时反思自习内容

教师通过反思自习内容,总结自习方法与规律,帮助学生发现和掌握学习方法和技巧,拓展知识面。

5. 补弱纠偏

教师要充分利用自习时间,对学习困难的学生进行个别辅导。通过适当的谈话交流,发现其偏弱症结所在,对其进行心态调整和学习指导,及早解决问题。

6. 抓好纪律

纪律是学习的保证,新教师要善于洞察学生的学习动态,一旦发现无所事事的学生,要及时指导、监督。

三、个别化学习的合作组织

新课程改革的目标之一是培养学生的合作能力,实现"自主、探究与合作"学习。但一些教师将合作学习窄化成为对课堂教学行为的改变,即变教师讲授为小组讨论、变个别提问为小组汇报、变课堂桌椅的"秧田式"排列为"圆桌会议式"摆放等。这都是对合作学习的曲解。因此,新教师有必要全面认识合作学习。

(一)合作学习的意义

合作学习指促进学生在异质小组中彼此互助,共同完成学习任务,并以小组总体表现为奖励依据的教学理论与策略体系。

小组合作学习是一种社会性学习方式,根本理念是培养学生主动求知和独立思考能力,形成学生相互认同、接纳的人际倾向,养成学生团队合作和科学民主精神。小组合作学习促进学生全面发展具有深远意义:能培养学生的合作精神;能提高学生的交往能力;能促进每个学生的发展;能调动学生学习的积极性;有助于教师的提高。

在学生合作学习中,教师不再是知识的讲授者,而是学习过程的组织者、引导者、协助者,甚至是学习者。在群体讨论集思广益的学习活动中,学生时而迸发出的独到见解,对教师来说,也是一种财富。

(二)合作学习的构成

合作学习由五个要素构成:

(1)积极互助。即合作学习要求学生知道不仅要为自己的学习负责,而且要为小组其他同伴的学习负责,各成员之间是沉浮与共、休戚相关的关系。

(2)面对面的促进性相互作用。即合作学习要求学生面对面的交流,组内学生相互促进彼此学习的成功。

(3)个人责任。即合作学习要求每个学生都必须承担一定的学习任务,并要掌握所分配的任务,分工明确,责任到人。

（4）社交技能。即合作学习要求教师必须教会学生一些社会交往技能，以进行高质量的合作。

（5）小组自评。即合作学习要求小组定期地评价共同活动的情况，检讨小组的活动情况和功能发挥程度，以保持小组活动的有效性。

（三）小组合作学习的形式

小组合作学习是一种以异质小组为主的学习共同体，旨在促进不同程度学生在小组内自主、合作、探究学习，共同实现学习目标的学习方式。其基本形式主要有：

1. 学生间的合作

学生间的合作是一种有效的教学方法。它可以发生在不同层次上，从"一对一"合作到各种规模的小组合作。在"一对一"合作中，一个学生能够指导另一个学生。"一对一"学生也能一起探究科学问题。这种合作可在课堂上进行，也可通过电子邮件和普通信件跨地区远距离进行。

学生与学生合作的优势表现在：同伴不是权威专家，学生不会觉得不安；学生带着许多先前经验来学习，这使得他们对事物的认识处于不同的水平；当学生挑战别人想法时，更进一步的学习就开始了。

2. 师生间的合作

合作的基础是学习团体成员间的平等参与。师生间的合作是学生和教师同等参与教学过程。师生合作时，教师必须向学生说明自己想法的重要性，而自己也是学习者。在与学生建立合作关系时，教师必须扮演两种角色：共享和讨论想法、协商意义并承担风险的合作者，协调教学活动、确保全班注意于学习目标的指导者。

师生间的合作有如下好处：一是帮助学生认识到活动项目是真实世界的问题，而不是只有惟一正确答案的"照方抓药"式的实验工作；二是学生因为发现自己的想法有价值而获得自尊；三是学生学习更主动，因为获得问题答案的过程能使他们产生兴奋感。

3. 学生和社区成员之间的合作

在学生和社区成员之间的合作中，学生与父母、邻居、朋友、亲戚和其他社区成员一起工作，他们通过见面、电话、电子邮件、平信来共享信息，探索想法或制作实物作品。

（四）小组合作学习的设计与组织

现在，许多教师都在使用小组合作学习，但往往偏重于形式，缺乏有效性。其原因在于：设计缺乏科学性，如分组不科学、规则不明确、评价不全、时间不充足、时机不恰当、学生缺乏技巧性等等。究其原因，主要是教师的设计和组织不合理。所以，新教师需要了解合作学习的设计和组织问题。

1. 小组合作学习的设计

（1）分工合作。学生以责任分担方式达成合作目标。有效的分工合作须具备两个条件：共同追求的目标和荣誉共享的意识、分工的恰当性（考虑能力、个性、经验与任务的匹配）。

（2）密切配合。将学习任务分配给个人，处于不同位置的学生紧密配合，相互衔接。

（3）各自尽力。合作学习的成就评价以团体为单位，团体成员要取得成功，就须各尽其力，完成自己分担的工作，且要帮助别人。

（4）社会互动。态度上相互尊重，认知上集思广益，情感上彼此支持。

（5）团体历程。由团体活动达成预定目标。团体活动包括分工、监督、处理困难、维持成员关系等。合作学习不仅是完成学习任务的过程,也是团体形成、完善和成熟的过程。

2. 小组合作学习的组织

(1)选择适当的合作学习时机。合作学习是课堂教学的一种重要方式但不是唯一方式。教师要根据教学内容、学生实际和教学环境条件等,选择有价值的内容、有利的时机和适当的次数让学生进行合作学习。一般来说,较简单的学习内容,只需要个人独立学习或开展全班教学,而较复杂、综合的学习内容,可以采用小组合作学习方式。教师要根据教学内容的特点精心设计小组合作学习的"问题",为学生提供适当的、带有一定挑战性的学习对象或任务,把学生领进"最近发展区"。合作学习的"问题"可以是教师在教学重点、难点处设计的探究性、发散性、矛盾性的问题,也可以是学生在质疑问难中主动提出的问题,但一节课中不宜安排过多的小组合作学习次数和时间,防止随意性与形式化。

(2)构建结构合理的合作小组。构建合作小组应注意结构的合理性。一是小组人数合理。合作小组一般以4至6人为宜,2人配对、4人相邻合作学习或采取马蹄形排座的6人小组。人数太多,不利于学生交流和个人才能展示,人数太少,不利于学生交流和互助。二是遵循"组间同质、组内异质"分组原则。教师应按照学生知识基础、学习能力、性格特点分组,优化组合不同特质、不同层次的学生,使每个小组都有高、中、低三个层次的学生,从而连带产生全班各小组间的同质性。"组内异质"为小组成员内部互相帮助提供可能,而"组间同质"又为全班各小组间的公平竞争打下基础。三是小组成员具有动态性。既可以是组间男女生互换或流动,也可以是组间某些角色的互换或轮换,还可以按活动主题需要让学生自由组合。这不仅使学生有新鲜感,提高合作学习的兴趣,还可以改变学生在小组中长期形成的地位,给每个学生提供发展的机会。四是让每个成员明确各自的角色。即明白该为小组做什么,角色要经常轮换,让学生认识到各角色的责任及存在意义。

(3)建立有序的合作常规。小组合作学习能活跃课堂气氛,但也为教师控制课堂秩序带来困难,这就需要建立一套合作常规。一是合理分工。小组内应设领导者、记录者、汇报者各一名,领导者应有较强组织能力和合作意识。二是明确职责。领导者的主要职责是对本组成员进行分工,组织全组人员有序开展讨论交流、动手操作、探究活动;记录者的职责是将小组合作学习过程中的重要内容记录下来;汇报者的职责是归纳总结本组合作学习情况后在全班交流汇报。教师应根据不同活动需要设立不同角色,并要求小组成员既要积极承担个人责任,又要相互支持、密切配合,发挥团队精神,有效完成小组学习任务。三是制定规则。讨论前,小组成员先独立思考,把想法写下来,再分别说出自己的想法,其他人倾听,然后讨论形成集体意见。要求小组汇报时,由小组代表表达集体意见。四是培养良好的习惯。培养学生独立思考的习惯,以避免小组交流"人云亦云"的现象;培养学生积极参与、踊跃发言的习惯;培养学生认真倾听的习惯;培养学生遵守课堂纪律和合作的习惯;避免不必要的争论和争吵。

(4)营造宽松的合作氛围。一是创设民主、和谐、宽松、自由的学习氛围,尊重和保护学生的参与热情,采用多种形式鼓励学生尤其是学困生积极参与活动。同时教师也应平等地参与到小组合作学习中,并对各小组的学习情况及时进行鼓励、引导和帮助,让学生充分体会到合作学习的乐趣。二是提供充裕的合作学习时间。没有一定的时间,合作学习将会流于形式。因此,教师要给学生提供充分的操作、探究、讨论、交流的时间,让每个学生都有发言的机会和相互补充、更正、辩论的时间,使不同层次学生的智慧都得到发挥。在合作学习之前还要留给学生足够的独立思考的时间,因为只有当学生在解决某个问题百思不得其解时进行合作学习才有成效。

（5）传授必要的合作技巧。学生合作学习的技巧并非与生俱来。因此,要把合作学习的技巧当成合作学习经验的一部分教给学生。一般的合作技巧包括组织有效的团体、表现适当的行为、运用有效的学习技巧,以及以合作的方式批评与评价某些观念。这些技巧需要反思、练习和修饰等。要传授合作学习的技巧,首先是教师设法让学生了解合作技巧的重要性并主动学习合作技巧;其次是在执行群体任务前,教师应确定一项合作技巧,把它融入合作学习中。随着合作技巧的逐步内化,就可以让学生有效地与人共事,也可以改善他们的学业成就,甚至发展受用终生的重要社交技巧。

（6）采用发展性评价方式。小组合作学习评价应实施发展性评价,以体现"以人为本"、"以学生的发展为本"的评价理念。因此,一是把评价的主动权还给学生,让学生通过自评、他评、小组互评,明确自己和同伴对团体做出的贡献,反思合作过程的得失;二是坚持个人评价与小组集体评价相结合,通过评价促进小组成员之间互学、互帮、互补、互促;三是重视学习过程评价与学习结果评价相结合。教师除对小组学习结果进行恰如其分的评价外,更要注重对学习过程中学生的合作态度、合作方法、参与程度进行评价,更多关注学生倾听、交流、协作情况,对表现突出的小组和个人及时给予充分肯定和生动有趣的奖励。

第四节　新教师的课堂评价设计

评价就是根据一定价值观对事物做出的价值判断。课堂教学效果如何？是否实现了预期目标？这就涉及到一个评价问题。

一、课堂评价的涵义和功能

课堂评价是教师通过对学生课堂学习态度、学业成就、行为品德等表现作出判断和决策,并制定出适合学生发展的教学计划的过程。课堂评价的功能主要有：

（一）为教师有效教学提供依据

课堂评价是保证教学有效、顺利进行的依据。只有进行课堂学习评价,才能确定教学行为在多大程度上接近预计的目标,判断教学活动的效果与效率。教学过程需要课堂评价不断向教学目标、起点行为和教学活动进行反馈。当课堂评价的成绩表明教学已达到目标时,标志着旧教学过程的结束,新教学过程的开始。

（二）为教师改进教学提供依据

教师通过课堂评价的反馈了解教学效果,能准确把握学生对知识掌握和理解的程度,有针对性地安排教学计划。学生通过课堂评价,能明确自己对知识掌握的情况,有助于学生改进学习。同时课堂评价也可以激发学生学习动机,改进学习策略和方法。

（三）为学校鉴别学生提供依据

学校通过课堂评价学生学业成绩来鉴别学生的学业成就。学生的大部分学科成绩是通过课堂评价获得的,根据学业评价成绩决定学生的选拔、分班、升留级等。

（四）为家长了解孩子提供依据

学校通过成绩单向家长报告学生评价结果,家长通过课堂评价了解学生在学校中的表现,有助于家长配合学校的教育,鼓励孩子取得好成绩,在学校做好学生,促进学生的行为、学业的进步。

（五）为教育行政提供依据

教育主管部门可以通过学生评价的结果来评价某个班级、学校、地区的教学，另外，它也是考查教师、学校工作业绩的指标之一。

二、课堂评价模式

课堂评价模式大致可分为三类：传统评价模式、动态过程评价模式和课程本位评价模式。

（一）传统模式评价

传统评价模式建立在行为主义和早期认知心理学的理论基础上，其目的是了解学生学习上的特点、能力发展的水平、学业进步状况以及如何帮助学生学习取得更大的进步。使用的方法主要是测验，而且是标准化常模测验。

其局限性在于：对学生的评价只是简单的闭卷考试，教师、学生仅仅看重分数；教育主管部门和学校对教师及学生的评价也是依靠考试分数。分数高低就是决定教师和学生命运的唯一标准，单纯地追求高分就成了教师和学生的唯一目标。这不仅扭曲了学生的发展方向和空间，同时把教育教学引向了歧路。

（二）动态过程评价

动态过程评价是教师提供教学情境、内容等，再观察学生在教学中的反应和表现，从而进行主观评价。评价结果主要用于调整和指导教学，所以较少使用标准化测验。为了获得教师所需要的信息，常常要使用自编测验，自己决定评价的目的、对象、性质和时间，具有较大的灵活性和连续性。评价的标准一般也不仅仅是测验分数，而是由教师自定和学生协商确定。这种评价是一个连续不断的过程，能够直接指导教学，并与教学融为一体。

（三）课程本位评价

课程本位评价指以教师教、学生学的课程内容为核心对学生学习进行评价。课程本位评价采用的测验与教学内容密切结合。学生学什么也就测查什么，使测验与教学有机地结合在一起。课程本位评价时教师要制定课程范围或个体教学计划的目标，教学计划要具体到个别学生。然后，对学生完成学习任务的情况经常进行系统性的和重复性的测量，并且要用图表等形式表示学生在某一段时间内所取得的进步。

课程本位评价把教学提到了重要的地位，降低了测验或考试的作用，针对的是学生的掌握情况，不考虑与常模团体的比较，是传统评价方式的有效补充。

课堂评价形式倾向于过程和结果的双侧度评价。对结果的评价恰当的方式是量的评价，对过程中表现出来的行为评价恰当的方式是质的评价。量的评价和质的评价作为两种评价取向不是截然分开的。

三、课堂评价的基本类型

新课程标准强调在尊重学生的主体性和体现学生个性的基础上实现多元化评价，要求评价对象多元化、评价内容多元化、评价主体多元化。其中评价主体多元化就是指学生本人自评、学生之间互评、教师和家长对学生的评价。就课堂教学来讲，我们可以从教师和学生两个方面来分析其类型。

（一）教师的评价

新教师在新课程改革中，面临的首要问题是实现角色转变，即变"学生顺从于教师的教"

为"教师服务于学生的学"。课堂评价是教师在教学过程中对学生的学习状态、课堂表现等做出的评价。教师教学观念是否更新、角色是否转变，直接反映在教师的口头语言评价上。

课堂评价是师生间知识的沟通与反馈、情感交流与互动的重要手段。把握时机的、言语规范的、富有情感的课堂口头评价有利于学生主体作用的发挥，可以使课堂教学生机勃勃，可以使学生重拾自信，也可以使课堂教学峰回路转，高潮迭起。

教师对学生的评价涉及到许多方面，也有多种多样的方式方法。它可以归纳为两个方面：对学生"作业"的评价和对学生评价的再评价。教师在评价学生时，应注意以下问题：

1. 切忌讥讽学生

新课程中的教师应平等参与学生的学习过程。他不再是知识的传授者、管理者、训导者，而是学生发展的促进者和引导者。因此，教师应用自己的爱心贴近学生心灵，聆听学生心灵深处的声音，学会宽容，多肯定多激励。讥讽只会伤害学生的自尊自信，使学生失去学习兴趣。

2. 避免轻率的评价

学生之间存在个体差异，在课堂上的表现也各不相同。新课程要求教师创设和谐、宽松、民主的课堂氛围。因此，评价学生时要尊重其个体差异。无论是对学生的课堂表现，还是对学生的课堂回答，都不能轻率地用"对"或"错"作出简单的评价结论，而要认真分析学生之所以有某种表现或作出某种回答的原因。

3. 规避思维定势

从教师的思维定势来看，课堂中的口头评价主要有三种定势。

（1）优生中心定势。课堂上，教师往往喜欢找学习较好的和较差的学生回答问题。优生回答问题时，教师满脸欣慰；差生回答问题时，教师焦躁不安，一旦答错就满脸失望甚至批评、讽刺、挖苦差生。多元智力理论指出：教学应关注人的多元智力类型，不应过分关注某种智力的高低、优劣。从这个意义上看，新课程背景下的学生没有优生和差生之分，只是相对而言某个学生某方面具有优势或处于弱势。

（2）标准意识定势。部分教师在课堂上总是抓着自己预设的内容，追求整齐划一的答案。学生的学习过程只是一次又一次"钻圈"的过程。

案例五：数学《四季》教学评价（片段）

师：秋天来了，谷穗为什么弯起来？

生甲：因为谷穗很重。

生乙：因为谷穗很懒。

师：（有些焦急）有不同意见吗？

生丙：因为谷穗抬不起头。

师：（更加焦急）还有谁会说？

生丁：秋天来了，谷穗成熟了。

师：（两眼发光，声调上扬）你真聪明！表扬他！

教师头脑里关注的只是标准答案，很少关注学生独特的体验感受和见解。时间一长，学生察言观色，消极应对，越学越死板。这样的教学从何培养学生的创新精神和创新能力？

（3）课程目标定势。新课程标准从知识和能力，过程和方法，情感、态度和价值观三个维度提出了课程目标。而"知识和能力"、"情感、态度和价值观"目标往往同时渗透在"过程和方法"目标之中。以知识和能力目标为中心的定势却时时体现在教师的口头评价中,如有的教师的组织教学评价:"这节课你们要认真点。要你们听就仔细听,要你们读就认真读,要你们回答问题就回答问题!"言外之意,你们是为完成我的教学任务服务的。教师观念仍然停留在认知层面,较少关注或无暇顾及操作领域和情感领域的目标,这对学生全面发展及终身学习极为不利。在口语评价中,如何立足于以学生为本,注重三维目标的整合,并较好体现情感、态度、价值观,应引起新教师的高度重视。

(二)学生的自我评价

新课程标准强调尊重学生的主体性和体现学生个性的多元化评价。其中,学生的自我评价尤为重要。

自我评价指学生依据一定评价标准,对自己的学习作出分析和判断,并对自身学习进行自我调节活动,其实质是学习主体对自己的学习意识和行为的反思和调控。从发展过程看,学生成长过程是一个自我反思的过程。在学习过程中,学生常常依据自己的个性特征或以往的成绩,把"故我"作为重要的参照,对自己行为进行分析和反思的;同时 又将外在评价(他人评价)和自我评价相结合,形成自我判断,获得自我评价的结果。

1. 学生自我评价的内容和形式

(1)基本知识技能的评价。学习新知识前自评是否具备一定知识;学习后评估对知识的学习情况。如是否清楚基本概念的内涵和外延、能否将新学知识和已有知识联系起来、能否对所学知识举一反三、能否在实际条件下灵活运用所学知识等。其方式包括作业评价、自编考题评价、单元笔试评价、学习能力评价。

(2)学习动力的评价。学习动力有内在动力与外在动力之分。自我评价要对内在动力进行分析、判断。包括:学习目标是否明确,有无长远目标和近期目标,对学好各门功课是否充满信心,对所学科目是否有浓厚的兴趣,学习态度是否勤奋、认真,是否有主动积极的进取精神,有无战胜困难的勇气和毅力,学习情绪是否稳定、持久等。

(3)学习策略的自我评价。如是否有计划安排学习活动,能否妥善安排学习时间,能否正确利用各种资料,能否与同学、教师合作学习,是否有预习的习惯,能否集中精神听课,能否及时复习当天的功课并完成作业,对发回的试卷是否能认真分析原因,拟定补救措施,是否给自己出检测题,能否排除有关干扰、保证学习活动的顺利进行,能否选择并采用合适的学习方法,能否总结自己或借鉴他人好的学习方法和经验,能否经常回忆、反思学习等。

(4)学习能力的自我评价。如获取信息的能力,包括感知能力、阅读能力、搜集资料的能力等;加工、应用、创造信息的能力,包括记忆能力、思维能力、表达能力、动手操作能力、创造能力等;学习的调控能力,包括确定学习目的、制定和调整学习计划、培养学习兴趣、克服困难等。

2. 学生自我评价的能力培养

(1)新教师应为学生树立良好的评价榜样。自我评价往往以他人评价为重要参照。教师的评价活动是培养学生自我评价和自我控制能力的基础。学生通过教师的评价活动掌握一定评价标准和运用标准的方式方法,掌握评价结论的表述方式并积累评价经验。因而,教师的评价应为学生树立榜样:一是帮助学生正确认识自我;二是帮助学生正确对待自我。

(2)正确把握自我与他人的比较。学生能从自我与他人的比较中了解自己、评价自己。在课堂学习中,学生应对教师的讲析、同学的发言从评价角度、评价方法、评价观点、评价依据等方面作一番对照,看看别人在哪些方面比自己站得高、看得远、讲得透,看看自己有没有独到的见解。

(3)确定适合自己的学习目标。学生应根据学习任务要求,确定适合自己的学习目标。确定的学习目标最好是近期的、具体明确的、能够完成的,以便于目标的实现。而且,学习者应确定恰当的自我期望值。

(4)注重对学习过程的总结。学生应通过自己检查作业、分析考试情况、回顾自己的学习过程、总结经验教训等,认识自己的学习情况,实事求是地、科学分析评价自己,逐步养成自我评价的习惯。

(5)建立个人学习经历和成绩的学习档案。学生可将被评过的作业、试卷,他人的建议,个人的感受以及自我评定的陈述累积起来,建立学习档案。还可自己制备错题集,自我修正,找出缺点所在,避免再犯同样的或类似的错误。通过定期的回顾,可以看到自己有待努力的不足之处,发展自我评价能力。

(三)学生间的相互评价

学生间的相互评价是学生与学生的相互评价。学生间的相互评价以群体为基础,有利于学生的自我意识发展、良好品格的形成、交往能力的提高。

传统课堂的"教师问学生答"使教师成了评价的"主宰"。教师评价不当就会挫伤学生的自信心和积极性。如果能引导学生参与评价过程,就会为学生提供发现、研究、探索的学习空间。因为学生倾听别人发言、进行评价交流时,能深入学习,最终获得知识。怎样引导学生进行课堂互相评价呢?

1.让学生对互相评价产生兴趣

爱因斯坦曾说:"如果把学生的热情激发起来,那学校所规定的功课,会被当作一种礼物来接受。"教师为学生创设了学习环境的重要性不言而喻。因此,应为学生树立学习对手,提供可取长补短的小组组合,尽力创设同学间相互交往的机会等,多为学生提供表现的机会,调动他们参与评价的积极性。

2.保证学生充分参与合作评价

现阶段,我国教育体制总体方向尚未改变,成绩测试和终结性测试较受到重视。这难免会影响学生为"分数"着想。为此,教师应充分注意到学生发展的潜在性、主动性和差异性,在课堂上保证学生有自主表现和发展的空间,为每个学生提供积极参与课堂的机会。

3.教给学生正确的评价方法

互相评价是一种互相学习的方法,归根到底是为了促进学生学习,提高成绩。因此开展互评,首先,承认每个学生有自己的学习风格,培养学生尊重个别差异的良好心态,并明确自己的角色与作用。其次,要求每个学生必须听清对方发言,结合所学知识思考,选择适当的措辞进行评价,然后虚心倾听别人的反馈意见。再次,鼓励学生发表自己独特的见解,对问题的答案提出异议或补充自己的看法。此外,要注意引导学生掌握评价的语气等等。

四、课堂评价报告的设计

长期以来,课堂评价过分强调学生的学业成绩,把测验、考试与评价等同起来,重视量化手段而忽视定性评价,学生被排斥评价过程。新课程要求评价既要关注学生知识与技能的理解和掌握,又要关注学生情感与态度的形成和发展;既要关注学生学习的结果,又要关注学生在学习过程中的变化和发展。主张评价手段和形式的多样化,将过程评价与结果评价、定性与定量相结合,充分关注学生的个性差异,发挥评价的激励作用。

(一)常用的课堂评价方式

评价学生的学习有多种方式,如量的评价和质的评价。

1.量的评价

量的评价指将那些能够直接量化的并且确实存在量化途径的评价指标进行量化的评价方式,如学生考试成绩、平均分、及格率等。量的评价只关注可测性的品质与行为,强调共性、稳定性和统一性,且过分依赖纸笔测验形式。因而,量的评价忽略了那些难以量化的重要品质与行为,忽视个性发展与多元标准,把丰富的个性心理发展和行为表现简单化为抽象的分数与数量。

新教师一般采用定量方式评价学生的学习。对学生来讲,量的评价简明、直观,易于与他人比较,但也易让学生仅仅追求分数。

2.质的评价

质的评价是教师采用为学生写个人鉴定或定期进行的综合评价。这种方式需要教师通过平时观察,收集教师和学生资料,用成长记录袋方式记录学生资料。质的评价强调观察、分析、归纳与描述的方法,关注学生在"质"方面的发展,关注教育结果与教育目标之间的一致性;强调对学生优缺点进行系统的调查,并对个体独特性做出"质"的分析与解释,是具有实质性内容的一种评价机制。

因此,质的评价可以关注更广泛的教育目标及学习结果,强调关注现场和专业判断,对学生的种种表现试图做出具有教育学、心理学意义的解释与推论。如果说量的评价关注"量"而走向抽象并且侧重定量描述,那么质的评价则关注"质"而走向具体并且侧重定性描述。因而,质性评价是更具有现代人本思想和发展性评价的理念,在评价中也越来越被人们重视。

质的评价有利于学生较全面地了解自己的优缺点以及今后努力的方向,但如果没有文字说明,学生不容易明白其意义。质的评价是新课程改革中采用的主要评价方式之一,包括档案袋评价、表现性评价、真实性评价等。

新课程要求将量的评价和质的评价结合起来,这将既利于弥补量的评价中"纯数字"的机械性与孤立性,使评价结果更深刻、更细腻、更有血有肉,又有利于弥补质的评价逻辑的缺乏,提高评价内容的丰富性与逻辑性,进而更全面地看待学生的学习和发展。

(二)自编测验的应用

对课堂教学的量的评价主要是使用标准化测验和教师自编测验。

标准化测验由专家编制,其命题、施测、评分和解释都有一定标准,具备较高的信度和效度。测验结果比较客观,适用于大规模、大范围评价个体的心理特征。

在教学实践中,教师更对使用自编测验。自编测验是由教师根据具体的教学目标、教材内容和测验目的自己编制的测验。这种测验针对性比较强,能较细致具体地了解学生的学习状况和特点。与标准化测验相比,其标准化程度较低,且只能用本班做常模。新教师如何设计自编测验,需要学习和掌握《教育测量学》的知识。

五、成长记录袋设计

20世纪80年代以来,西方许多国家的中小学教育经历了一场"评价改革运动",成长记录袋就是在这场运动中形成和发展起来的新的质性评价方式。

(一)成长记录袋评价的内涵

1.什么是成长记录袋评价

成长记录袋是将学生成长情况系统收集起来,放在一个合适容器(如文件夹、档案袋、软盘、光盘等)里,每过一段时间,根据所收集的内容对学生的进步或进步过程等进行评价,以这样的方式进行的评价就是成长记录袋评价。

成长记录袋收集的作品应该能够展现学生的成就和进步、能够描述学生学习的过程和方法、能够反映学生学习的情感和态度,可以是学生最好的作品,也可以是反映学生进步的作品,如草稿、预习、考试准备等。

2.成长记录袋的特点

根据评价目的,一般将成长记录袋分为三类:成果型成长记录袋、过程型成长记录袋和评估型成长记录袋。无论哪种类型,它们都具有如下特点:

(1)内容不断更新。成长记录袋的基本原理就是通过新旧作品的比较,看到学生不断的进步和存在的不足,并有计划地将这些信息反馈给学生,促使其不断反思、改进,最终实现激发学生积极性、提高学习动力的目的。所以在成长记录袋创建过程中,必须不断收集新的作品。内容的不断更新是成长记录袋区别于其他评价方法的一大特点。

(2)教学与评价结合更紧密。由于成长记录袋由课堂教学的产品组成,所以评价的过程和内容容易和教学结合起来。通过对成长记录袋内容的评价,教师可以获得有关学生需要的信息,学生也可以由此反思和发现自身的不足,这对进一步的教学是很好的推动和促进。而且,这个过程循环往复,学生经常性地在成长记录袋中收集自己的作品,使学生作品的收集和评估成为教学过程的焦点,因此,可以说成长记录袋使教学和评价更加紧密地结合了起来。

(3)自我评价成分突出。在成长记录袋评价中,挑选和收集学生作品、制订评分规则、总结及反馈等过程都需要学生参与,在这个过程中,自我的评价是学生积极地反思、自主地提高与进步的动力。也就是说,学生自始至终都在参与评价,随时了解评价过程。学生既是被评价者也是评价者,在整个成长记录袋评价中,过程自我评价的成分都很突出。

(4)具有真实性。成长记录袋里包含的内容能够展现学生学习中的成就和进步,这些成就和进步是学生在学习环境中真正取得的,因此说成长记录袋评价具有真实性,甚至有人认为成长记录袋就是学生真实成就的典型代表。

3.成长记录袋评价的优缺点

成长记录袋的优势:能"描绘"学生的成长过程与学生各自的特长与兴趣;记录袋内容的收集及其评价可以反映学生的自我反省或元认知能力,反映学生自我监控学习的技能;不同类型的内容可以反映儿童的"完整"面貌;可以反映学生的毅力、努力与上进心;可以反映学生思维和问题解决的能力、运用策略和程序性技能的能力,以及建构知识的能力;对教师来说,成长记录袋的内容可以帮助教师获得儿童学习模式的信息,由此作为教师设计课程与教学计划的基础;帮助教师形成对学生合适的期望,有助于改变师生关系和家校关系。

成长记录袋的不足:其应用需要教师付出更多的时间和精力;成长记录袋评价的效度很难保证;成长记录袋的标准化程度较低;教师需要有关成长记录袋评价的理论培训与指导、应用背景与目的很难界定、公众可能对这些过于详细的信息缺乏兴趣等。

(二)成长记录袋的设计

课堂中创建和使用成长记录袋的方式很多,下面介绍启动成长记录袋评价的一般步骤。

第一步:明确目的。包括成长记录袋在内的所有评价活动都要从明确目的开始。不同类型的成长记录袋可以体现学生发展的不同方面,与不同的教学目标联系起来。

第二步:确定评价的内容和技能。要明确教学目标是什么,学生要学习哪些内容和技能。

第三步:确定评价的对象(年级水平与学科)。

第四步:确定要收集的东西。要根据成长记录袋的目的,收集内容。

第五步:确定作品收集的次数与频率。作品收集的时间安排取决于成长记录袋的目的。如果目的是展示优秀作品,材料的收集可以在任何方便的时候,只要有好作品出现,就把它收集起来。如果目的是反映进步,就要在长时期内收集学生作品。而评估用的成长记录袋,要求在同样情景下、在同一时间内收集所有被评价学生的作品样本。

第六步:调动学生参与到本系统中。学生可以选择将什么作品装入成长记录袋中;学生可以撰写日志,作为成长记录袋的一部分;学生还可以把自己的作品和进步与他人分享。学生还可以在教师的指导下,组织成长记录袋展示的家长会。有些教师还会安排学生评价自己成长记录袋中的部分作品,以鼓励学生进行自我反省。

第七步:给成长记录确定评分的程序。

第八步:向每个人介绍成长记录袋。

第九步:制订结果交流的计划。

第十步:制订保存成长记录袋及与专业人士分享信息的计划。

第四章　新教师教学策略之一：问题教学

第一节　问题教学概述

一、问题教学的涵义

创新始于问题，没有问题就不会有创新，可谓"发明千千万，起点是问题"。因此，问题教学，对于学生发现问题，感悟规律，不断开拓学生创新空间，催生创新胚芽，培养学生的探索精神，都具有独到的教学价值。

（一）什么是问题教学

前苏联教学论研究者马赫穆托夫在《现代的课》一文中认为："从内部结构的观点来看，可以认为问题性的课是这样的：在这种课上，教师有意地创设问题情境，组织学生的探索活动，让学生提出学习问题和解决这些问题（这种作法的问题性水平较高），或由教师自己提出这些问题并解决它们，与此同时向学生说明在该探索情境下的思维逻辑（这种作法的问题性水平较低）。"

关于问题教学，结合新时期国内教学发展的实际，可以作这样的界定：问题教学，是一种带有直接的问题性的教学方式，包括学生自己独立解决问题，或者在教师的帮助下，形成问题意识，发现新问题，追踪认识原有问题；在这一系列过程中，获得问题解决，推进认知发展，建构知识和能力体系。

作为一种教学方法，在课堂实践中，教师要把教材的知识点以问题的形式呈现在学生的面前，让学生在寻求和探索解决问题的思维活动中，掌握知识、发展智力、培养技能，进而培养学生自己发现问题、解决问题的能力。

运用问题教学法时，问题必须提得恰当，有一定的难度，能引起学生的认识兴趣，学生凭借以前的知识和经验，经过一番深思熟虑才能解决。这些，是教师所要深刻理解和正确把握的。

问题教学为学生提供了一个交流、合作、探索、发展的平台，使学生在问题解决中感受价值和魅力，在教学活动中以"问题"为线索，基于问题情境发现探索知识，掌握技能，学会思考、学会学习、学会创造，促进学生创造思维的发展。

（二）从情感体验开始的问题教学

古人提倡"学贵有疑，小疑则小进，大疑则大进"，有疑问，才有学习的内驱力。人类的思维活动往往是由于要解决当前所面临的问题而引发的。课堂上要让学生思，必先教有疑。阅读教学中，教师要积极引导、启发想象，鼓励他们敢想、敢疑、敢问，重视学生质疑能力的培养，进而进行发现的问题教学，激励学生自主探索的学习。

案例一：语文《小音乐家扬科》问题教学（片段）

在最后一段的阅读后，学生提出了许多问题——令教师都没有想到的问题：扬科死时为什么旁边躺着树皮做的小提琴？"白桦树哗哗地响，在号叫"传递了一种什么样的情感？扬科为什么睁大眼睛？扬科前面说过，只要有一把小提琴，用他的一切去交换都行，怎么会死不瞑目呢？

学生提出的问题让学生自己读书,互相议论,自主探索解决。这种教学即真正达到以学生的问题不断提出为教学的开始,学生锲而不舍地解决问题为课堂教学的过程,让学生带着更加深刻、更有思考宽度的问题,作为课堂的最后……

如此,问题教学就十分有效,学生势必显得积极、主动。

教材中大多数的课文,都是由专家们经过精心挑选编写的。它们不仅文质兼美,而且意蕴深邃。这就需要教师引导学生,让他们以自己的独特目光去欣赏课文,做到超越文本,产生新的效果。

又如,一位教师在上《最美的树叶》这篇课文时,教师让学生闭上眼睛,提问:想象一下:你面前有一片树叶,它会以怎样的姿势落下来呢?

有的学生说,树叶会随着风儿慢慢地飘下来;有的学生说,树叶像蝴蝶一样飞下来了;有的学生说,树叶慢悠悠地飘下来,在地上打了个滚儿;还有的学生说,一阵风儿拉着树叶一起来看大地妈妈……学生的思维意境多美呀!

此时,教师再请同学们带着自己的感受读课文。这样,让学生在阅读中再造想象,充分发展其个性。

二、问题教学的模式

问题性教学需要学生带着问题进课堂,带着更多问题走出课堂,以问题为中心,不断提出问题、感知问题、解决问题,充分发挥学生的主体性,让学生通过自学、探究,主动地获取新知识、掌握新知识。问题教学的一般环节有:

(一)创设情境:激问

问题意识从认知心理学上讲是指人们在认识活动中经常意识到一些难以解决的问题,并产生一种困惑、探究的心理状态,是一种思维的问题性心理。他们把问题要素分为:目标状态或终点状态;对问题作出给定条件或事先描述的初始状态;一系列中间状态,它用以描述达成目标的各种可能解决途径。三种状态构成了"问题空间"。因而,在课前几分钟就要利用多种途径创设问题情境,引导回忆旧知,提供提问的基本知识储备,建立问题的初始态与终态,呈现问题空间,激发学生提出问题、发现问题。

案例二:生物《植物光合作用》的激问(片段)

在讲植物的光合作用时,教师可以让学生回忆水分代谢中水的利用、矿质代谢中 Mg 元素的利用,以及细胞器的结构与功能等基础知识作为知识储备,通过日常现象如"叶片为什么是绿的?""植物是如何释放氧气?""植物如何吃进二氧化碳?"等等激励学生思考,并确立终点状态即光合作用的过程,时刻让学生处于一种有问题性心理状态,有一种疑惑、好奇感。还可以通过直观教具、演示实验来激问。

让学生参与演示实验或演示实验的准备,通过观察实验现象发现问题、提出问题。如在讲水分代谢时,可以准备插有植株,装有红墨水和自来水的两个瓶子,让学生观察叶脉或茎横断面的颜色;讲到矿质代谢时,可以通过根的交换吸附演示实验,让学生针对整个实验来发现问题、提出问题。还可以通过多媒体展示,激趣、激疑、激问,使学生的思维保持敏捷性,兴奋性;也可以利用学案指导预习,呈现资料,激问。激问的方式还有很多,总之要让学生上课时带着问题,带着疑惑,带着好奇来学习新知识。

(二)引导探索:解问

E.D.加涅指出,问题的解决过程包括三方面:解题者构建问题的表征;搜寻问题空间

（激活工作记忆中的知识和运用长时记忆中的知识）；对解题结果成功与否进行评价。E.D.加涅认为，在这三方面中，问题表征最为重要，因为不同的表征往往决定了解题者在问题空间中如何进行搜寻。所以无论学生提出或多或少、或浅或深的问题时，都要对问题进行表征，对问题进行感知、描述，最终呈现给全体同学讨论、自学、探究，通过生问生答、生问师答、师问生答等进行多种方式多方位交流、解疑。

在指导探究、解问的过程中，教师要抓住三导：导思，导议，导评。引导学生去思考，引导学生去讨论、分析、探索，引导学生对问题解决结果的评价，这样才能更好地发挥学生的主动学习、接受知识的能力。

（三）延伸拓展：善问

在问题解决过程中，必将产生很多新问题，如在解决植物的向光性、向地性的实验设计后，学生还提出植物的向性会不会受到电磁场的影响、失重条件下植物如何生长、植物有没有向药性等新问题。在上完矿质代谢后，针对矿质吸收的选择性，有同学提出重金属污染能否用种特定植物来回收，从而解决污染问题。这时，教师便可以鼓励学生去实验、去探索、去研究，延伸课内，充分利用课外，开展研究性学习，使课内理论性的知识、理论上的解题思路，通过实践、探索、论证，更好地掌握。

在课堂教学结束前，教师应延伸、拓展新知识，启发学生再发现、提出更多的问题，让学生带着更多的问题走进教室，走进研究性学习。

三、问题教学的条件

（一）师生关系融洽，课堂气氛民主

学生有无强烈的提问欲望，能不能提出问题，敢不敢提出问题，取决于是否有一个良好的教学环境和教学氛围。受传统师道尊严的影响，学生多少对老师有所敬畏，总认为教师是正确的，对课本、老师质疑被视为大不韪，如果加之教师的不屑或不耐烦甚至斥责的话，那么更拉大了师生间的距离，不仅学生没有了问题，就是有问题也不敢问了。

相反，教师若能平等、民主地对待学生，放下为人师的架子，创设宽松、和谐的教学环境，注重保护学生的自尊心，鼓励他们大胆质疑，敢于挑战权威，敢于标新立异，就会促使他们形成敢想、敢问、敢说、敢做的心理品质，形成良好的提问习惯。

（二）良好知识储备，积极问题能力

要想给学生一碗水，教师就应储备一桶水。这句话在今天的课上再次得到了验证。严密的教学思路，丰富的课题内容，灵活的启发诱导，活跃的课堂气氛多来源于教师丰富的知识储备以及由这储备建立起来的教师高度的自信。比如在上课之前印发相关的课外读物，以激发学生的兴趣和好奇心。

如讲到细胞的化学成分时，诸如印发有关《多肽与蛋白质》《21世纪——多肽的世纪》《核酸》等课外资料，使学生对蛋白质、多肽、核酸等细胞化学物质的功用有一定的感性认识，同时也会产生"多肽与蛋白质有什么不同，吃核酸能长寿吗"等等疑问。

当讲到水分代谢时，便印发《植物为什么能把水分吸到高高的树顶》《千奇百怪的植物根》《植物为什么能吐水》等资料；讲到物质代谢时，可以印发《人到底能长多胖》《肥胖症与高血压》《胃病能遗传吗》《胃壁为什么不会被胃酸分解》等等课外读物，不仅大大增加了学生的兴趣，增长了其知识面，而且培养了学生的问题意识。

另外，在生物课课外阅读中可以开设问题征解、试验设计、研究性小课题等等小栏目，加

强学生课外问题思维能力的培养,形成随时有问题、随时想问题、随时研究问题的好习惯,可以很好地促进问题性教学。

(三)教师素质优越,问题意识较强

要求学生能问、敢问、会问,首先教师就应具备问题意识,能够改变观念,把课堂还给学生,大胆让学生去学习、探索、研究问题的解决途径,充分发挥学生的主动性。在课堂上,应少些直接提问,多些指导诱问;少些批评斥责,多些鼓励表扬;少些权威专制,多些民主平等;少些直接告诉结果或答案,多让学生去尝试成功或失败来获取新知。

教师要时时引导提问,处处激励解问。教师还应具备扎实的专业知识、广博的知识面,不断学习更新知识。面对学生大量的问题,不仅不要怕被学生问倒,而且要为能被学生问倒而感到高兴,因为这说明你的问题性教学有一定成效。其实,在课堂教学中不断和学生讨论交流以及课后和学生一起开展研究性学习活动都是共同学习、共同提高的过程,体现了教学相长和教与学的紧密结合。

第二节　新教师问题教学的途径

开展问题教学需要以问题为中心,通过教育、教学激发学生提出问题,引导学生解决问题,诱发学生产生问题,从而培养学生的问题意识、质疑精神和创新精神。一般说来,展开问题教学的途径有以下几条:

一、创设民主的课堂气氛

好的课堂气氛,有助于调动学生主动参与、突出学生的主体地位,有助于培养学生的创新品质和探索精神。

为此,就要求新教师树立新的教学观、学生观、质量观,能关爱学生,宽容学生,给学生提供自由的思考时空,努力使课堂上有笑声,鼓励学生议论、争论、讨论,培养学生敢于质疑精神,彰扬学生的怀疑和批判精神。质疑是好的课堂气氛最重要的标志,因为质疑是思之源,思是智之本,疑问是创新的开始,也是创新的动力。

案例三:语文《中国石拱桥》问题创设(片段)

一位教师在讲"中国石拱桥"时提出了这样一个问题:我们已经知道了课文所列举的赵州桥、卢沟桥,这两座桥都具有中国石拱桥的共同特点,那么,请同学们结合课文,概括说明中国石拱桥的共同特点是什么。

此时,有的学生闭目思考,有的学生面带难色,也有的学生喜上眉梢。教师却不动声色。几分钟过后,学生举手发言了。

学生甲:形式优美,结实。

学生乙:历史悠久,坚固。

学生丙:坚固、时间长。

学生丁:由于我国的石拱桥也是世界石拱桥的一部分,因此世界石拱桥的特点也是中国石拱桥的特点。所以中国石拱桥的共同特点是:形式优美,结构坚固,历史悠久。

当同学们都在发言、思考时,教师没有给出明确结论,只是说,"凡是赞同同学丁的观点的举手"。这时,全班同学一起高高地举起了手,教师根据学生的回答不失时机地表扬了学生。

学生在宽松、民主、和谐的学习环境中，会感到无拘无束，可以畅所欲言，思维就会被激活，创造的火花就会不断闪现。

二、引导创设问题情境

创设教学情境是教学的一个重要环节，在呈现教学内容时，在建立新概念或新规律之前，新教师要千方百计地设计一些亟待解决的问题，根据学科和知识的特点，利用各种教学手段创设、渲染，来激发学生学习兴趣，点燃学生的思维火花，使其主动思考，积极参与，在感人的环境和氛围中，让学生身临其境地感知知识，进而达到理解和认识的升华。

案例四：生物《柳树生长的奥秘》问题创设（片段）

在一堂植物课上，教师向学生讲述了荷兰学者海尔蒙特于1629年做的实验：取干土60公斤，置于一个直筒形木桶内，然后将2公斤的柳树嫩枝插入土中，只给它连续浇雨水。五年后，树苗长大了，连枝带叶，共重60公斤，比原来增加了58公斤之多，而桶中的土的重量为59公斤943克，也就是说，土仅减少了57克。

问：柳树是靠什么增加自身的重量和长高的？借助于日常经验，学生往往认为，植物是靠吸收土壤中的营养维持生命的，而这个实验却表明，柳树已长大，而土壤却几乎没有减少。这就产生了学生不能解释的现象，即问题情境。面对此问题情境，学生做各种尝试性推测，展开想象，但总找不出真正的原因，于是产生了强烈的内部动机。解释柳树生长的奥秘，就成为学生内心的一种迫切需要了。

三、巧妙引入问题

认知冲突是激发学生认知活动的最主要的动力。新教师可巧妙地利用知识的内在联系、关节点或易错的地方设疑，从不同方向、不同角度提出一些新颖、富有启发性且难度相当的问题，吸引学生走进以其现有知识不能顺利解决的问题中。

当然，问题的情景创设要孕育着新问题，问题要生动有趣，要与新知识密切相关，要设疑布阵，造成悬念，要扣人心弦，使学生身临其境，触景生情，此时新教师因势利导，巧妙导入新课，就会把学生的学习热情推向高潮，使学生不知不觉地进入新知识的积极探索状态，同时也显得新课导入新颖自然。

案例五：语文《中国石拱桥》问题引入

某新教师讲《中国石拱桥》这一课，以问题作为导引："同学们，为了学好这一课，掌握中国石拱桥的特点，请打开书本读一遍课文，然后合上书本、闭上眼睛想一想横卧在自己家乡清水河上的'清水桥'的模样和书中列举的哪座桥样式相同呢？"学生们想了一会儿后，有的学生说与赵州桥相同，有的说家乡的清水桥与书本中列举的两座桥的结构都不尽相同。大家此时争论不休，教师接着追问："那么，家乡的这座桥到底与书中写到的两座桥有什么异同呢？"

学生学完了《中国石拱桥》一课后，这个问题就不攻自破了，就这样，学生的思维被激活了，他们带着疑问和悬念积极进入新知识的探索状态。

四、启发诱导，解决问题

启发诱导、解决问题是教学的重要环节。新教师要把精力重点放在启发诱导上，不能滔滔不绝地讲，特别是在提倡素质教育的今天，更不能包办代替学生解决问题，死记死背问题的答案，只能通过启发诱导，让学生感知新知，尝试提出问题，分析问题，解决问题，让其体验成功的喜悦,为后续学习积蓄更多更大的经验和力量。

那么,新教师应如何去启发诱导学生呢?

(1)要善于运用科学的、适应素质教育的形式。

概括地讲,启发诱导的方法一般是:指导学生自学、观察与实验、比较分类与系统化、归纳、演绎、分析与综合、模型化与具体化、联想与猜想等。具体形式表现为语言启发、直观启发、实验、操作启发、对比、类比启发、设问启发、比喻启发等。

(2)要善于围绕教学目标,将问题分解细化。

课堂上常常会出现学生答非所问现象。寻其根源,往往是所提的问题太笼统,指向不明确,问题难度太大等。要克服此类现象,新教师就要善于把较为笼统、难度较大的问题分解成若干个台阶式的子问题,使问题相关,层层递进,这样学生就有能力沿着这些问题台阶拾级而上,最后解决问题。

除此之外,还应把握以下几点:

一是对问题的设计要具有可接受性、障碍性和探索性。即鸡毛蒜皮的问题不要问,因为它很难激起学生的兴趣与注意。因此,要想使问题设计得好,新教师就必须吃透教材和学情。所提出的问题应在新旧知识的交接处,提到学生知识发展的临近区,提到理论的转折处以及学生的疑难处、朦胧处、关键处,这样才有助于学生感悟问题。

二是提问的形式力求新鲜、新奇、幽默。不宜采用背诵式的直问。应在课堂上交替地使用正问与反问、直问与曲问、明问与暗问、实问与虚问以及激问、引问和追问等形式。

案例六:语文《中国石拱桥》启发诱导

讲《中国石拱桥》这篇课文,文中举了两个例子:一个是赵州桥,一个是卢沟桥。那么介绍中国石拱桥为什么要举这两个例子呢?我这样理解,中国石拱桥有一部分像赵州桥,另一部分像卢沟桥,所以要举这两个例子,请大家思考一下,老师这样理解对不对?问题提出后,激发学生大胆猜想,然后引导学生学会引用课文中的话来证明自己的观点。

学生讨论后回答:"不对。"课文里说"我国的石拱桥几乎到处都有,这些桥大小不一,形式各异,有许多是惊人杰作"。这篇课之所以要举这两个例子,是因为这两座桥汇集着中国石拱桥的共同特点,而且又各有各的特色。以上这个问题,学生思考,再思考,待他们完全想通了,就像是透过一片清泉观察水底的五色石子一样的清晰了。

五、反馈矫正,激励评价

(一)以反馈矫正,贯穿教学始终

新教师要积极创造条件,抓住各种反馈信息,获取各种反馈,对自己的教学作必要的修改、补充。同时根据信息,对学生给予帮助,使问题得到及时矫正。

(二)以目标达成,实现偏差矫正

围绕教学目标,集中反馈矫正,每节课新教师可针对教学目标,精心设计适量有代表性的题目,由学生独立完成。对有困难的学生,可用合作的方法,力争当堂达标。

(三)以激励评价,激发学生热情

评价是反馈的催化剂,对在反馈过程中表现出色的学生给予适度表扬。对学生表现出的求异思维倍加呵护、鼓励。对学生中出现的学习上的暂时困难,给予真诚安慰,不伤其自尊和自信,要善于捕捉其微小进步和闪光点。如让一个差生用"骄傲"一词说话,该学生说:"我们班不因有我这个差生而骄傲,而因有我而可卑。"这就说明该学生的发散思维、创新能力比较强,新教师应予以大力表扬,树立榜样感染其他学生,将会获得事半功倍的效果。

(四)以尝试小结,实现理论升华

美妙的开头扣人心弦,精彩的小结耐人寻味,新教师要把握好每节课的最后时间,精心提炼,有效引导,以圆满完成本节课的教学任务。

做法有三:

一是要明确课堂小结的主要内容。小结的主要内容包括重要概念、阐释、主旨、重要思想方法等。

二是要掌握课堂小结的基本方法,常见方法有:谈话式、图表式、议论式、板演式、对比式等。

三是有效引导学生尝试小结。在授课完毕后,新教师要让学生对所学知识再浏览、回顾、感悟,各抒己见,尝试小结,形成共识。新教师对教学作抽象概括的较为科学的小结,再作进一步修正、补充、完善和必要强调,并对一些教学思想方法,从理论上给予升华。

第三节　新教师问题教学的技巧

一、提问是问题教学的灵魂

问题是课堂教学的灵魂。提出问题,对于教学过程的推进具有关键性的作用。

问题的提出必须体现以下几个方面:

第一,问题要有序,要有层次性。一节课的问题不一定过于结构化,但要体现出层次的递进,能对所要探究的知识有必要的引导、启示作用,对知识的逻辑结构要有帮助。

第二,问题难易程度要适中,题义要准确。根据问题的难易程度可将问题分为:认知型问题,如回忆定义、定理;推理性问题,如确定实数集与无理数集的关系;探索性问题,即运用所学知识尝试才能解决的问题。另外问题的准确性是促进教学的有效手段。

第三,问题要能激发矛盾并具有启发性。这样的问题能激励学生反思,呈现他们的思维过程,能使学生茅塞顿开,回味无穷。

第四,问题要能暴露出学生的不足和盲区。学生出现错误或缺陷是课堂上想得到的最好东西,而这些就可以通过问题的诱发而出现。课堂上无论是学生的亮点还是不足,都可以通过问题的设计来引出和解决,而且它能使学生印象深刻,对知识的理解、方法的使用有进一步的内化作用。

(一)提问的价值分析

尽管令我们产生困惑的根源来自于许多客观因素,但这并不表明我们就可以推卸自己的责任,对学生提问能力的培养抱消极的态度。提问在发展学生思维方面毕竟有着非常重要的作用。"提出一个问题比解决一个问题更重要",这句名言对大家来说并不陌生,它揭示了提问的价值。

其实,就以"你还能提出哪些问题"这个提问要求为例,也有其内在的教学价值。

1. 价值一:技能操练的平台

教材中安排了"你还能提出哪些数学问题"主要是为操练新掌握的技能服务的。比如上文提到的毛巾和茶杯的例子,很显然,编者的意图是让学生也模仿前面两个问题继续提出带混合运算的问题,由此让学生对这类问题的结构达到进一步熟悉的程度。只不过教师在教学的时候视而不见,"曲解"了编者的意思,枉费了编者的一番苦心。

其实,天下任何事情都没有无条件的自由,"你还能提出哪些问题"也一样。尽管看起来问题是由学生自己提的,学生想提什么就提什么,但是,从教学角度来说,它应该具备一定的目的,不然提问就失去了促进学生发展的意义。巩固技能是把握学生提问的一个最起码的底线。

2. 价值二:获取新知的途径

儿童对自己感兴趣的话题总喜欢打破砂锅问到底,这说明他们有一种好奇心、上进心,通过"你还能提出哪些问题"可以让学生从提问中获取更多的新知。

有这样一道题:一头大象重 6 吨,一头鲸重 72 吨,要求学生提问。

学生会提出加法问题如"一头大象和一头鲸共重多少吨",也会提出减法问题如"一头大象比一头鲸少多少吨",还会提出除法问题如"一头鲸的重量是一头大象的多少倍"。从认知鲸的角度来说,除法问题是最有价值的,当学生算出答案是 12 的时候,老师可以接下去说:"答案等于 12,也就是说 12 头大象的重量才抵得上一头鲸的重量,那一头鲸该有多大……"

3. 价值三:潜能展现的契机

"你还能提出哪些问题"最大的特点是可以充分发挥学生思维的想象力,"谁能提出与众不同的问题?""谁能提出富有挑战性的问题?"在老师富有号召力的语言的鼓动下,学生往往能在提问与解答中挑战自己的思维极限,迸发思维的潜能。

比如五年级教材中有一道:一瓶牛奶有 1 升,妈妈喝了 1/5 升、爸爸喝了 1/4 升、小明喝了 1/4 升。书本上的两个问题是:"三人一共喝了多少升"和"还剩多少升",然后要求学生提出其他问题。

大多数学生提的是分数加减问题。而有一位同学却提出"爸爸喝的是妈妈的几倍",这是分数除法的问题,学生还不会解答。这时老师当然可以友情提醒这位同学"偏了题",但这种做法的弊端是显而易见的。

如果我们换一种心态肯定学生的提问(事实上,学生完全能够想到把分数转化成小数进行计算的办法),那么,学生的提问积极性会得到很大的激励,会继续提出"爸爸和妈妈喝的总和是小明的几倍"等更富有思考性的问题。

(二)提问的几个困惑

一天,一位教师到某学校的四年级听课,发现这个班的提问不敢令人苟同。比如面对这样一道题:毛巾:6 元,茶杯:4 元,水瓶:15 元,茶盘:15 元。题目中先提了两个三步计算的问题,然后叫学生自己提出一个问题并解答。这个班上的学生大多是这样提问的:"一条毛巾比一个茶杯多多少元?""水瓶和茶盘的价钱一样吗?"

这些问题,对于四年级的学生来说,显然过于简单——这应该是一年级学生提的问题。

"你们为什么提这样的问题?"

学生说是老师要求的。然而,这位老师却说:"以前我也是叫他们提难一点的问题的,可是他们自己提的难问题又容易做错,后来我就叫他们提简单一点的算了。学生出太难的题目,我批改的时候还很费事,我有两个班 120 多本作业要批改啊……"

提问的理念就以这样的方式演绎着——可是,换个角度来说,这个班的学生之所以出现这种"趋易避难"的提问,也并不能全怪这位老师,因为一线教学的教师有着太多的苦衷。

1. 困惑之一:是顺应还是同化?

提问,是要求新教师更多地站在学生思维的角度、顺应学生的认知发展。可是"顺应"是要新教师做出很多的努力的,更何况有许多看似有个性的提问的实质还是一样的。所以,在不知不觉中,我们抛弃了"顺应",选择了"同化"。于是,"你还能提出什么问题"看起来是学生自己提的,而实质上还是在老师的统一要求下提的。

2. 困惑之二:是手段还是目标?

提问,原本只是激发学生自主思考的一种"手段",但是一旦出现在试卷中,它就成了"目标"。因为要考虑到不能让学生在考试中失分,一线的老师就不可能以轻松的心态来欣赏学生富有个性的高水平的提问,出于考试的压力,大家就宁可认可平庸的问题,也不敢鼓励学生提多少富有挑战性的问题。教学中许多的"不择手段"正是由于"目标"的逼迫所造成的。

3. 困惑之三:是发展还是效率?

提问,是基于对学生思维个性的尊重,其目的在于激发学生的探究潜能。这样的道理我们都懂,可是真的到了教学实践中,面对一线教学的繁琐与压力,我们无法招架学生思维发展的"公要馄饨婆要面"局面。而要真正培养学生提出有思维价值的问题,成本高、风险大,不容易立竿见影看到成效。所以,在诸多现实的面前,我们丢弃了让学生长远的潜在的"发展",选择了短浅的狭隘的"效率"。

(二)新教师提问的"症结"

教学中的问题无疑是教学的灵魂,而新教师在课堂上容易犯以下通病:

1. 问题缺乏启迪性

比如有位新教师问:"同学们知道我手里拿的是什么吗?""三角板。""很好,知道它是做什么的吗?""画图的。"……这样的提问不知道对教学和能力的培养起何作用,但课堂上却随处可见。

2. 问题太模糊,提问不确定

例如,在学习"三角形外角"这一节内容时,教师画了一个三角形,问学生:"哪个角与其他角不同?"学生一头雾水,不知老师指的是哪方面的不同。再如一位老师为了追求课堂上内容的自然衔接,讲完一个问题后用语言过渡引导说:"这个问题与我们下面要学的什么相关?"如此模糊、不确定内涵的问题,让学生瞠目结舌。

3. 问题缺乏逻辑性

比如有位新教师在上"三角形"这节课时,开始就提问和训练了很多因式分解的题目,转移和削弱了学生对本节课的注意力,同时也破坏了这节课的逻辑线索。

二、问题"认知冲突"的形成

教学是一个"平衡"与"冲突"相互作用的过程,学生展开探究新知的活动,就会打破之前低层次的"平衡"产生新的"冲突",通过"冲突"的不断化解又会实现新的平衡与发展。因此,学生学习的过程又是一个"冲突"不断产生、化解和发展的过程。

教学的内在魅力应该是理性的美,在于"冲突"的不断产生和解决中获得思维上的体验和提升。理想的课堂教学过程看似"风平浪静",而学生内在的思维应该是"波澜起伏"甚至是"波涛汹涌"的。因此,一个有智慧的老师,应该善于不断为学生的学习过程创设认知冲突,让学生的思维活跃起来,这样的课堂才是活生生的、富有生命力的。

(一)在衔接处设问,产生认知冲突

每一门学科都有其严密的系统性和逻辑性,大多数知识点、语言点都有前期的基础、后期的深化和发展。新旧知识的生长点往往蕴含着知识和思维的双重价值,既是新知识形成的关键之处,也是激发学生探究的兴趣之源。因此,新教师应找准新旧知识的生长点,巧妙设置认知冲突,不仅仅是新教师告诉学生要"探究什么",而且要让学生真正产生"探究什么"的迫切需要。

案例七:数学《用替换法解决问题》认知冲突(片段)

一个简单的问题:"将720毫升果汁倒在9个同样大小的杯子里,平均每个杯子倒多少毫升?"学生告诉我:可以直接用除法来解决这个问题。

此时,我接着呈现问题:"将720毫升果汁倒在6个小杯和1个大杯里。求小杯和大杯的容量各是多少毫升? 能用720÷7吗? 为什么?"

这个问题的出现,打破了学生的已有认知经验,产生了认知冲突:这7个杯子不是同样大的杯子,不能直接用"720÷7"来解决问题,从而自然生成"如果只有一种杯子就好了"的想法。

学生的学习思维有了新的冲突,这正是教学的原动力所在。

在新旧知识的衔接点处设置问题,可以难住相当一部分学生,使学生产生"认知冲突",让学生直面问题,唤醒学生潜在的、无意识的"替换"经验,产生主动寻求策略解决问题的心理趋向。同时,触及这一问题的本源——把不同物体替换成同一物体,从而引导学生展开后续的探究活动。

(二)在体验上设问,引发认知冲突

只知道探究什么,体会不到"为什么要探究",这样的探究学习对学生来说往往只是一种任务,是一种被动的学习。以问题教学作为基本的课堂方式,只有当学生深刻体会到"为什么要解决这个问题"时,他们的学习才是积极主动的。

案例八:数学《平行线的画法》认知冲突(片段)

人教版教材上,"平行线的画法"一节是小学阶段教学的一大难点,在以前的教学处理中,教师的教学思维则是立足于让学生记住操作步骤和动作要领。

一位教师在教学中,先让学生在方格纸上独立画平行线,理解画平行线的基本原理——平移,然后让学生尝试在白纸上画一组平行线,由于脱离了"方格线"的凭借,平移也就成为一种困难,这样给学生创造了体验"冲突"的机会:在画的过程中你碰到了什么问题?

学生的体验非常相似:直线容易画歪,担心画出的两条直线不平行。这样的活动体验,把学生头脑中已经形成的"平行线"的表象和实际操作时画出的"平行线"之间的矛盾真实地暴露了出来。此时,学生自然领悟到"尺子晃动"是"直线画歪"的问题所在。

这样,巧设了一个体验和展现"冲突"的平台,使所要解决的问题自然呈现,一方面可以使学生真切体验"问题"的本质,展示学生的思考过程,促进学生对数学知识的理解;另一方面,也能使后续的探究活动聚焦于"如何使尺不晃动"这一本质问题,及时唤起了学生持久的探究热情,提高了探究活动的实效。

(三)在思考中设问,引领认知冲突

学习不是教师把知识简单地传授给学生,而是学生自己建构知识的过程,教师作为数学学习的组织者、引导者,应该向学生提供充分从事数学活动的机会,让学生自己去探索、自己去发现。而其中教师应该不断创设和引发学生的认知冲突,让学生体验知识学习的挑战和快乐。

上例中,对于"如何解决尺子晃动的问题",教师不是把其作为一种"结果"呈现给学生,让学生轻松地"接受",而是给予学生充分的探究空间,鼓励学生真切体验、交流感悟。

案例九:数学《行线的画法》认知冲突(片段)

……数学课堂上,学生四人小组在讨论解决问题。

师:看来,这就是我们要解决的关键问题。那么该如何来解决这个"尺子晃动"的问题呢? 四人小组内商量商量。

生1:我们可以把这张白纸对折、再对折,再沿着两条折痕画,尺就不会晃动了。

师:开动脑筋好。但在纸张上画,这的确是可行的,但在黑板上画,能把黑板折过来吗?

组内的几个学生都笑了起来。

生2:可以用一把直尺的两边来画。

师:是个好方法,不过如果我要把这组平行线画得宽一些呢?

学生们也觉得这是一个麻烦。学生遇到了不断派生出来的困惑、矛盾。

生3:可以先画一条直线,然后在它的下面量出相等的两条线段,沿着两条线段的端点连起来……

师:这也是一个可行的方法,但是……

生:好像非常麻烦了。

师:有没有更简单一些的方法?

小组内的学生们想出了很多的方法,但都在小组内被同伴一一否定了。学生们一时束手无策。

师:我来介绍一种方法。

教师先在黑板上用三角板的直角边画了一条直线,就在教师的手伸向另一把尺而又没有拿起的时候,有好几个学生叫了起来:"老师,我知道了……"

生:我们可以拿另一把尺子靠在那把尺上,再移动就不会晃动了。

评析:在课堂上,学生的智慧是丰富多彩的,关键在于教师该怎样去引导。有的学生提出了"对折",有的想到了"用直尺的两边画",还有的用到了"平行线之间距离处处相等"的特性……学生的想法是多样性的,每一种想法都闪耀着智慧的光芒。当然,学生的探究历程也不是一帆风顺的,其间也经历着错误与失败、无奈与痛苦,但也就是在这种一次次自我否定的过程中,学生的体验变得更加深刻,思维变得更有效度。

(四)在递进中设问,把握认知冲突

学习不仅需要"知其然",更要"知其所以然",这样才有利于学生进一步加深对所学知识的理解,丰富活动经验。在教学中,新教师应该及时引导学生对自己解决问题的过程进行反思,思考"为什么要这样做探究过程",提高学生对解决问题的方法和策略的认识。

案例十:数学"找规律"认知冲突(片段)

例如,在苏教版小学数学第九册"找规律"一课的教学中,某教师引领学生对"盆花问题""灯笼问题""彩旗问题"依次进行了探究,体验了"画一画""单双数列举""除法计算"等多种解决问题的方法,引发学生产生认知冲突,引导学生对不同的方法进行反思比较,在感受方法多样化的同时理解了"除法计算"的普遍性,从而帮助学生顺利实现了数学模型的建构。

在探究"盆花"问题时,教师提问:"左起第15盆花是什么颜色的?"学生产生了"画一画"、"单双数推理"和"除法计算"三种方法,然后教师及时引导学生反思:你最喜欢哪一种方法? 为什么?

在小组交流中,学生们试用不同的方法解决问题。

第一种方法是"画一画",要求学生按照规律画出蓝花与红花的排列方式(○●○●○●○●○●○●○●○●),再进行比较,但多数学生觉得该方法过于麻烦;

第二种方法是归纳推理的应用,即"单数盆是蓝花、双数盆是红花",学生觉得很方便;

第三种方法"用除法计算",但学生对于算理的理解显得有些困难。这时,教师并不急于解决问题,给出答案,而是引导学生对第二种方法的认同,通过对第二种方法的理解,顺势过渡到第三种方法,因为这时若让学生选择第三种方法,显然认知冲突又过于强烈了些。

在"灯笼"问题的探究中,学生真切地感受到"列举法"和"单双数推理"的局限性,又一次产生认知冲突,并自觉选用"除法计算"的方法。这里,通过三道题(第17盏、18盏和第100盏彩灯各是什么颜色)的对比,让学生进一步理解了"用除法计算、看余数定颜色"的问题本质。

在"彩旗"问题的探究中,更突出了除法的应用,通过列表引导学生对比反思,组织学生讨论彩旗的颜色与余数的关系,在此基础上归纳概括算法也就"水到渠成"了。

(五)在追问中设问,延伸认知冲突

一堂课的结束,并非意味着所有的认知冲突都得到解决,相反,又会是新一轮的认知冲突产生与解决的开始。因此,我们应该积极创造新的"冲突"点,引导学生对获得的知识与方法进行质疑拓展,寻求知识的发展,让课留有"余味",激发他们投入新一轮探究活动中。

例如教学"三角形的面积计算"一课,课末留给学生这样一个挑战性的问题:课上我们都是把两个完全一样的三角形拼成平行四边形,从而推导出三角形的面积计算方法的。那么一定是这样吗?如果用一个三角形,你能不能转化成已经学过的图形,从而推导出三角形的面积计算方法呢?课后,学生热情很高,拓展出了多种转化的方法,通过研究它们之间的关系推导出面积计算方法,促进了学生思维的提升与发展。

"认知冲突"是一种不可或缺的课程资源,真正关注学生学习的过程,就要有效利用这一资源,充分挖掘其价值,从而激发学生的参与热情,促进资源的不断生成与应用,在这一过程中不断丰富新教师的教育智慧,锤炼教学艺术,实现师生的共同发展。

三、面对"意外"的简约机智

当教学从静态、封闭走向动态、开放时,课堂中出现"意外"也就在所难免了。当课堂遭遇"意外"时,是视而不见,继续执行教学预案,还是抛弃预案,一味处理"意外"?很显然,二者都不可取。

"问题的简洁性是教学智慧的灵魂。"此时,就是要删繁就简,去伪存真,追寻形式简约的问题,促进学生生动、主动地思考。因此,当课堂遭遇"意外"时,新教师拥有问题的提出与解决的简约机智,也就显得尤为重要了。

(一)问题诱导:要围绕学科知识展开

课堂"意外"是把双刃剑,处理得好,满堂生辉;处理不好,讲授逊色。自然,前者是老师们共同的期待,但在实际教学中,新老师常常因缺少丰厚的专业素养,而当课堂"意外"降临时,不能从知识的基本概念、基本原理等要素来把握问题生成,使得课堂出现混乱。

案例十一:数学"可能性"问题诱导(片段)

······

师:(出示一个不透明的盒子,放入一个白球、一个黄球)任意摸一次,结果会怎样?

生：可能摸到白球，也可能摸到黄球。

师：请你上来摸一摸。（生摸，结果是白球）

师：请你再摸一次。（生摸，结果是白球）

师：（有点着急）请再摸一次。（生摸，结果还是白球）

师：（很着急）请再摸一次。

学生再一次摸，结果还是那么巧——白球。教室里开始嘈杂，有的学生窃窃私语："怎么会这样？"摸球的那个学生面带惶惑，紧张地看着老师。

如此情境，又重复了 3 次。到第 8 次时，终于出现了黄球，教师满意地笑了，教学迅速转入了下一个环节……

分析：执教老师摸球这一环节进行得太不顺利了，向学生展示了 7:1 的概率事实，并摸球耗费了那么长的时间。但这不是老师的错，毕竟对于"可能摸到什么颜色的球"这一随机事件而言，我们是无法控制结果的。然而，从"不顺利"的教学过程来看，我们又隐约感觉到老师对可能性知识的匮乏。那么，怎样正确认识连续 7 次摸到白球这一事件呢？

首先，摸球属于随机事件，每一次摸到什么颜色的球是事先无法确定的。其次，不管前一次（或前几次）摸球结果怎样，都不会对下一次的结果产生影响。

再次，连续 7 次摸到白球是一个小概率事件，但小概率事件也是完全有可能发生的。认识到这些，学生连续多次摸不到黄球这一事实，就成了一个更利于学生认知感悟随机现象的资源。可惜，教师没有能够发掘这一资源。

比如，当连续 3 次摸到的都是白球时，教师可以引导学生讨论："怎么会连续 3 次摸到白球？"使学生感悟到每次摸球的结果在摸之前是无法确定的，连续多次摸到白球也是有可能的。同时追问："第 4 次会摸到什么颜色的球？"使学生认识到前一次摸球的结果并不会对后一次产生影响。当学生摸到的依然是白球时，继续追问："真的摸不到黄球吗？"使学生明确：盒子里有黄球，只要不停地摸下去，是一定能摸到黄球的。当黄球终于出现时，继续提问："你对可能性有了哪些认识？"

学科专业知识是我们教学的起点和基石，当课堂遭遇"意外"时，问题教学应该扣紧知识内核来随机应变，使课堂教学沿着"预设—生成"的途径前行。

（二）问题解决：要以简约性引导思维走向

提问，是课堂教学中调动学生主动、积极、自觉地进行数学思考的一种最经常、最普遍的教学手段。面对课堂"意外"，简要巧妙的提问可以说是最简单、最直接、最有效的应对机智。

案例十二：数学"统计"问题解决（片段）

……教师出示大象过生日的情境图，让学生充分观察，相互说说自己看到了什么，然后全班交流。

师：看了这幅图，你大概知道了些什么？

生 1：我想知道大象过几岁生日。

生 2：我想知道大象妈妈给大象什么礼物。

生 3：我想知道大象过生日为什么没有生日蛋糕。

生 4：我想知道大象的新衣服是谁做的。

……

儿童的思维有很大的开放性。面对"看了这幅图，你大概知道了些什么"这样显得空泛的提问,学生回答得随意也就不足为怪了。

面对学生漫无边际的回答,怎么补救才不显得生硬呢?

如果教师把问题改成:"今天是大象的生日,很多好朋友要来参加它的生日宴会。此时,大象最想知道哪些朋友要来,是这样吗?"这样的提问既有童趣,又有针对性,使学生的思考显得简约,引导学生思维直奔"统计""确定性与非确定性"的主题。

学生个体间的差异、个性化的理解,往往是课堂教学出"意外"的主要原因,新教师尤其要注意这一课堂因素的存在。要正视差异、有效利用差异性资源,确保自己的课沿着"预设—生成"的途径运行,这是新教师应该具有的教学理念。

四、促使自主提问的教学实践

重视自主提问是新课程的一个重要理念,翻开任何一种版本的新课程教材,我们随处可见"你发现了什么?""你知道了哪些信息?""你还能提出哪些问题?"等提问要求,由此可见对培养学生自主提问能力的重视。可是,教材中再多的要求只能是我们的主观愿望,在实际的教学中,学生在自主提问方面又践行得怎样呢?

自主提问有着重要的教学价值,我们不应该责难其由客观因素带来的种种困惑,而应在自己力所能及的情况下,用积极的心态寻找中间地带,自主提问。

(一)给学生思维以自主性

尽管我们无法彻底摆脱功利主义对教学的影响,但是作为一个有良知的教师,我们一定要清醒地认识到,学习最可贵的不是学生获得了怎样的成绩,而是尊重学生的思维自由。一个高质量的问题,是在宽松悠闲的心态下提出来的,一个作业都来不及做的学生,他所提的问题只能是为了应付,而很少会有思维发展的价值。可以肯定,一只嘴巴里被塞得满满的鸭子,很难再有主动觅食的热情和冲动,而唯一需要我们做的,就是不要再给它喂了。

如前所述,尊重学生意味着教师要更多地付出,并且很多时候这种付出还得不到认可,这些都需要我们用自己的人格做支撑。坚持应该坚持的,是一个新教师应该具备的人格。

案例十三:巩固练习"计算626-97"的自主性思维(片段)

师:谁来说一说,你是怎么算的?

生:626-97=626-100+3=529。

师:大家都同意这样的算法吗?(绝大部分学生点头,但有一个学生有异议)

生:我有不同的算法:626-97=100+526-97=529。(他刚说完,就有学生在下面嘀咕:这怎么能算简便方法呀?教师让该生把算法写在了黑板上)

师:你为什么要把626分成100加526呢?

生:100减97等于3,3再加526等于529,这样算就不用考虑是加3还是减3了。(教师带头为他鼓掌,接着同学们指出了他计算过程中写法的不妥之处,最后推广到只要减去接近整百、整千的数都可以采用这种方法)

无疑,这是一位智慧的老师。他让学生把算法写在黑板上,不仅仅是给其他学生看,更是给自己留审慎思考的时间。伴随着该生解题方法的明晰,带动了全体学生对"接近整百数的简便计算"算法理解的深入,并进而实现了向整体性建构的跨越,简约中折射出不简单。

(二)合理安排提问人数

有价值的东西并非越多越好。人的眼睛是有用的,可是如果一个人长了10只眼睛就可怕了。同样,自主提问也是如此,不能太多太滥。有的老师在教学时给学生安排的提问太多,弄得学生疲于应付而又得不到发展思维的实效。所以,我们这些一线的教师在教学时要根据学生学习的具体情况有选择地进行,一些思维空间不大的问题情境就不必花多大力气在那里提问。

另外,对学生的提问也要有一定的条件限定,比如"提一个用除法计算的问题"、"提一个包含加法计算的三步计算的问题",等等。这种限定带有一定的指向,对防止学生敷衍提问很有好处。

(三)改变评价方式

我们现在对学生提问的要求很低,只要提出并解答了,不管是好问题还是差问题,不管是深问题还是浅问题,不管这个问题提得有没有现实的意义,都一律算对。在教学实践中我们还常常发现:学生提出一个有水平的问题,但自己不会做是不会得分的;相反地,学生提一个很简单的问题,只要自己会做就可以得分。要知道,最美的猴子跟人比总还是丑的,数学发展史上许多有价值的提问往往是自己不会解决的问题,而不是那些看一眼就能回答的问题。

新教师要改变提问评价的方式,应该从学生提问的创意、深度等角度去分等级评价,对于一个高水平的提问,即使学生不能给出正确的回答,也要给予它充分的肯定;对那些低级的提问,学生即使答对了,也要适当地否定。因此应同时做到:

1.延时性评价

延时评价,是相对于即时评价而言的一种特殊的评价方式,是在学生做出一件事情或说出一种想法之后,不急于进行评价、做出结论。它比即时评价更自由,能给学生更广阔的思维空间,有利于学生从不同角度、不同侧面来思考问题、解决问题,有利于培养学生的发散思维、求异思维及多向思维能力,使学生产生更多、更美好的创新灵感,使个性思维和个性品质得到充分发展。

在一次单元练习教学中,老师让学生找出"麻雀、老虎、狮子、狐狸"中不属同类的一个词,学生轻而易举地说出"麻雀",理由是老虎、狮子和狐狸都是兽类,麻雀是鸟类。笔者不忙评价,还问:"还有其他原因吗?"于是学生又说:"麻雀有翅膀,会飞;其他三种没有翅膀,不会飞。"教师继续鼓励学生发表不同意见,学生们说:"麻雀爱吃粮食,老虎它们爱吃肉。""麻雀是母亲下的蛋孵出来的,另外三个不是。""麻雀只有两只脚,其他三个却有四只脚。"……

试想,如果教师运用即时评价而不是延时评价,那么学生能有如此富有个性的思维,多角度、有创意的见解吗?在教学中,如果不鼓励学生,创新意识的种子很可能就腐烂在泥土之中了。

2.肯定性评价

教师及时肯定的评价,可以让学生体验到成功,激发学生学习的主动性,调动学生学习的热情,增强学生学习的信心。在实际工作中,我们要时刻想着所有孩子的成功,及时给予肯定,让每一个学生各尽其力,各显所长。我们要用鼓励的眼神、喜爱学生的动作、激励性的语言对学生进行评价。

诸如:"相信自己,你一定能做好""你真棒""老师再给你一次机会,你再试试""再努力一下你就成功了""你说得太好了,我怎么就没有想到呢""多好的问题,会说会思考,你真行""胆子大一些,试试看"……

即使学生做得不够好,也要使评价语言便于学生接受,使学生从中受到鼓舞。但在课堂上，教师也并不只是一味地表扬学生，教师在进行激励性评价的同时，还应注意培养学生自我反思的意识，如下课前让同学相互检查一下学习情况，包括读课文、识字、学习态度等方面的情况，进行互相评价，自我反思。

3. 宽容性评价

宽容，是激励的重要手段。新教师的宽容评价能给予学生良好的心理影响，使学生感到亲切、友好，获得心理上的安全感，从而大胆思考。

在教学《燕子》一课时，有位教师请同学读课文第三段，有位同学一站起来就读第一段，其他同学都坐不住了，急得把手举得老高。那位教师马上示意大家不要急，等待他读完。等这位同学读完后，那位教师评价道："你读得很认真，字音准确，语句流畅，也很有感情，不过，老师刚才请你读第三段，你能和大家一起读读吗？"

学生由于一时没注意听讲，而将老师的要求弄错，教师的宽容给了学生再来一次的勇气、一次使自己做得更好的机会。

学生个体差异性较大，对问题理解的程度、思考的角度都不相同，因此，在评价学生的信息反馈时，一定要注意保护学生的积极性，鼓励大胆思考，勇敢发言，允许争执和发表不同意见。新教师在听学生发言中，要注意捕捉学生的相关信息，及时肯定或及时给以恰当的引导，特别是学生回答错误或不完整时，新教师应以宽容的话语来评价学生，保护他的积极性，鼓励他继续大胆思考，给他一些空间，给他一次继续努力的机会，使学生获得学习的最佳心理状态，正所谓"给学生一个机会，还老师一个奇迹"。

4. 自主性评价

新教师评定学生的学习质量，准确性高，但也比较"武断"，不易调动学生的学习积极性。"学生是学习的主人"，对学生进行课堂学习评价，应该坚持以学生的评价为主体。个人自评、同桌互评、小组评议等学生自评的方式，适合小学生活泼、好动的特点，能较好地发挥学生的主体作用，调动学生学习的积极性。

第五章　新教师教学策略之二：活动教学

第一节　活动教学概述

活动教学就是在教学过程中建构具有教育性、创造性、实践性、操作性的学生主体活动为主要形式，以鼓励学生主动参与、主动探索、主动思考、主动实践为基本特征，以实现学生多方面能力综合发展为核心，以促进学生整体素质全面提高为目的的一种新型教学观和教学形式。它着眼于促进学生个性自主和谐地发展，以学生的直接经验和最新信息为主要内容，以培养学生的独立思考和解决问题的能力为主要任务。

一、活动课

（一）什么是活动课

活动课是指以课程为依托，以现代教育理论中的"以活动促发展"为指导思想，以学生自主学习、直接体验、主动思考为基本特征，以促进学生个性养成和创新思维为目的的动态教学形式。它强调通过丰富多彩的教学活动，让学生作为主体积极参与教学过程，得到生动、鲜活的体验，在情感态度、价值观、能力、技能知识等层次得到发展。

作为一种教学观，它把教学过程视为活动过程，强调活动在学生认知、情感和个性行为发展中的重要作用，提出教学认识的关键就在于建构学生的主体性学习活动，在于通过活动促进学生的主动发展。

作为一种教学形式，活动课教学要突出其个性和特殊性，要有自己的教学规范。

首先，以活动促发展为指导思想的教学。活动是实现发展的必由之路，学生思维、智慧的发展，情感、态度、价值观的形成，都是在参与各种活动的过程中实现的。

其次，以主动学习为学习方式的教学。就是以主动探索发现和解决问题的方式掌握知识，方式有探究发现学习、问题解决学习、技能操作学习、交往学习、体验学习与合作学习等。

再次，以能力培养为核心，以素质整体发展为取向的教学。它突出了能力培养和素质整体发展的重要性，并找到了促进学生能力及素质整体发展的基本途径，即学生的主体实践活动。主要是指教学过程中学生自主参与的、以学生学习兴趣和内在需要为基础，以主动探索、变革、改造活动对象为特征，以实现学生主体能力综合发展为目的的主体实践活动。

（二）活动的意义

1. 活动的认识论意义

活动是主体与客体之间的相互作用。皮亚杰认为，认识既不是来源于主体，也不是来源于客体，而是来源于主体与客体之间的相互作用，而活动则是主体和客体之间的唯一联结点。也就是说，认识来源于活动。皮亚杰说："我们只有在作用于对象并改变它时，我们才能认识对象。"这一观点与马克思主义的认识论是一致的。皮亚杰研究了马克思的认识论，他说："马克思曾经充分地强调行动（或实践）的作用，他曾十分正确地把知觉本身当作一种活动。"

2. 活动的心理学意义

活动是中小学生心理自我调节的过程。皮亚杰认为，活动是儿童心理发展的根本机制。

他说:"用什么因素来解释从一组结构到另一组结构的发展呢?在我看来,有四个主要因素。首先是成熟;第二,物理环境对智力结构的影响和经验的作用;第三,广义的社会传递(语言传递、教育);第四,这个因素常常被人忽视,我却认为是一个基本的甚至是首要的因素,我把它称之为平衡因素,如果你愿意的话,也可以叫做自我调节因素。"赵鹤龄教授认为,自我调节因素的引入,是皮亚杰划时代的贡献。这一理论使我们真正懂得,对学生发展的任何外部影响力都要经过并且只能经过学生主体的自我调节才能发生作用。

3. 活动的教育学意义

活动是学生的一切主动的、有目的的学习行为。它可以是外显的行为:操作、讨论等,也可以是内隐的行为:观察、思考等。活动的根本特征就是主动性,只有具备主动性的学习行为才是活动教学所指的"活动"。

(三)活动课的特点

活动课与一般的课型有明显的区别,其特点主要表现在如下几方面:

1. 学生参与的自主性

活动课一个显著的特点就是学生参与的自主性。它体现为学生自主确定活动目标、选择活动内容、参与活动过程、调控活动行为、评价活动结果、进行自我激励。教师在活动过程中转变角色,从台前走到幕后,由主演变成导演,使学生走到前台,成为真正的主人,充分发挥学生的主动性和积极性。

2. 教学目标的全面性和发展性

活动课的教学目标主要着眼于发展学生实际运用知识的能力,但又不仅仅局限于此,同时还要通过活动课的实施,达成三个方面的目标:其一是加深学生对知识的理解和掌握;其二是培养学生的学习兴趣、激发探究热情、养成良好的学习习惯、学会与人合作;其三是发展其创新意识及培养学生综合运用知识解决实际问题的能力。

3. 教学内容的综合性和趣味性

活动课可以按照学科的逻辑顺序来编排其活动内容体系,也可以根据学科教学发展的具体需要灵活安排活动课的内容,有针对性地开展活动。但是,不能仅仅局限于这些,教师应该广泛收集课外、校外的有用资料,加以整理,形成贴近社会生活、贴近学生实际、又能帮助学生学习和运用知识的活动内容。这些内容不仅是某一学科的知识,而且,也涉及到其它的不同学科的内容,学生必须综合运用多种学科知识才能更好地解决问题。

另外,活动课的内容来源于社会生活实际,富有趣味性,对学生主动参与活动也能产生积极的作用。

4. 教学过程的活动性和实践性

活动课最本质的特征就在于其活动性。强调以活动为基础,在活动中丰富学生的体验,培养学生的能力,发展学生的个性。评价自始至终通过学生的实践活动来实现目标,尤其是活动课的实施过程,可以说是以活动促发展。

学生在活动课的实施过程中,通过动口、动手、动脑,主动探究、主动操作、主动加工、主动合作、主动体验等一系列的实践行为,实现发展的目标。

5. 形式的多样性和灵活性

活动课的形式有很多,可以是多种形式灵活运用,从而增强活动课的吸引力。活动课就是以学生的活动为主,因此可以通过创设一定的活动情境,让学生扮演不同的角色进行活动,也可以是通过组织小组比赛的形式进行活动,还可以以游戏的方式开展活动。

此外,一些学生喜闻乐见的形式也可以在活动课中广泛运用。这样就能更好地活跃活动课的气氛,增强活动课的活力,优化活动课的效果。

6. 教学评价的开放性和激励性

活动课的教学评价除了评价学生对知识的掌握和运用情况外,还要评价学生在活动过程中各方面的发展情况,如:课前参与准备工作的表现、活动过程中的主动积极程度、活动过程中与同学合作的精神及行为表现等等,通过评价,激发学生的学习积极性,增强自信心,强化正确的行为,形成良好的习惯。

7. 师生关系的民主性和互动性

活动课实施的过程,是一个师生、生生之间多边协作、多边互动的过程。教师不再是整个课堂的主宰,学生也不再是被动地受制约于教师。教师把课堂还给学生,让学生成为课堂的主角、活动的主人。

所以,活动课中师生关系、学生关系是一种民主、和谐的关系,活动过程是在轻松、愉悦的氛围中展开的。师生之间、学生之间互相启发、交流合作、互相促进、获得最佳发展。活动课的这些特点决定了活动课的实施必须构建一个符合活动课本质要求的模式,才能发挥活动课的功能。

(四)活动课的模式

活动课教学形式应结合教学内容选择灵活多变的形式。可以是课堂内的活动或课堂外的活动;可以是集体合作活动或个人单独活动。在教学实践中进行的活动形式有:

1. 课堂活动

即在教学过程中在一节课内组织的教学活动。诸如:教学实验、小品表演、辩论或讨论、竞赛等。

2. 主题活动

根据教材内容确立一个主题,设计一个活动方案,按照方案实施,由学生自主进行,教师指导,活动后进行总结、反思。主题活动可以设计成比较长时间的、大型的、课外的活动,或者设计成一次主题班会,但主题班会要在一节课内完成,不能设计成课外的活动。

主题活动从确定主题、设计方案到实践活动,每个学生都参与搜集、选择、交流信息资料,处于积极主动的兴奋状态,自觉行动。可以更充分地调动学生的积极性和主动性,培养学生的实践能力、合作精神与创新精神。

3. 调查活动

社会调查的教学要确定与学生生活相关,有现实教育的内容,如环保,家乡变化,学生学习或生活情况,校园文化环境等等。可以是集体合作,也可以是单独进行的方式。学生通过社会调查接触社会,了解社会,从而增加对社会的生活积累,并获得对社会物质文化、精神文化和制度文化的认知、理解、体验和感悟,它有利于丰富学生的社会阅历、生活积累和文化积累。

4. 参观或访问

根据教学内容的需要,带领学生参观一些可以受教育的地方,比如,参观纪念馆或展览,进行革命传统教育;参观科技馆,进行热爱科学的教育;参观名胜古迹、自然风景区,进行热爱祖国山河的教育;参观工厂、农村,了解现代化建设成就,进行爱社会主义教育。访问就是组织学生访问某些人,通过交谈有目的地了解某些情况。参观或访问有助于理解教学内容,是实现学校教育与社会教育结合,帮助学生主动参与社会生活、理解社会的重要途径,从而培养学生的社会责任感。

5. 展览或板报

围绕某一教学内容,展示大家搜集的格言、警句或事例;围绕某一教学内容汇报学习的收获体会;也可以写小论文,发表看法或建议,通过这样的书面交流,使学生积极参与,受到教育。

二、活动教学

(一)什么是活动教学

有人将活动教学作为"活动课程思想和主张在课堂教学中的拓展和体现",在"特殊认识论"中界定活动教学的内涵与特征,认为它主要让学生通过亲身实践,获得"直接经验",而非书本知识、间接经验。这里侧重从教学交往论的视角,将活动教学作为一种独特的教学交往方式来对待。

活动教学以"活动理论"为指导,它是活动课的具体表现形式,它将学生的学习视为任务驱动、全身心参与的团队活动过程。教师在学生的自主活动中,只是以"辅导者"的身份出现,课堂(不限于教室)成了以学生为中心的活动情境、活动区域,师生关系主要呈现出以学生自主活动为主导的倾斜模式。

(二)活动教学的价值取向

从以灌输、讲授为主的教学形式转变为以活动为主的教学形式,这不仅仅是教学的组织形式的改变问题,更涉及到教育观念深层次的变革。要正确理解活动教学的精神实质,必须从其内在特征上来进行把握。

1. 以活动促进学生的发展

学生主体活动及主体发展是活动教学的出发点和归宿,"以活动促发展"正是活动教学精髓的一种高度概括,是活动教学的立论基础和实践切入点。活动教学重视活动的独特价值,强调活动在人的发展中的作用,主张活动是实现发展的必由之路。

对学生的发展来讲,学生主体活动是学生认知、情感、行为发展的基础,无论是学生思维、智慧的发展,还是情感、态度、价值观的形成,都是通过主体与客体相互作用实现的,而主客体相互作用的中介正是学生参与的各种活动。

2. 让学生在活动中获得体验

活动教学的过程实质上是一个由外而内、由内而外的感性实践活动和内部心理流动相互联系、相互作用、相互转化的过程,是学生主体活动内化与外化的统一。

活动教学中,学生是探求、发现的主体。教师的作用是引导,而不是帮助,更不是代替。因此,在学生进行诸如"假设——实验"探究时,要放手让学生亲自去动手、动脑、动口,给予学生充分的自主权和时间,把活动的主动权充分地交给了学生,极大地激发学生探索的积极性,加大学生探索活动的力度,同时各种实验方案相互补充、相互印证,主观假设与客观实验不断相互作用,从而克服不完全归纳法的局限性,深化学生的认识。

此外,还可以在活动过程中通过创造"残缺美"来激发学生探究的积极性,对学生的不同探究结果故意不加评判,让活动过程有意停留在不完整阶段。

例如,有教师在学生学会了用叠合的方法比较角的大小后,快要下课了,教师又在黑板上的不同位置画了两个角(肉眼分不出它们彼此的大小),要学生比较两个角的大小。面对这两个不能移动、叠合的角,学生们面有难色。情急之下,终于有学生想出了办法:可以先为两个角分别做一个模型,再比较其大小。不久又有学生反对,认为这个办法太不方便了。于是学生们继续冥思苦想。谁知,还没等学生们想出更好的办法,下课的铃声就响了……

3.促使师生、学生间的互动

活动认识论认为,个体知识结构的形成和发展,是在个体已有知识与经验基础上通过个体探索和社会交流相结合的实践活动来实现的。活动教学中,学生不只是教学的对象,同时还是教学的资源;教师不只是信息的传递者,同时还是课堂上不同信息的接受者、倾听者、处理者。活动教学过程不只是预设计划的执行过程,同时更是师生、生生相互作用的过程。因此,在活动教学中,课堂因互动而生成,因生成而更新,因更新而呈现出特征。

学生的实验活动是由教师事先设计并由教师指导的,学生之间活动方式也各有不同,但是由于活动中师生之间、生生之间目标一致,相互合作、相互交流、相互沟通,师生的思维、情感都处于兴奋状态,因此,活动教学大大变革了旧有的授受式教学方式,改善了师生、生生之间的交往形式,建立起平等探索、共同协作的互动关系,教学进程因合作而快速推进,课堂空间因互动而焕发生机。

4.促成学生的发现与创造

传统教学的知识传授一般都是从学生不感兴趣的间接经验活动开始的,然后按照知识间的逻辑顺序由已知向未知、由旧知向新知逐步推进。而活动教学一般是让学生亲自参与学科知识中的基本概念、基本原理的有关活动,并引导学生在活动中发现问题,在学生获得直接经验的基础上展开师生之间解决问题的过程。因此,活动教学往往在上课开始就能吸引学生的注意,激发儿童浓厚的探索兴趣,引起儿童稳定、持久的探索动机。

与传统教学相比,活动教学是一个主动的解决问题的过程,以不断的探索发现和改进经验活动作为认识的基本方式,这也使学生有可能在对已知材料的整理、重组过程中发现事物更深层的联系,把握知识的整体结构,发现已有认知结构的不完善之处,为学生突破、发展已有认知结构提供了基础。这就是说,活动教学实质上也是培养学生的创造性的一条有效途径。

在教学中,活动使学生居于主体地位,是主动参与的有效手段。教学中要让学生的认识和实践活动贯穿始终,让学生在活动中发现知识和知识之间的关系,完成某一特定任务或解决某一具体问题。活动教学要求课堂的内容方法要"活",组织形式要"动";要求教师必须敢于突破传统的课堂教学方式,努力创新。

第二节　新教师对活动教学的把握

一、活动教学设计的理念

(一)突出教学思想

活动课的教学要求教师必须确立生本、互动、多元、开放等教学的新理念。要求教师必须确立以学生为本,着眼于学生的发展,让学生真正成为学习的主人的观念。教师要相信学生,承认学生的主体地位,放手让学生参与学习主题的选择、学习材料的收集、学习环境的布置、学习过程的评价等,最大限度地让学生发挥主体作用,成为活动的主人。

教师要明确师生在活动课中的角色,正确处理好教师主导和学生主体的关系,注意营造民主、和谐、合作的师生关系、生生关系,使教学活动在轻松、愉悦的环境氛围中展开。师生之间、生生之间互相启发、交流合作、互相促进、共同发展。

教师应该树立多元动态的教学观,从活动的目标、内容、形式、方法、评价等要尽可能根据学生的具体特点,为他们提供切合实际的学习条件和机会,以满足学生发展的个别差异性的要求。同时,要关心学生发展变化的情况,不用固定的标准去衡量所有的学生,通过及时的、个别化的、有针对性的评价,对学生进行激励,促进学生更好地发展。

教师必须有综合开放的观念。培养学生综合运用各科知识,综合调动各种手段,综合利用各种资源等解决问题的能力。同时,把学生置于开放的学习环境中,而不是局限于学校课堂,尽可能创造条件,利用多种渠道开阔学生的视野,丰富学生的感性认识和实践经验。

(二)精选活动内容

活动课的内容的选择和安排应根据学科课程的发展顺序,有计划地安排相应的活动课的序列,有步骤地进行活动,这样会使活动课的实施效果得到更好的优化。

一方面可以根据某个单元中强调要培养学生的某方面的技能或运用能力,综合该单元的内容以及其它相关的内容进行安排,形成活动课的课题。如小学语文三年级,教师根据教材的内容,安排了标点符号大联欢等活动课,对学生掌握标点符号的正确运用起到了很好的作用。

另一方面,可以针对学生在某个学习阶段存在比较多的问题来选择活动课的主题,强化学生某方面的能力。中小学各科教学的内容中都存在着不少可以组织活动课的内容,只要教师对教材进行细致的分析,概括出可用于组织活动课的课题,安排好活动课的计划,就可以通过活动课的实施更好地培养学生运用知识解决实际问题的能力。

(三)优化操作程序

活动课的操作程序一般可以分为四个基本环节:创设情境,激发动机——指引路径,自主活动——拓展延伸,自主创新——反馈激励,自主评价。在实施中,要求教师要注意设计好活动的情境,引起学生的兴趣,激发学生参与活动的积极性,创设有利于自主参与活动的氛围。可以采用游戏法、故事法、竞赛法等。

如小学一年级,教师在教完《元、角、分的认识》后,设计了《我是快乐的售货员》的活动课,让学生分组扮演售货员开展比赛,看谁在售货活动中运用得又快又准,激起了学生极大的兴趣,使学生在活动中加深了对元角分的认识,学会了元角分的正确运用。

(四)培养学生自主意识

培养学生的自主意识是教师在活动课实施过程中的一个重要工作。活动课实施的关键是要让学生动起来,因为活动的主体是学生,只有学生真正主动参与到活动中来,才能在活动中得到发展。学生自主意识的形成和发展,需要教师结合活动课的过程,在活动课的策划、活动课的实施及活动课的评价等环节有意识地进行培养。

在活动课的策划过程中培养学生的自主意识。一方面,可以发动学生参与设计活动课的方案。另一方面,可以发动学生搜集活动课资料。此外,还可以组织学生参与活动课环境的布置工作。

在活动课的实施过程中发展学生的自主意识。首先,注意引导学生自我认同目标,调整心向。其次,注意引导学生在参与活动中自主活动,掌握目标。另外,还要注意引导学生学会自主控制自己的学习行为,达成目标。

在活动课的评价过程中强化学生的自主意识。首先要注意激发学生自主评价的愿望。其次,注意评价的层次性、全面性,教会自主评价的方法。最后,注重活动经验的分享和交流,激发自主发展的潜能,创造条件让学生分享活动的经验,交流活动的体会,进一步促进学生自主发展的潜能的发挥。

二、活动教学过程的特性

(一)活动性

活动首先要体现"活动"。中小学生对"活动"情有独钟,乐意参加。因此,活动要引导学生人人参与,个人动手、动口、动脑,千方百计地让学生多种感官参与活动,使学生在活动中探索新知,在活动中实践、应用知识。

活动由于其本身的属性,无论在内容上还是在教学方式上都是丰富多彩的,内容的选取可以是知识的深化;可以是问题的探究;可以是故事、文艺;可以是室外的测量、实验活动;可以是学习竞赛活动等等。教学方式上可以是全班讲座式;可以是小组讨论式;可以是分组竞赛式;可以是分散活动式等等。

(二)参与性

1. 从年龄特点把握参与性

好奇、好动、好玩、好胜是中小学生的四个基本特点。新教师的教学过程,就要充分重视这些特点,以更好地协调教学过程。

(1)好奇。学生对新奇的东西容易产生兴趣,教师在教学时可根据教材特点有意设置悬念,引起学生好奇心,并使之转化为求知欲,从而主动参与教学。

(2)好动。皮亚杰认为:童年期儿童的思维处于从具体形象向抽象逻辑思维过渡阶段,在"具体形象阶段",可以结合学生好动的特点,为学生尽量提供"动"的机会,让他们去摸一摸、摆一摆、剪一剪、量一量、拼一拼。学生在这些实践活动中不仅动手,而且动脑、动口,多种感官协调活动,在"动"中把学生自然而然地引入学习过程。

(3)好玩。教师要把游戏等形式引入课堂,让学生在玩中学习。如:"找朋友"、"猜一猜"、"小猫钓鱼"、"小蝌蚪找妈妈"、"小蚂蚁搬家"等,让学生在游戏中主动参与学习。

(4)好胜。根据中小学生好胜、乐于表现的心理,适当地开展课堂竞赛活动,引入竞赛机制。如对一些口算题采取抢答形式,对一般计算题、应用题采取爬梯运动,定时比赛,对判断题采取手势表示方式或举牌方式,对一些难度较大的可以小组为单位进行各种形式的竞赛,发挥集体的智能,培养协作精神,通过这些竞赛,最大限度地引导学生参与学习,提高教学效率。

2. 创造参与条件

教学只有遵循中小学生的认识规律,才能使学生思维有起点,有目标,有步骤,有条理。内容太深太难容易挫伤学生学习的积极性,而过简易则无思考价值。有些难以理解的问题,教师要善于设置台阶,让学生拾级而上,达到最终目标。如教学《长方形的面积》时,可遵循学生的认识规律设计分层递进、逐步深入的教学过程。

(三)自主性

要以学生为主体,充分调动学生学习的主动性、积极性,活动更要突出这一点。教师应根据学生的兴趣、需要和能力围绕着学生的学而设计教学过程。教师要积极引导学生参加学习过程,通过精心点拨促进学生的积极活动,培养学生自主学习的意识和自主学习的能力。

自主性的体现,要考虑不同学生的个别差异,尤其是认知水平、学习习惯、个人生活体验的差异存在,应组织恰当的教学。

所有的学生在所有方面都存在着差异。所以在组织活动时,不能要求学生人人都会,而要鼓励学生能多学一点,学好一点,特别是在解答问题时,要分层要求,分层设计,对于思维能力强的学生可以多准备一些较复杂的问题,并鼓励他们课后继续学习和钻研。对于一些学习有困难的学生,则要强调他们参与,在参与中逐步提高兴趣。

自主性是活动最为本质的特征,活动必须以发挥学生的主体性为出发点和归宿。活动中,要把培养学生的自主意识和自主能力放在最突出的位置,要做到这一点,必须正确处理两个关系:

1. 活动内容的规定性与学生的自主性之间的关系

活动的内容要保持相对稳定,教学目标要求明确、具体,活动教学内容的选择,必须是以基础知识、基本技能为指向,突出"双基"。

突出学生的自主性,不是表现在学生对学习内容的选择上,而是表现在对活动的自主参与程度以及思维方式上。活动中,要把学生推上活动的主体位置,使学生真正成为活动的主人。这就必须创造条件,让学生主动参与,主动体验,主动操作,并能根据自己的兴趣爱好,进行自我设计,自我活动,自我评价。同时,活动过程中要尊重学生的思维方式与解决问题的独特方法,不能以教师的思维方式来束缚学生。

2. 活动过程中的师生关系

在活动教学过程中,教师不是系统地传授知识,而是引导学生开展活动,并做好示范、表演、指导等工作。这里,教师的引导是至关重要的,因为学生所体验、经历的活动过程,离开了教师的引导、点拨,就会出现盲目性。所以,我们强调在学生活动中自主学习的同时,绝不能忽视教师的主导作用。

(四)开放性

开放性教学为中小学生提供了广阔的学习空间,让学生得到了智力启迪与互补,因此在活动中要注重:

1. 教学空间的开放

教学中,安排多次合作,打破传统教学的被动接受方式,真正实现陶行之倡导的"六大解放":创设"人—机—人"互动的学习环境。多媒体计算机为孩子们提供了融形、声、光、面为一体的教学环境,将学生带入情境之中。

2. 思维空间的开放

活动为学生提供了积极动手、积极探索、积极思维的广阔舞台。

由于活动旨在培养兴趣、爱好,其所学内容无须统一考核,所以活动的课堂教学结构不必严谨,教学方法可以是开放型的,可选择一些重思维、轻内容的教学方式进行教学,如探究型教学方式、发现型教学方式、活动型教学方式等。教学过程中,应适当"放松"纪律,允许学生在教室内来回走动,相互讨论、争论。有时甚至可以让教室变成一个热闹的活动场所。

活动内容的选取有着广阔的空间,教师可以根据自己的特点和学生实际进行精心设计。活动的内容可以是书本知识的适当延伸、拓展,也可以是课本以外的一些思想、方法的渗透,以及一些信息的介绍等。

（五）可接受性

尽管活动的内容不受教学大纲和教材的限制,可以灵活选取,但在确定具体内容时必须考虑学生的可接受性。如果是课本知识的延伸,则要做到高于教材而不脱离学生实际。如果是一些思想方法的渗透,则要深入浅出。总之,要使大多数学生通过思考、讨论能够解决问题。

三、活动教学中对学生的评价

活动教学关注过程,注重学生实践活动的整体效益。通过实践活动,改进学生的学习方式,学习过程,学习环境和学习资源,促进学校、学生、教师、课程的发展。活动注重学生活动实践过程而非活动结果;重知识技能的应用而非掌握知识的数量;重参与活动,获得体验和感悟,而非一般的接受教师的经验传授;重全体学生的参与,而非只关注少数个别学生。因此,活动课对学生的评价主要有下述几方面:

（一）以发展为本

评价将学生的发展视为根本目标。学生在活动过程中每一点进步、一点经验、一点教训,都是促进学生发展的原料,评价对象要多元化,要重视学生在活动过程中的多种收获与体验,多种能力与品质;要重视知识技能的应用和运用知识解决问题的能力。主要看学生现在比过去取得了哪些进步。

（二）以过程为主

评价关注活动结果的科学性与实效性,但更注重学习活动的过程,注重活动过程中学生的感受和体验。把活动实践的过程看得比结果更为重要,无论成功还是失败、错误或经验,都值得反思和总结。因为学生通过活动设计、寻找资料、社会调查等亲身实践,可以获得对社会的直接感受;在与他人、社会的交往与合作中,懂得做人做事的道理,培养团队合作精神和人际交往的能力;通过多方面收集资料,懂得获取信息的渠道和方法。这些正是活动课的主要目的。

（三）重个性培养

评价重视学生个体动机、兴趣、爱好、情绪、情感等变化,追求思维方式、学习方式的独特性和针对性。学生在活动中产生闪光式智慧,出现奇思妙想,触动了灵感,开发了潜能,使个性得到张扬。

（四）重综合评价

活动实践的评价,关注学生在活动过程中的真实表现、体验与感悟,所有涉及学生态度、价值观、情感、认知的变化都是评价的重要内容;学生的表演、调查报告、活动设计、论文、讨论或辩论等都是评价学生发展性和水平的综合依据。

第三节　新教师活动教学的技巧

一、确定好的教学主题

活动主题是活动教学开展的载体,它直接影响活动教学的效果。活动主题的选择,要有利于发展学生的整体素质,有利于全体学生主动参与,有利于学生的民主、互助、协作。因此,要求新教师改变传统课堂教学方式,按课程计划要求,以综合实践活动课教材为蓝本,根据学生的实际情况和兴趣爱好,挖掘教材所蕴含的主题,设计和开展活动教学。

二、选择恰当的活动形式

活动教学形式集中表现在丰富多彩的活动,让中小学生在活动中发展。因此,新教师在活动教学中要根据活动主题选择恰当的活动形式。

(一)知识型活动

1. 阅读学习

阅读,是活动教学的基本方式。教师可以指导学生的读书方法,培养学生的读书习惯,扩大学生的阅读量。活动前让学生准备好字典、笔和笔记本等。阅读可让学生自己"高声朗读以畅其气,低声慢吟以玩其味",直接把握文章的主旨、情境和艺术手法等,领悟文章的神韵。对那些认为好的章节、精彩的段落可进行勾画、圈点,反复阅读、品味,并可借助电教媒体等现代化教学手段,把学生带到诗情画意之中,从而获得美的享受和熏陶。

让学生在实践中学会知识、掌握技能,进一步提高他们分析问题和解决问题的能力。这种活动,可把学生的理性认识转化为实践的才能,在实践中训练学生的语言文字能力。

阅读,是一种合作性很强的学习活动。低年级儿童的合作学习更多的是进行学习收获的交流,让他们感到心理安全和自由,并在多次合作学习中学会交流。

2. 讲述表达

这种活动是让学生走上讲台,就某一问题来阐明道理,发表见解主张。由于演讲不同于一般的发言,它要借助于表情、动作传递信息,交流感情,所以经常让学生登台演讲,能不断增强学生的主体意识,改变教师独占讲台的局面,培养学生的演讲技能。同时,对发展学生的思维能力和应变能力也大有好处。

心理学家皮亚杰说过:"知识的本身就是活动",因此,教师在选择和运用各种教法时,不能单靠教师讲授、学生讲述表达来代替多样性的具体活动,而要重视学生的活动参与,善于把讲述的知识与生活实际联系起来,融到学生喜爱的活动形式中去,使学生积极主动参与,获取知识,培养能力。

3. 计算操作

在数学课堂中的计算、演算,是活动教学的基本方式,在课堂上经常采用。新教师对于计算的应用,要紧紧依据《学科课程标准》和教材展开,把"三算"(口算、指算、器算)结合起来,达到准确运算、快速计算的效果,多样性地展开教学过程,训练学生的计算能力。

在计算教学中,新教师要特别注重学生的年龄特点,注重形象思维和抽象思维的协调发展。尤其是低年级的孩子,更要注意其形象思维的培养。

同时,在计算中要培养学生的规范性、程序性、逻辑性,设计组织好课堂教学过程,以取得教学的最大效益。

4. 社会实践

活动教学强调学生自主学习,要求学生以动手实践为基础进行实际操作、实验等活动,从而获取感性知识,积累直接经验。学生通过亲身实践,掌握从不同的角度分析问题和解决问题的方法,从而培养他们的创新意识。因此,在活动过程中,要给学生创造更多亲身实践的机会。

另外,社会实践、调查等活动,也是学生接触社会、了解社会的途径。通过这些活动,学生既能学到一些在课堂上学不到的知识,又能提高他们适应社会和为社会服务的能力。

作为新教师,要充分利用学生学习心理的内在动力,激活学生参与学习竞赛的动机。在竞赛过程中,学生的成就动机更强烈,不但学习兴趣浓,而且增强了克服困难的毅力,学习效率会明显提高。

5. 成果展示

这类活动就是定期将学生学习方面的作业、笔记等拿出来展览。展览的项目有:作业展、练习展、观察日记展、阅读笔记展、报刊剪贴展等。可以单项展览,也可以综合展览;可以是部分学生的,也可以是全部学生的。活动时,可以通过展览,进行评比,也可组织学生谈展后感想,以强化展览的效果。通过这种活动,可使学生相互了解,取长补短,使全体学生得到鼓励和鞭策。

(二)技巧型活动

1. 游戏活动

这种活动能激发学生的学习兴趣,充分调动学生的积极性,把枯燥无味的学习变得生动、活泼、有趣。游戏式活动的内容和形式很多,如开火车、找朋友、猜谜语等。在活动中,教师应考虑到学生的年龄、知识等方面存在的差异,选择恰当的游戏内容和形式,以收到良好的效果。

2. 角色扮演

就是把一些故事性强、对话有个性、有激烈的矛盾冲突的作品,改变成小品、课本剧、相声等体裁,用表演的方式进行表达。学生们通过表演,可以深入体会人物的思想,加深对课文的理解。因此,这类活动不仅能激发学生的学习兴趣,还能在培养能力、发展智力上获得意想不到的效果。

通过角色扮演活动,让孩子们和课文中的角色一起"动"起来,在活动中去领会所要表达的情感,产生移情体验。

案例一:角色扮演《迷途的羔羊》活动课

当一个人到了一个陌生的地方,当一个人路途中迷失了方向,都需要"问路",这也是人际活动生活不可缺少的一项本领。低年级小学生因其自身的年龄特点,在"问路"过程中会产生一些心理问题,如情绪焦虑(紧张、急躁)、行为退缩(胆小、畏缩)、决策不定(疑惑、轻信)等。

活动主题:通过角色扮演,经历情绪变化,克服问路过程中产生的心理问题,从而让学生学会问路。

活动准备:课件制作。

活动流程:课件演示《迷途的羔羊》;动物王国在市中心广场举行比武大赛,小羊从郊区牧场赶来。小羊第一次出远门,对一切新鲜、好奇,趁妈妈不注意,独自到广场旁的儿童乐园玩了起来,之后又去喝冷饮,看别人玩电子游戏……当他回到广场时,妈妈不见了。小羊急得哭了,因为他没记住回家的路;提供角色,选择准备。

讨论:妈妈发现小羊不见了,会怎么样?小羊怎么办?可以向谁问路?(黑猫警长、黄牛爷爷、大灰狼等),你打算扮演谁?以小组为单位,各自准备表演。组织表演,生生体验。

疏泄情绪,摆脱困惑:(1)讨论交流:你扮演什么角色?当时你心里是怎么想的?(2)在回家的路上,还会碰到哪些困难,该怎么办?(3)当你和父母外出时或在春游中,与老师、同学不小心走散了,你该怎么办?

活动总结:迷路了,别害怕;找警察,把路问,有礼貌,说清楚;遇坏人,勿轻信;胆子大,往前走;坚持到底把家回。

3. 竞赛活动

就是通过竞赛的形式开展活动。竞赛灵活多变,因而,在活动中运用范围很广,适用性很强。竞赛的内容也很多,可以是拼音、查字典、成语集锦、组词、集中识字等,还可以是普通话练习、朗诵等。形式也可多种多样,可以是口头的,也可以是书面形式的。

三、掌握教学程序的设计

活动教学以尊重学生主体和主动精神,重视开发人的智慧潜能,注重发展人的健全个性为根本特性,正是素质教育思想在课堂教学中的体现。根据确定的活动主题,必须精心设计活动课程序。在进行课堂教学设计时,必须注意以下几点:

(一)程序的完整化

活动教学程序设计一般包括:活动教学目标、活动场地和设备需求、活动时间安排、教学活动过程(新课导入、创设情境、描述任务、进行活动、问题引导、总结交流……)、课堂小结、布置作业等。

与此同时,在整体教学中,新教师应充分考虑把学生看作探索者,放手让学生活动,直接体验,并且在相互间进行对比,调动他们的积极性,即可以把教学过程模拟成一个科研过程,使学生实现有实际意义的学习。

(二)准备的具体化

教学用具的准备不仅包括教师教具的准备,还包括学生本人提前作好准备,否则将会直接影响教学效果。另外,更重要的是知识上的准备,这其中不仅包括课前的准备,还包括上课时的复习。这样可以使学生既不会因为旧知识的不牢靠而影响新知识的接受,也不会因为课前准备不足而影响教学效果。

新教师在程序设计中既要时刻牢记学生才是课堂教学的中心,善于引导学生保障其主体地位,又要利用多种教学手段和教具,调动学生课堂学习的主动性。

四、把握活动教学的结构

活动教学强调让学生自主学习,因此其课堂教学过程没有也不应有固定的模式,而应根据教学内容和学生的情况灵活处理。因此我们只提出一个课堂教学的基本结构,以便对实验教师的教学设计起导向作用。这一结构由四个环节组成。

(一)导入

这一环节的任务,一是激发学习兴趣,二是作好活动准备。布鲁纳指出:最好的学习动机乃是学生对学习活动本身感兴趣。这就是说,激发学习兴趣是一个十分重要的环节,而激发学习兴趣的最好方法是使学生对学习材料本身感兴趣。因此教师应在教学内容的选择和组织上下功夫。

(二)探索

即学生自主活动,这是课堂教学的主要环节。教师应遵循"不愤不启,不悱不发"的准则,放手让学生活动。教师应以组织者和"顾问"的身份出现,注意观察、倾听,必要时参与小组学习。对学生的意见教师不要轻易下断语;正确的思路最好由学生通过尝试和碰壁自己得出;活动应保证充分的时间。

(三)交流

各组充分活动之后,组与组之间还应进行交流,相互学习,开拓思路,取长补短。交流的方式一般有:各组派代表介绍本组的活动情况和观点;相互观察;教师介绍各组的情况。

(四)评价

交流完毕后,应对活动做出评价。评价包括对活动的回顾、分析、概括、总结、讨论、质疑等。评价也应尽量由学生自己做出。

五、学会激发学生的"情趣"

(一)活动教学情趣

活动课中的情趣是指学生参与活动的情感和兴趣。

1. 情感

情感是人对客观事物是否满足自己的需要而产生的态度体验。情绪和情感都是人对客观事物所持的态度体验,只是情绪更倾向于个体基本需求欲望上的态度体验,而情感则更倾向于社会需求欲望上的态度体验。情感在活动教学中具有如下功能:

(1)信息传递功能。情感的信息传递功能是指在人际交往中,人们在借助言语进行交流之外,还通过情感的流露来传递自己的思想和意图。情感的这种功能是通过表情来实现的。在社会交往的许多场合,人们之间的思想、愿望、态度、观点,仅靠言语无法充分表达,有时甚至不能言传,只能意会,这时表情就起到了信息交流的作用。

(2)行为调控功能。情感的行为调控功能是指情感可以促进或抑制人的行为。也就是说,在行为的内在动机之外,情感也能调控人的行为。一般来说,肯定的、良好的情感可以提高活动的积极性,推动活动的顺利进行;否定的、不良的情感则会降低活动的积极性,干扰活动目标的顺利实现。

2. 兴趣

兴趣是个体以特定的事物、活动及人为对象,所产生的积极的和带倾向性、选择性的态度和情绪。兴趣是一种无形的动力,当我们对某件事情或某项活动时,就会很投入,而且印象深刻。

兴趣是爱好的前提,爱好是兴趣的发展和行动。爱好不仅是对事物优先注意和向往的心情,而且表现为某种实际行动。兴趣在活动教学中有如下功能:

第一,对教学活动的准备作用。例如,对于一名中学生来说,对化学感兴趣,就可能激励他积累各种化学知识,研究各种化学现象,为将来研究和从事化学方面的工作打基础、做准备。

第二,对教学活动的推动作用。兴趣是一种具有浓厚情感的志趣活动,它可以使人集中精力去获得知识,并创造性地完成当前的活动。

第三,促进活动的创造性。兴趣会促使人深入钻研、创造性地工作和学习。就中学生来说,对一堂活动课程感兴趣,会促使他刻苦钻研,并且进行创造性的思维,提高活动效率。

(二)激发情趣的策略

趣味性是活动的灵魂,设计活动内容时,在考虑到学生能够理解和接受的同时,要力求设计一些新鲜、有趣,为学生所喜闻乐见的,以及他们未经历、未体验过的内容,既能求知,也能寻乐。

1. 以语言激发兴趣

通过生动、机智的课堂语言,把知识、技能与话语机智有机地结合起来,增进学生的学习情趣,达到促进学生自觉钻研的学习效果,在这一方面,新教师要加强课堂语言能力的自我修炼。生动、形象、有趣的语言,往往能诱发学生的好奇心,激发学生学习兴趣。

2. 以内容激发兴趣

教学内容新奇、有趣,是活动激发兴趣的保证。教师设计教学内容应力求形象、生动、活泼、有吸引力。对于一些本身无趣味可言的教学内容,教师也应变换提问方式,并注意挖掘知识本身的内在美来吸引学生注意力,不断提高学生的兴趣水平。

3. 以形式诱导兴趣

活动选材广泛决定了活动形式灵活多样,这就为增强学生学习兴趣创造了有利条件。空洞说教,学生感到乏味;单一的活动形式,学生感到厌倦。只有不断变换活动形式,才能不断刺激学生感官,促使学习活动延伸。活动形式很多,可以是全班集体活动,也可以分组活动;可以以上课形式开展活动,也可以是在教师指导下,学生自我组织开展活动;可以开展游戏、讲座、文艺会,也可以开展社会调查、社会实践、实验操作等。

(三)激发情趣的着眼点

要不断变换活动形式和活动方法,使学生乐意在新颖有趣的活动中学习。一般可采取以下方法激发兴趣:

1. 设疑诱导兴趣

中小学生好动、好问、好奇,容易被新鲜的事物、奇怪的问题所吸引。因此,在导入新课的过程中要注重创设各种情境诱导兴趣,如播放有关自然知识的影片、展示图片或讲一个小故事、做一个小实验等,使学生不知不觉地感受到大自然的美景、奇妙的自然现象、精彩的动物世界、有趣的实验现象,诱发学生的学习情趣。

2. 探究激发兴趣

引导探究是活动的中心环节,教学时,应在学生已有兴趣的基础上因势利导,让学生通过实验观察或看书寻找问题的答案;或让他们自己设计和完成实验,验证假设,得出结论。由于学生通过自己的努力,获取了想要得到的知识,并掌握了获取知识的方法,感受到实验成功、获得知识的喜悦,探求知识的兴趣就能得到进一步的激发。

3. 验证增加兴趣

研讨验证是活动教学不可缺少的环节。在探究过程中,学生看到的、听到的、想到的都会反映出来。此时,教师应根据教材内容和教学目标要求,让学生充分发表意见,开展讨论,质疑辩难,使探究更加深入,这就给课堂教学增添了情趣。

4. 竞争添加兴趣

竞争,即竞赛、游戏的方式,能引起学生高度注意和极大兴趣。在不知不觉培养学生克服困难、解决问题、勇于争先的意志品质的同时,学生在竞赛、游戏中巩固了所学知识,开阔了视野,培养了能力。

案例二:语文《神奇的标点符号》活动课

一、活动目的

1. 使学生在愉快的氛围中,了解标点符号的作用。

2. 创设情境,激发学生学习语文的兴趣,提高正确使用标点的能力,培养学生思维的求异性。

二、活动准备

制作标点符号歌曲录音、课件等。

三、活动过程

(一)自编谜语导入，激趣入境

师：同学们，你们喜欢猜谜吗？老师让大家猜个谜：长得像个小蝌蚪，可是不在水中游。（逗号）

师：你们也能像老师一样来出一些有关标点符号的谜语，给大家猜吗？

(二)短文《小河里的标点符号》

1.师：我们班的同学真聪明，把这些可爱的标点符号编在一个个有趣的谜语中。其实，生活中的许多地方都能看到标点符号的身影。

2.课件演示，老师朗读，配乐。

春天的小河里，

有好多标点符号，

一群乌黑的小蝌蚪，

那是可爱的逗号；

鱼儿吐出的水泡泡，

那是漂亮的句号；

春雨淅淅地下在水上，

变成了无数的省略号。

还有的我暂时不说，

留下来请大家去找。

只要你仔细观察，

一定能找到新的标点符号。

同学们，你们在什么地方也见到过各种标点符号？你能叫出它们的名字，画出它们的样子吗？（指名说、画）

(三)小品《字典公公家的争吵》

1.这么多的标点符号，长得各不相同，真有趣。让我们把他们请到我们班来做客，好吗？想对他们说什么吗？

2.标点符号接受了同学们的邀请，他们来了，可是在路上却发生了这样的事情。我们一起来听听。

3.小品《字典公公家的争吵》

4.同学们，听了他们的争吵，你想说什么吗？

5.听，在你们的帮助下，标点符号说……

(四)听故事《契约》，加标点

1.师：这些可爱的标点娃娃是不是像大家说的那样很重要呢！下面老师给大家讲个故事。从前，有一位客人到一家饭店去，他准备在那里吃一个月，于是，他和饭店老板写了这样一个契约："没有鸡鸭也可以，没有鱼肉也可以，青菜豆腐不可少。"不料客人出了很多钱，却

天天吃青菜豆腐,客人就与老板发生了争执。你知道他们争执的原因吗?(可以小组讨论)

学生交流。

读了这个有趣的故事你想说什么?

2.移标点,变意思。

师:小小的标点娃娃真是神奇啊。同学们看这两句话,请你任选一句加上标点,看看有几种加法,使加上了标点的句子意思不同。

A.我赞成小红也赞成你怎么样①我赞成小红,也赞成你,怎么样?②我赞成,小红也赞成,你怎么样?

B.二(1)班打败了二(2)班获得了冠军。①二(1)班打败了二(2)班,获得了冠军。②二(1)班打败了,二(2)班获得了冠军。

3.交流,表扬。同学们,通过这个练习,你又有什么新的感受?

(五)找"岗位"

1.师:同学们,这些标点娃娃既可爱又神奇,你们愿意和它们交朋友吗?那就让我们把它们请到我们身边来吧!

2.播放歌曲《找朋友》,发符号。

3.师:标点娃娃来了,可是,它们啊,找不到自己的岗位,你们愿意帮帮它们吗?打开你们桌上的那张工作单(听清四个要求:1.小组合作,全体参与;2.组长执笔,书写清楚;3.合作朗读或轮流朗读,读出标点的作用;4.完成后请听课老师给你们指点)。(例题略)

4.交流:一组读,其它组也随机指名朗读。

5.拿标点,说句子。

师:有了这些神奇的标点娃娃,我们同学把一段段话读得棒极了。标点娃娃告诉我,要感谢大家为它们找到了岗位,它们决定留下来成为同学们学习的好伙伴。不过,标点娃娃有一个要求,请你说几句话,在话中要用上它。你希望和谁成为好伙伴就拿谁。

自己先练习一下,交流。随机表扬。

(六)儿歌总结,意犹未尽

1.小结:小小的标点符号,不但可以使文章段落分明,断句清晰,表达意思,还可以表现各种各样的语气。它们真是个小本领大,十分神奇。

2.你们想夸夸这些神奇的标点符号吗?我们小组合作一起来编儿歌夸夸它们。(比一比哪一组编得最好。学生编写儿歌)

3.交流(表扬:他们不仅编得好,读得也很好)

4.老师也编了一首《标点符号歌》,我们一起来读读。

(七)作业

同学们,今天我们和神奇的标点符号交上了好朋友。刚才老师奖给大家的标点符号背后还有一些练习呢,下课后你们愿意去完成吗?

(江苏张家港市梁丰小学:徐海霞)

案例三:思品《英雄伴我成长》活动课

一、活动目标

1.追忆英雄人物的光辉事迹,使学生受到爱国主义教育。

2.用诗朗诵、小话剧、歌曲、讲故事、说话等形式巩固并拓展学生对这部分内容的理解，培养学生各方面的能力。

二、活动准备

1.收集课本、课外书中英雄人物的事迹。

2.学唱歌曲《王二小》，排练小话剧《珍贵的教科书》，诗朗诵《我们想告诉您》。

3.幻灯片，磁带。

三、活动过程

(一)导入(音乐起)

师：六月的摇篮，摇出了白鸽飞满蓝天。

一声声鸽哨一声声祝福，撒落在高山，撒落在平原。

生：面对和平与幸福，我们怎能忘记过去，

一位位英雄，一幕幕场景在我们眼前闪过。

一朵朵鲜花，述说着当年的故事，

是他们的英勇铺就出今天光辉的征途。

(二)回顾介绍英雄的事迹

1.引诵课文《黄继光》。

(师)：大家一定读过许多英雄的故事吧！这是我们熟悉的英雄黄继光。1952年，上甘岭战役打响了，战士们在进攻中被敌人的枪弹压了回来，黄继光要求炸掉敌人的火力点，出发前，他喊了声……

2.介绍其他英雄事迹。

生：长江和黄河唱着英雄的赞歌，

歌声震荡着山河。

纪念碑展示出他们的伟岸，国旗上浸满他们的血汗。

他们的身躯，已化作一座座高山，

他们的胸脯，已变为一片片平原。

每当南风吹来的时候，我总听到那深情的述说，

述说着英雄的故事。

师：同学们，我们都来说说英雄的故事。

3.欣赏影片《狼牙山五壮士》片断。

师：同学们知道吗？有这样五位英雄，为了把敌人引开，毅然走上绝路，最后一起跳下山崖，他们就是狼牙山五壮士。

4.介绍更多没留下姓名的英雄。

生：英雄的事迹气壮山河，让人荡气回肠。

师：可是，同学们，更多的英雄我们并不知道他们姓什么，叫什么。

生：大山里，风儿问我，你知道他们的姓名吗？在小河边，水波问我，你知道他们的姓名吗？我摇头说不知道。他们的身躯在山野，在河边长眠，我们怎能忘记这一切。

师：同学们，让我们来介绍更多的没能留下姓名的英雄。

(学生介绍，如《金色的鱼钩》中的老班长，《草地夜行》中的红军战士。)

师:有一位指导员,为了保护孩子们的书,献出了生命。课外,有几个同学自编自演了课本剧。现在,让他们演给大家看一看。(学生表演小话剧《珍贵的教科书》)

(三)介绍小英雄

生:听!红星闪闪,脚步声声!那是我们的同龄人,战争时代的小英雄向我们走来。

1.讲《倔强的小红军》的故事。

师:这是一位倔强的小红军,谁来讲讲他的故事?

2.齐唱《歌唱二小放牛郎》。

(四)学英雄、谈感想

师:同学们,就是那一个个英雄伴我们成长,给我们力量,教我们去克服困难。

生:一个个故事,说不完我们的思念;一首首赞歌,说不完我们的崇敬。是英雄们用美好的青春,用闪光的年华,迎来了春天,迎来了光明。

3.诗朗诵《我们要告诉您》。

师:让英雄永远留在我们心中,伴在我们身旁,激励我们成长!

(江苏省海门市实验小学:倪潜梅 陈永敏)

第六章　新教师教学策略之三：情境教学

情境教学是指在教学过程中,教师有目的地引入或创设具有一定情绪色彩的、以形象为主体的生动具体的场景,以引起学生一定的态度体验,从而帮助学生理解教材,并使学生的心理机能得到发展的教学方法。情境教学的核心在于激发学生的情感。

第一节　基于认知主义教学论的情境教学

一、情感和认知相互作用

情绪心理学研究表明:个体的情感对认知活动至少有动力、强化、调节三方面的功能。动力功能是指情感对认知活动的增力或减力的效能,即健康的、积极的情感对认知活动起积极的发动和促进作用,消极的不健康的情绪对认知活动起阻碍和抑制作用。情境教学就是要在教学过程中引起学生积极的、健康的情感体验,直接提高学生对学习的积极性,使学习活动成为学生主动进行的、快乐的事情。

情感对认知活动的增力效能,给我们解决目前小学生中普遍存在的学习动力不足的问题以新的启示。情感的调节功能是指情感对认知活动的组织或瓦解作用,即中等强度的、愉快的情绪有利于智力操作的组织和进行,而情绪过强和过弱以及情绪不佳则可能导致思维的混乱和记忆的困难。情境教学要求创设的情境要使学生感到轻松愉快、心平气和、耳目一新,促进学生心理活动的展开和深入进行。在课堂教学实践中,也使人深深感到:欢快活泼的课堂气氛是取得优良教学效果的重要条件,学生情绪高涨和欢欣鼓舞之时往往是知识内化和深化之时。

人的大脑功能,左右两半球既有分工又有合作,大脑左半球是掌管逻辑、理性和分析的思维,包括言语的活动;大脑右半球负责直觉、创造力和想象力,包括情感的活动。传统教学中,无论是教师的分析讲解,还是学生的单项练习,以至机械的背诵,所调动的主要是逻辑的、无感情的大脑左半球的活动。而情境教学,往往是让学生先感受而后用语言表达,或一边感受一边促使内部语言的积极活动。感受时,掌管形象思维的大脑右半球兴奋;表达时,掌管抽象思维的大脑左半球兴奋。这样,大脑两半球交替兴奋、抑制或同时兴奋,协同工作,大大挖掘了大脑的潜在能量,学生可以在轻松愉快的气氛中学习。因此,情境教学可以获得比传统教学明显良好的教学效果。

二、直观认知促进原理

从方法论看,情境教学是利用反映论的原理,根据客观存在对儿童主观意识的作用进行的。而世界正是通过形象进入儿童的意识的,意识是客观存在的反映。情境教学所创设的情境,因其是人为有意识创设的、优化了的,故有利于儿童发展的外界环境,这种经过优化的客观情境,在教师语言的支配下,使儿童置身于特定的情境中,不仅影响儿童的认知心理,而且促使儿童的情感活动参与学习,从而引起儿童本身的自我运动。

300多年前,捷克教育家夸美纽斯在《大教学论》中写道:"一切知识都是从感官开始的。"这种论述反映了教学过程中学生认识规律的一个重要方面：直观可以使抽象的知识具体化、形象化，有助于学生感性知识的形成。情境教学使学生身临其境或如临其境，就是通过给学生展示鲜明具体的形象（包括直接和间接形象），一则使学生从形象的感知达到抽象的理性的顿悟，二则激发学生的学习情绪和学习兴趣，使学习活动成为学生主动的、自觉的活动。

应该指明的是，情境教学的一个本质特征是激发学生的情感，以此推动学生认知活动的进行。而演示教学法则只限于把实物、教具呈示给学生，或者教师简单地做示范实验，虽然也有直观的作用，但仅有实物直观的效果，只能导致学生冷冰冰的智力操作，而不能引起学生的火热之情，不能发挥情感的作用。

三、相似性原理

在思维过程中，认知与镜像的相似性，镜像与情境的连结，表明镜像能够恰当地反映认知，是相似性原理的基本思想。相似性原理反映了事物之间的同一性，是普遍性原理，也是情境教学的理论基础。

形象是情境的主体。情境教学中的模拟要以范文中的形象和教学需要的形象为对象，情境中的形象也应和学生的知识经验相一致。情境教学要在教学过程中收入或创设许多生动的场景，也就是为学生提供更多的感知对象，使学生大脑中的相似块（知识单元）增加，有助于学生灵感的产生，也培养了学生相似性思维的能力。

四、无意识心理

人的认知是一个有意识心理活动与无意识心理活动相统一的过程。

意识心理活动是主体对客体所意识到的心理活动的总和，包括有意知觉、有意记忆、有意注意、有意再认、有意重现（回忆）、有意想象、有意表象（再造的和创造的）、逻辑和言语思维、有意体验等等。但遗憾的是，包含如此丰富内容的意识心理活动仍然不能单独完成认识、适应和改造自然的任务。情境教学的最终目的也正在于诱发和利用无意识心理提供的认识潜能。

自弗洛伊德以来，无意识心理现象为越来越多的学者所重视。所谓无意识心理，就是人们所未意识到的心理活动的总和，是主体对客体的不自觉的认识与内部体验的统一，是人脑不可缺少的反映形式，它包括无意感知、无意识记、无意再认、无意表象、无意想象、非言语思维、无意注意、无意体验等等。无意识心理活动具有两个方面的功能：

一是对客体的一种不知不觉的认知作用。如我们在边走路边谈话时，对路边的景物以及路上的其他东西并未产生有意识的映像，但我们却不会被路上的一堆石头绊倒。原因就是"石头"事实上引起了我们的反映，并产生了"避让"这种不自觉的、未注意的、不由自主的和模糊不清的躯体反应。

二是对客体的一种不知不觉的内部体验作用。我们常说的"情绪传染"就是无意识心理这一功能的表现。例如我们会感到无缘无故的快活、不知不觉的忧郁，这往往是心境作用的结果。心境本身就是一种情绪状态，它能使人的其它一切体验和活动都染上较长时间的情绪色彩。

研究表明，无意识心理的上述两个功能直接作用于人的认知过程：首先它是人们认识客观现实的必要形式；其次它又是促使人们有效地进行学习或创造性工作的一种能力。可见，无意识心理活动的潜能是人的认知过程中不可缺少的能量源泉。情境教学的目的就在于尽可能地调用无意识的这些功能,也就是强调于不知不觉中获得智力因素与非智力因素的统一。

五、理智与情感的统一

教学作为一种认知过程,智力因素与非智力因素统一在其中。否则,人们常说的"晓之以理,动之以情"就失去了理论依据。教学这种特定情境中的人际交往是由教师与学生的双边活动构成,其中师生间存在着两条交织在一起的信息交流回路:知识信息交流回路和情感信息交流回路。二者相互影响,彼此依存,从不同的侧面共同作用于教学过程。知识回路中的信息是教学内容,信息载体是教学形式;情感回路中的信息是师生情绪情感的变化,其载体是师生的表情(包括言语表情、面部表情、动作表情等)。无论哪一条回路发生故障,都必然影响到教学活动的质量,只有当两条回路都畅通无阻时,教学才能取得理想的效果。

第二节　情境教学的功能及特点

实现情境教学有两个基本条件:无意识调节和补充有意识,情感因素调节和补充理智因素。人的这种认知规律要求在教学中既要考虑如何使学生集中思维,培养其刻苦和钻研精神,又要考虑如何调动其情感、兴趣、愿望、动机、无意识潜能等对智力活动的促进作用。

一、情境教学的功能

情境教学的功能主要表现在两个方面:陶冶功能和暗示(或启迪)功能,它是通过创设教学情境来实现的。孔子曰"不愤不启,不悱不发,举一隅不以三隅反,则不复也。"孔子在肯定启发作用的情况下,尤其强调了启发学生进入学习情境的重要性,所以良好的教学情境能充分调动学生学习的主动性和积极性,启发学生思维、开发学生智力。

(一)陶冶情感,净化心灵

在教育心理学上讲陶冶,即给人的思想意识以有益或良好的影响。关于情境教学的陶冶功能,早在春秋时期的孔子就把它总结为"无言以教"、"里仁为美";南朝学者颜之推进一步指明了它在培养、教育青少年方面的重要意义:"人在少年,精神未定,所与款押,熏渍陶染,言笑举动,无心于学,潜易暗化,自然拟之。"即古人所说的"陶情冶性"。

情境教学的陶冶功能能剔除情感中的消极因素,保留积极成分。这种净化后的情感体验具有更有效的调节性、动力性、感染性、强化性、定向性、适应性、信号性等方面的辅助认知功能。

(二)启迪认知,易化思维

情境教学可以为学生提供良好的暗示或启迪,有利于锻炼学生的创造性思维,培养学生的适应能力。

人的社会化过程即形成"一切社会关系的总和"。这一从自然人转化为社会人的过程,实际上完全是环境、社会、家庭、学校、种族、地理等因素共同作用的结果。这些影响作用有的被我们感知到,但更多的则是不知不觉地影响着我们。"我们是被我们生活的环境教学和教育的,也是为了它才受教学和教育的。"

人要受环境的教学和教育,原因就在于人有可暗示性,这是心理学和暗示学研究所共同证明了的。A·比耐的实验证明,在儿童身上天然存在着接受暗示的能力,接受暗示是人的一种本能。因而在他的《可暗示性》一书中,"可暗示性"就成了"可教育性"的同义语。其实,这些结论在社会学的背景上也是成立的:既然"人是一切社会关系的总和",因而必然要受到一切社会关系的影响,"人创造环境,同样环境也创造人"。

案例一:数学《三角形概念》情境教学(片段)

……学生已经了解了三角形的一些基本概念,现在,要进一步认识三角形各元素之间的关系,教师做了一个演示实验:

这是一端相连但能转动的两根木棒,一根长 20 厘米,一根长 30 厘米。另外,这里还有三根长度不同的木棒,黄棒长 15 厘米,白棒长 10 厘米,黑棒长 60 厘米。现在要钉一个三角架,使端点相互连结,请同学们试试看,用哪一根木棒合适。

通过实验观察,学生很快发现:白棒和黑棒都不合适,只有黄棒合适。

由此,学生先建立了一个映像:要构成一个三角形,则三个边的长度之间有某种制约关系,某一边过长或过短都不行,那么这个制约关系是什么呢?

在这一情境形成的认知困惑中,学生正式引入教学过程,获得"三角形任何两边之和大于第三边"的结论,及"$a+b>c,b+c>a,c+a>b$"的数学表达式。

评析:三角形的三边关系是直线形中线段不等关系的重要依据,应使学生确实掌握。在教学中我们通过让学生动手、观察、分析,归纳出数学结论,从而比较好地体现了数学知识的发生、发展过程,对于培养学生的数学头脑,无疑是有价值的。

情境教学,是在对社会和生活进一步提炼和加工后才影响于学生的。诸如榜样作用、生动形象的语言描绘、课内游戏、角色扮演、诗歌朗诵、绘画、体操、音乐欣赏、旅游观光等等,都是寓教学内容于具体形象的情境之中,其中也就必然存在着潜移默化的暗示作用。

换言之,情境教学中的特定情境,提供了调动人的原有认知结构的某些线索,经过思维的内部整合作用,人就会顿悟或产生新的认知结构。情境所提供的线索起到一种唤醒或启迪智慧的作用,比如正处于某种问题情境中的人,会因为某句提醒或碰到某些事物而受到启发,从而顺利地解决问题。

(三)深入实践,强化适应

现代教育十分强调教学的实践性,实践教学是培养学生社会能力的重要手段。现代学科教学的特点之一就是理论性强、实践性差,而情境教学能让学生在课堂中模拟相应社会角色,进行实践锻炼,有助于丰富这些课程的教学方法,促进实践教学不断创新。

如果我们在课程教学中融入情境教学,让学生沉浸于社会角色中,那么必然会增强学生对社会角色的感性认识。另一方面,教师在指导情境教学的过程中,对学生可能遇到的复杂性问题给予引导、提示,可以增强学生的问题能力,消解学生对社会角色的理想化认识,为学生走入社会、适应社会找准定位,避免产生过大的生活失落。

二、情境教学的特点

情境教学的原则为诱发主动性、强化感受性、着眼创造性、渗透教育性、贯穿实践性,并具有五项操作要义:以美为突破口,以情为纽带,以思为核心,以儿童活动为途径,以周围世界为源泉。情境教学的"四特点"是指:形真、情切、意远、理寓其中。

(一)形真

形象富有真切感,即神韵相似,能达到可意会、可想见就行。如同京剧中运用的白描手法一样,演员操一把船桨,就表示船在水上行驶;摇一根竹鞭,就意味着跃马奔驰……虽是如此简易,但观众在台下看来却如同真的一般。中国画里的白描写意,寥寥几笔,就勾勒出形象,并不要求重彩,看来同样是真切、栩栩如生的。李吉林认为,情境教学也是同样的道理,以"神似"显示"形真"。"形真"并不是实体的机械复制,或照相式的再造,而是以简化的形体、暗示的手法获得与实体的结构上对应的形象,从而给学生以真切之感。

(二)情切

缩短心理距离,形成最佳的情绪状态。通过创设一种"亲、助、和"的师生人际情境和"美、趣、智"的学习情境来缩短老师与学生、与教学内容及同学之间的心理距离,促使儿童形成最佳的情绪状态,主动投入,主动参与,获得主动发展。

情感不仅作为手段,而且成为语文教学本身的任务,成为目的。李吉林认为,语文教材往往是借助形象,如山川田野、花草树木、鸟兽虫鱼,以及各种典型化的人物,向儿童逐步揭示世界的奥秘,培养儿童的共产主义理想情操,审美情趣,并在其中学习掌握语文工具。

情境教学正是通过再现教材的有关形象,引导学生对优美的或丑恶的、崇高的或卑劣的、愉悦的或悲惨的种种不同事物给予肯定的或否定的评价,体会到自己所表现的爱与憎、满意与厌恶的情感。情境教学是以教师的情感去感染、激发学生的情感,新教师的言语、眼神对学生都应饱含着希望和期待。教师的情感要成为促使学生心理品质发展的因素。

(三)意远

利用角色效应,强化主体意识。在教育教学活动中,无论是担当教材中的角色、向往角色,还是扮演童话角色、生活中的角色,都顺应了儿童的情感活动和认知活动的规律。在角色意识的驱动下,儿童忘我地由"扮演角色"到"进入角色",由教育教学的"被动角色"跃为"主动角色",成为学习活动的主体,其主动接纳知识、主动想象、探究、主动操作训练等一系列科学素养连同良好的学习习惯都可以得到培养和提高。

情境教学讲究"情绪"和"意象"。因为情境总是作为一个整体展现在儿童的眼前,造成"直接的印象",激起儿童的情绪,又成为一种需要的推动,成为学生想象的契机。新教师可凭借学生的想象活动,把教材内容与所展示的、所想象的生活情境联系起来,从而为学生拓宽广远的意境,把学生带到课文描写的情境中。情境教学所展现的广远意境激起儿童的想象,而儿童的想象又丰富了课文情境。学生的联想及想象能力也在其中得到较好的发展。

(四)理寓

情境教学所创设的鲜明的形象,所伴随抒发的真挚的情感,以及所开拓的广远的意境,这三者融成一个整体,其命脉便是内涵的理念。该理念便是课文的中心。情境教学的"理寓其中",正是从教材中心出发,由教材内容决定情境教学的形式。

因此,教学过程中,创设的一个或一组情境都是围绕教材中心展现的,这样富有内涵的具有内在联系的情境,才是有意义的。通过其形式——情境的画面、色彩、音响及教师语言描绘等的感受,这不仅是感性的、对事物现象的认识,而且是对事物本质及其相互关系的认识。

案例二:物理《楞次定律》情境教学(片段)

1.情境教学过程

课堂展示实物:一只布老鼠和一个小仓库。一只老鼠想进一仓库偷食物,仓库有两个洞口,若用纸板挡住观察视线,学生就不知道老鼠是从哪个洞口进去的。这个问题引起了很多同学的兴趣。但是教师说："如果是同学们操作我来猜,我能知道。"学生觉得很惊讶,教师请了两位同学帮助做实验,请一位同学可以任选洞口让布老鼠进去,另一位同学观察教师的判断是否与事实吻合,然后自己就转过身去,背对实验装置。

经过几轮猜测,教师问这两位同学自己猜对了没有,学生佩服地说:"对了。"于是,这位教师问全班同学:"为什么我能这么准确无误地猜对呢?"同学们对此做出了很多议论和猜想,教师解释说:"原来,仓库里边有一个线圈,布老鼠的内部安装了一块磁铁,线圈通过导线与一个放在远处的电流表相连,老鼠进出洞时,磁铁使线圈中的磁通量发生变化,产生了感应电流。同时,感应电流在不同的情况下有不同的方向,我就是利用放在黑板上电流表的指针偏转来确定的。"学生欣喜而又疑惑地表现出了强大的学习兴趣,教师趁势引出了本节课的教学内容:研究感应电流方向有哪些规律。

2.情境特点分析

这节课创设的教学情境有如下几个特点:

这是一个有"真"的情境。"真"意味着摆在学生面前的问题是真实的,不是虚构的,体现了问题研究的价值。

这是一个"有关"的情境。"有关"是指创设的情境是为教学内容服务的,也曾听一位教师说过一个案例,有一位教师为了在公开课上营造气氛,一上课就给全班同学唱了一首歌,还是一首流行歌曲,学生听了非常高兴,掌声如雷,在场的教师也深受感染,但是,一节课下来,整个教学内容与这首歌完全没有关系,这让听课教师哭笑不得,这种情境的创设,就是为了调动学生积极性而创设的一种典型的无关情境。

这是一个有"趣"的情境。有"趣"情境能激发学生的学习兴趣。创设与学生生活环境、知识背景密切相关的学生感兴趣的情境,使学生的认知在观察、操作、猜测、交流、反思等活动中逐步提升,更好地体验教学内容中的情感,使原本枯燥的、抽象的知识变得生动形象,饶有兴趣,获得积极的情感体验,感受知识的魅力。

这是一个有"疑"的情境。创设出对学习者来讲充满疑问的问题,能充分调动学生情感、欲望、求知探索精神的情绪氛围。有"疑"情境能激发学生求知的欲望。

第三节 新教师开展情境教学的基本策略

运用情境教学首先需用"着眼发展"的观点,全面地提出教学任务,而后优选教学方案,根据教学任务、班级特点及教师本人素质,选择创设情境的途径。

一、掌握教学中的"心理效应"

教育是追求人格健全的教育,人格健全的教育是立足于人的全面发展的教育,要使受教育者全面发展,必须实现"教与学"的和谐、师生关系的和谐、学生身心的和谐……而情境教学是力图寻找和达成"和谐"的教学。虽然新教师执教经历短,教学经验贫乏,但教育教学中有许多心理效应可以利用,因此在设计和组织情境教学时应正确把握和运用教学中的积极心理效应。

效应(Effect)指生物体接受某种刺激或药物而产生的反应,这种反应与刺激量(或药物剂量)成一定的剂量反应关系。心理效应是社会生活中较常见的心理现象和规律,它有积极效应和消极效应之分。下面列举几个常见的教学中的"心理效应"。

(一)意识互补效应

人类的意识与无意识是相互作用和协调统一的,意识加工相对于无意识加工具有目的性、外显性、控制性、精确性和有限性的特点;而无意识加工具有协同、内隐、自动、全息、高效等特点。它们二者在信息加工上互相提供信息来源,互相利用信息资源,加工过程优势互补,我们把这种意识相互作用与促进的功能称为意识互补效应。

无意识与意识统一,其实就是一种精神的集中与轻松并存的状态。这时,人的联想在自由驰骋,情绪在随意起伏,感知在暗暗积聚,技能在与时俱增。这正是情境教学要追求的效果。

(二)积极情感效应

情感是人类精神生活的重要组成部分,它渗透到人们生活的各个方面,并对人的实践活动产生影响。积极的情感又称为增力的情感,在工作中可以提高人们的活动能力,激发创造性,提高工作效率;消极的情感又称为减力的情感,在工作中不仅会降低人们的活动能力,而且会降低工作效率。我们把积极情感推动学生追求真理、探索新事物、努力学习、高效成长的动力性称为积极情感效应。

认知活动带有体验性,人的行为效率与心理激奋水平有关,愉悦的情感体验要求教师在轻松愉快的情境或气氛中引导学生产生各种问题意识,展开自己的思维和想象,寻求答案,分辨正误。在这一思想指导下的情境教学,思维的"过程"同"结果"一样重要,目的在于使学生把思考和发现体验为一种快乐,而不是一种强迫或负担。新教师需要用自己的心灵去感受学生的心灵,用自己的心智开启学生的心智,把握与学生间的情感状况,发挥师生间情感的积极效应。

(三)师生"期望效应"

"期望效应"又叫皮格马利翁效应,意指暗示在本质上是人的情感和观念,人们会不自觉地接受自己喜欢、钦佩、信任和崇拜的人的影响和暗示,而这种暗示,正是让自己梦想成真的基石之一。"说你行,你就行;说你不行,你就不行。"要想使一个人发展更好,就应该给他传递积极的期望。期望对人的行为有巨大影响,积极的期望促使人们向好的方向发展,消极的期望则使人向坏的方向发展。

在教学中的期望是双方面的,一方面是教师对学生的期望,另一方面是学生对教师的期望。而这种期望均依赖于师生间良好的人际关系和情感。

良好的师生关系是情境教学的基本保证。教学本是一种特定情境中的人际交往,情境教学更强调这一点。只有师生间相互信任和相互尊重,教师对学生真正做到"晓之以理,动之以情",前文所述的两条信息回路才有畅通的可能。

"师生信念"这意味着教师必须充分了解学生,学生也必须充分信任教师,双方彼此形成一种默契,相互适应。学生在教学中的主体地位决定了自主性侧重于教师鼓励学生"独立思考",培养学生的主动精神和自主习惯。

在情境教学中,教师要从学生的实际出发,使学生在完成学业的同时得到如何做人的体验。它意味着一切教学活动都必须建立在学生积极、主动和快乐的基础上。

案例三:语文《叶的蒸腾作用》情境教学(片段)

在讲一节课前,教师准备好以下演示用具:烧杯(或白玻璃杯)4个,天竺葵一盆,打了小孔的木板两块和一些水,并按教材图中所示方法,在上课几小时前将一套演示装置放置在阳光下。

上课之初,教师先出示另一套(没有放在阳光下)演示装置,并向学生说明这一装置。然后提问:如果将这一装置放在阳光下,过一段时间后会出现什么现象? 有什么变化?

教师可以让学生思考1~2分钟,然后让学生把各自的想法和这一假想的理由写下来。教师还让一些同学发表自己的看法,展开讨论。讨论后,教师再演示放在阳光下的一套装置,让学生观察。提问:你看到了什么现象? 有什么变化? 教师应引导学生观察,并讨论实验结果和他们自己假想的结果是否一致,为什么? 教师在学生讨论的基础上,转入对蒸腾作用的过程和机理的讲解。

评析:教师在使用这一情境时,要鼓励学生根据已有的知识和生活经验,大胆提出各种假想。学生在发言中,不管提出何种假想,教师都要鼓励学生讲下去。学生发言中,教师不要做任何暗示。在观察了实验结果后,教师可有针对性地讨论几个同学最初的假想。

这一情境,可在一定程度上改变传统的结论式的教学方法,调动学生的积极性,让他们更多地参与活动,有更多的机会去思考,去"发现"。因此,这种情境教学对发展学生的创造性思维和探索精神有一定的积极作用。

(四)教学"南风效应"

法国作家拉封丹曾写过一则寓言,讲的是北风和南风比威力,看谁能把行人身上的大衣脱掉。北风首先来一个冷风凛凛寒冷刺骨,结果行人为了抵御北风的侵袭,便把大衣裹得紧紧的。

南风则徐徐吹动,顿时风和日丽,行人因为觉得很暖和,所以开始解开纽扣,继而脱掉大衣。结果很明显,南风获得了胜利。这就是"南风效应"这一社会心理学概念的出处。

"南风效应"给人们的启示是:在处理人与人之间的关系时,要特别注意讲究方法。北风和南风都要使行人脱掉大衣,但由于方法不一样,结果大相径庭。教学中也不例外,轻松愉快的语言、幽默诙谐的讲述、抑扬顿挫的表述均可以使学生愉快地接受教师的教学内容,相反地,干涩的、冗长的、混乱的语言则让学生痛苦和反感。

二、学会教学情境创设

心理学认定创设场景情趣与场景效果具有密切的相关性,其本质在于动感形象与特定意义相结合,能有效地引起人们的视感追求、思维激活、记忆强化。课堂教学的事实也表明:当学生被老师所创设的课堂情境所吸引,或思维进入预定的问题情境之中时,教学才能取得预期的效果。

(一)立足于生活情境

即把学生带入社会,带入大自然,从生活中选取某一典型场景,作为学生观察的客体,并以教师语言的描绘,鲜明地展现在学生眼前。

生活情境不能离开实践体验,具体是:进入社会实践,担任某一社会角色,构成了一个认知情境,形成自我体验。进入社会角色,还存在一种模拟性,即"假如我是课文中的某某",扮演角色行为,则实际上是某一社会角色体验由虚化进入现实的一种表达,由学生自己进入,扮演课文中的角色,把书本上的角色移植到生活当中。这样,学生对课文中的角色必然产生亲切感,很自然地加深了内心体验。

(二)依托于实物展示

即以实物为中心,略设必要背景,构成一个整体,以演示某一特定情境。以实物演示情境时,应考虑到相应的背景,如"大海上的鲸""蓝天上的燕子""藤上的葫芦"等,都可通过背景激起学生广远的联想。

(三)利用多媒体技术

利用多媒体技术创设课堂教学情境,就是要求新教师充分借助多媒体中的图片、声音、动画、课件、影片以及其它教学用具,把教学内容生动、直观地呈现在学生眼前,使枯燥乏味的知识变得生动、具体,以获得良好的教学效果。

只要新教师能根据教学内容,在现代技术环境下创设一些符合学生学习特征的多样化的真实情境,正确引导学生在网络环境中自由"遨游",就一定能提高教学效率,优化教学。同时在实践中应注意:

1.情境要契合学生的认知水平

我们要为学生提供与学习主题的基本内容相关的和现实生活相类似的或真实的情境,使学生具有为理解主题所需要的经验,帮助学生在这种环境中去发现、探索与解决问题。因此,情境的创设应注意对教学内容的把握和对学习者学习特征的分析。并且要强调创设真实情境,因为只有真实才能更富有感染力,才能更贴近学生的生活体验,调动参与学习的积极性,有利于学生对学习主题的认知和意义的建构。

2.情境创设具备多样性

多样性是选择性的基础。多媒体课件的设计应围绕学习主题,力图从不同的角度、不同的方面提供多变与多样化的情境创设,由学生自己去选择符合自己经验的情境进入,按照自己的方式去完成意义的建构。也就是说,运用多媒体网络课件的优势设置多种学习的起点和多条学习的路径,能让学生随机进入,灵活跳转,以满足学生个别化学习与不同认知的需要。

3.情境创设要有吸引力

多媒体网络课件作为一种新的认知工具,它不应是呆板的、单调的,而应该新颖、生动、有趣,富有美感和吸引力,促使学生对未知领域的探索。多媒体课件的环境创设要善于创新,富有变化,既要让情境与学生的生活经验有一定的联系,又要有新的信息、新的情境、新的问题,善于运用不同媒体的特点去表现不同的效果,以引起学习者的注意。

4.情境创设以教师为主导

在课堂多媒体网络教学环境下,新教师要帮助、引导学生探索知识,进行意义建构;对于抽象的知识体系,运用多媒体网络系统很难具体化、形象化,还需要新教师的讲解;学生在网络环境中驰骋,更需要新教师的正确引导。因此,我们新教师必须不断学习,更新自己的知识,充分发挥自己的主导作用。

案例四:数学《比较线段的长短》情境教学(片段)

1.基于生活的情景

开始上课时老师对学生说:今天老师来给同学们讲一个事,我家邻居家养了大小相当的两只狗,一只叫阿黄,一只叫小黑。阿黄长得毛色光亮,看上去挺机灵;小黑毛色纹乱,目光木然。听主人说这两只狗是同窝产的,小时候,小黑比阿黄个儿还大些。

一天,我去邻居家玩,正好两只狗都在,忽然,我产生了一个想法,想试一试哪一只狗聪明。于是我找来半个馒头,待两只狗蹲在同一个位置时,在它们面前放一木盆。我将馒头抛向它们前方,结果,阿黄一个箭步扑了上去,而小黑饶过木盆向前跑,阿黄获食了——难道阿黄也懂得数学？小黑为什么没有抢到馒头？相信你通过本节课的学习,定会获得一个较满意的答案。

2.利用多媒体创造情景

(1)说完打开多媒体,把早些时候制作好的关于两狗争食的情境动画播放一遍。

(2)引导学生边看边讨论,学生们都很兴奋地开始讨论为什么阿黄能争得食物呢？顿时教室里一片讨论声。一会儿学生很快得出了"两点之间的所有连线中,线段最短"的结论,将故事中两狗抢食馒头的问题抽象成数学问题。

(3)最后教师对同学们讨论得到的结论做出评价并归纳,揭示该节课的教学主题。

利用多媒体创设教学情境,引导学生观察、探索、发现、归纳,激发学生学习兴趣、激活学生思维,以利于突破教学重点和难点,提高课堂教学效益。引导学生独立思考、自主探索与合作交流,让学生掌握知识的发生发展过程,主动去获得新的知识,学会获取知识的方法,因而在教学中创设情境,让学生乐意并全身心投入到现实的、探索性的教学活动中去。

(四)借助音乐情境

音乐的语言是微妙的,也是强烈的,给人以丰富的美感,往往使人心驰神往。它以特有的旋律、节奏,塑造出音乐形象,把听者带到特有的意境中。用音乐渲染情境,并不局限于播放现成的乐曲、歌曲,教师自己的弹奏、轻唱以及学生的表演唱、哼唱都是行之有效的办法。关键是选取的乐曲与教材在基调上、意境上以及情境的发展上要对应、协调。

1.情感性

音乐情境教学法通过触"境"生"情"、随"情"入"境"、以"情"激"情"等方式激发学生的学习兴趣,引起学生积极的、健康的情感体验,使学习活动成为学生主动进行的、快乐的事情。"情感"在情境教学法中既作"动因",又作"手段",也作"目的"……以"情"为纽带,达到"情深意长"的效果。

2.形象性

"一切知识都是从感官开始的"。音乐情境教学是凭借一定的手段展现给学生生动、具体的形象或以形象为主体构成的情境,激发学生学习的积极性,帮助学生深刻地体验音乐。情境的创设一般分直接情境和间接情境。直接情境就是使学生直接感知,身临其境,形成具体鲜明的形象;间接情境则主要通过学生展开想象和联想,在脑海中形成表象,以获取言语直观符号的效果。

3.启迪性

人在特定的情境中,心理活动倾向于把认知对象组合成情境所提供的可行性的东西,通过调动原有认知,整和内部思维,人就顿悟或产生新的认知结构。这就是情境所提供的线索在心理的作用之下所起到的一种唤醒或启迪智慧的作用。音乐情境教学法通过生动形象的语言描绘、游戏活动、音画欣赏、诗歌朗诵等活动寓教学内容于具体形象的情境之中,存在着潜移默化的启迪引导作用。

从教学的表面效果看,音乐情境教学法打破了以往单调、枯燥的教学氛围,延伸了音乐课堂教学的空间范围,激活了音乐课堂的教学气氛,把教学内容隐含在特别创设的具有美感的形象性情境之中,使学生既能主动审美又能将审美深化,促进了知识与技能的主动性掌握,提高了课堂教学效率。从音乐情境教学的潜在价值看,音乐情境教学提供良好的暗示或启迪为学生的想象与联想提供基点,有助于学生创造性思维能力的形成和发展。音乐情境教学法现今之所以能够被积极倡导、广泛运用,其培养创造性素质的价值是当代教育者非常看重的。

(五)表演体会情境

情境教学中的表演有两种,一是进入角色,二是扮演角色。"进入角色"即"假如我是课文中的××";扮演角色,则是担当课文中的某一角色进行表演。由于学生自己进入、扮演角色,课文中的角色不再是在书本上,而就是自己或自己班集体中的同学,这样,学生对课文中的角色必然产生亲切感,很自然地加深了内心体验。

(六)语言描述情境

以上所述创设情境的五种途径,都是运用了直观手段。情境教学十分讲究直观手段与语言描绘的结合。在情境出现时,教师伴以语言描绘,这对学生的认知活动起着一定的导向性作用。语言描绘提高了感知的效应,情境会更加鲜明,并且带着感情色彩作用于学生的感官。学生因感官的兴奋使主观感受得到强化,从而激起情感,促进自己进入特定的情境之中。

三、创设价值型教学情境

创设恰当的课堂情境,不但能激发学生学习的兴趣,充分发挥学生的主观能动性,提高课堂教学质量,而且还能培养学生的实践操作能力和思维能力,使课堂真正成为学生自由发展的阵地。

(一)侧重生活性

强调情境创设的生活性,并注意学生的年龄特征与成长需要。第一要注重联系学生的现实生活,在学生鲜活的日常生活环境中发现、挖掘学习情境的资源。其中的问题应当是学生日常生活中经常会遭遇的一些问题,只有在生活化的学习情境中,学生才能切实弄明白知识的价值;第二要挖掘和利用学生的经验。学生原有的知识和经验是教学活动的起点,这是一个教学理念。

(二)注重形象性

强调情境创设的形象性。我们所创设的教学情境应该是感性的、可见的、摸得着的,它能有效地丰富学生的感性认识,并促进感性认识向理性认识的转化和升华;其次,应该是具体的,形象的,它能有效地刺激和激发学生的想象和联想,使学生能够超越个人狭隘的经验范围和时间、空间的限制,既使学生获得更多的知识、掌握更多的事情,又能促使学生形象思维与抽象思维的互动发展。

(三)体现学科性

情境创设要体现学科特点,紧扣教学内容,凸现学习重点。当然,教学情景应是能体现学科知识发现的过程、应用的条件以及学科知识在生活中的意义与价值的一个事物或场景。只有这样的情境才能有效地阐明学科知识在实际生活中的价值,帮助学生准确理解学科知识的内涵,激发他们学习的动力和热情。

(四)隐含问题性

有价值的教学情境一定是内含问题的情境,它能有效地引发学生的思考。情境中的问题要具备目的性、适应性和新颖性。这样的问题才会成为感知的思维对象,从而在学生心里造成一种悬而未决但又必须解决的求知状态,实际上也就是使学生产生问题意识。

（五）融入情感性

情感性指教学情境具有激发学生学习动力的功效。赞可夫说过：教学法一旦能触及学生的情绪和意志领域，触及学生的精神需要，这种教学法就能发挥高度有效的作用。

现在的很多新教师在设计教学时，都在为寻找知识的原型而绞尽脑汁，在一些教学中自然就出现了一些情境设计牵强附会或者根本不利于学生对知识掌握的情况。知识来源于生活又高于生活，情境有助于学生学习知识，但也不是什么教学内容都非用情境不可。教学情境不在于华丽的外表，而在于是否能有效地激起学生的思考。好的教学情境应该"短、平、快"，直奔主题，在最短的时间内拉近情境与教学的距离，提高课堂教学的效率。

新教师必须用情感激发学生的学习心向，这是有意义学习的情感前提。正如有学者所指出的，从血管里流出来的是血，从山泉里流出来的是水，从一位充满爱心的教师的教学里涌腾出来的是一股股极大的感染力，它可以使学生产生同样的或与之相联系的情感。

在教学中，如果教师上课冷漠，那么学生听课也必然冷漠。教师无激情讲课，学生必然无激情听课；教师无真情讲课，学生必然无真情听课。没有激情，课堂教学就像一潭死水；没有真情，师生即使面对面，也犹如背对背。只有激情和真情才会在师生间产生一种互相感染的效应，从而不断激发学生学习的热情，唤起学生的求知欲。情感激发的目的在于为课堂教学提供一个良好的情绪背景，学生兴致勃勃、兴趣浓厚，这是教学的最佳精神状态。

四、掌握情境教学的模式

每个认知结构的构建就意味着一个冲突的解决，冲突的解决伴随着成功的喜悦和求知欲的满足，从而激发学生的学习热情，增强进一步探索的信心和毅力。因此，掌握情境创设教学模式大体包括以下四个组成部分。

（一）诱发动机

新教师创设情境是根据教学内容与教学目标。充分利用学生的无意识心理与非智力因素来决定情境的表现方式；考虑与注意学生的原有认知水平及抽象能力来安排情境的内容并恰当展现情境的形象。情境的主要目的之一就是诱发学生探索求知的良好动机。

（二）以知激情

创设情境的重要原则是激情引趣，即通过情境激发学生的情感，引起学生对知识、对科学、对人生的兴趣。情境的创设，激发了学生的探求欲望。新教师要抓往时机，依据情境所提供的各种线索，引导学生多角度、多方位地对情境内容进行分析，比较，综合，抽象概括。学生不断地将新知识通过"连接点"和"分化点"的作用进行"同化"，"顺应"，构建新的认知结构。

（三）想象体验

学生一方面按照教师的要求及学习目标模仿练习，以巩固新知识，另一方面凭借想象，再现表象，展开联想，亲身体会解决问题的乐趣，得到成功的体验，从而强化对问题的求解能力。

案例五：语文《所见》情境教学（片段）

为了让孩子们领悟这篇故事所描写的浓烈的乡土气息，体味儿童乐趣，感受牧童活泼、愉快的心情，以及激发学生的想象力，特创设如下情境：

课件中播放轻松的乡村音乐，并伴有鸡鸣、犬吠的声音。乐曲中，一个小朋友手拿一条鞭子，模仿着骑牛的姿势，一边唱着歌，一边走过来。乐曲中轻风沙沙，树叶摆动，小河流淌，牧童天真烂漫,动作活泼有趣。突然,牧童不唱了,原来是乐曲中传出了蝉鸣声,牧童左看右瞧,上下搜索,很快把目光盯在了上方,他看到一只蝉伏在大树的绿叶上振翅高歌。牧童高兴极了,他把鞭子系成一个套子,向上挥去,只挥了一下就停了下来,站在那里一句话也不说了。同学们看得非常认真,他们被吸引到课文描绘的气氛之中,一时间也呆住了,此时,我马上加以引导:同学们,谁能给大家讲一讲你刚才看到的故事呢? 请你们大胆地想象:牧童为什么挥了一下鞭子就停下来了呢?

学生们进入了思考、争论,并纷纷举手发言。有的说:牧童一鞭子把蝉套住了,他高兴得说不出话来了;有的说:牧童一鞭子把蝉吓跑了,很丧气;还有的说:牧童本来想挥鞭赶牛,又怕惊走了蝉,就停下来了。

接着我又提出根据自己的想象,编一个小故事,孩子们兴趣盎然,很快就编出了一个个有趣的小故事。从这个案例看出,创设适宜的语文教学情境,对吸引学生的注意力、激发学生的想象力、培养学生的创新意识,有着非常重要的促进作用。(深圳市固戍小学:徐广靖)

(四)升华情感

新教师根据教学反馈信息,创设旨在放大情境信息的情境,开阔学生思路,培养创造思维,掀起学习高潮,设法形成情境交融的课堂氛围。这时师生的情感体验均已外化,并发展成为态度体验,成为"学习兴趣"的构成要素。情境教学课堂结构提高了课堂教学的效率,优化了课堂教学过程。利用情境来学习和从情境中学习也提高了学生的学习效率,并使学生的情感得到教育与启发。

案例六:体育"身心训练"情境教学

一、案例的设计理念

人是身与心的统一体。做每一件事,只有身心达到完全的统一,才能收到最佳的效果。体育教学更是如此。毛泽东同志在《体育之研究》一文中,就生动形象地指出:"体者,载知识之车而寓道德之舍也。"这深刻地说明了育体和育心是互相渗透和相辅相成的。在新课程改革的今天,我在近两年的体育教学中,尝试了情境教学模式,让学生投入到"情境"中,让学生心悦诚服地跟着教师,饶有兴趣地去亲身体验,来引导学生向体育学习的主动性、自主性、主体性发展。从而使学生在愉快的教学过程中达到身心统一,增进学生身体,身心健康,锻炼学生意志,培养学生良好的思想品质。

二、案例《快乐的小蚂蚁》

教学内容:手臂支撑练习

教学对象:小学四年级学生40人

教材分析:小学水平二教材"手臂支撑练习"这个动作相对比较简单,生活中经常用到,锻炼效果较好,可以发展学生手臂支撑力量,腰腹肌肉力量。

教学情境:利用环境布置和激情引导来创设"小蚂蚁搬家"的情境过程开展教学。

教学目标:

(1)认知目标:使学生了解用手支撑行走的方法,学习仰卧推起成"桥"的方法。

(2)技能目标:发展学生的手臂支撑力量,使学生腹背与腰腹肌肉得到锻炼,提高身体的协调性和灵活性。

(3)情感目标:培养学生勇敢顽强的意志品质和团结协作的精神。

情境设置:创设"小蚂蚁搬家"的故事情境,配以欢快的音乐。以小蚂蚁造房子——小蚂蚁搬粮食——小蚂蚁过河的过程开展教学。当学生被这个情境故事所吸引后，兴奋喜悦的情绪就笼罩全部身心，主动地参与到教学中，愿意一而再、再而三地尝试这种运动，积极地锻炼，体验成功的快乐、身心完全的结合，达到事半功倍的效果。

场景布置：一个长 10 米、宽 8 米的长方形场地，周围用卡纸画一些小草，装饰成小蚂蚁的家。

教学特点：将原来单一的手臂支撑练习，通过《快乐的小蚂蚁》的情境设计，巧妙地将"支撑"融入到"玩——练——比——评"中。

教学过程：

1. 谈话引入

同学们，今天老师带大家到小蚂蚁的王国去玩一玩，看一看小蚂蚁在忙些什么呢？我们又可以从它们身上学到什么本领呢？想不想去玩呢？（想）

2. 小蚂蚁造房子

教师带领学生来到布置好的场地上。教师谈话引入：小蚂蚁的房子比较旧了，它们要造一个新房子。你们愿意帮小蚂蚁造一个新家吗？（愿意）于是，把 40 个学生分成 4 个大组，每个大组中每 2 人一小组，用推小车的方法把小垫子运到对面新的基地把房子造好。要求房子要有空间，有出入口。这时，再配上轻松欢快的歌曲烘托气氛，学生的兴趣都提了起来，恨不得马上加入到活动中。这样，充分调动了学生的积极性、主动性。

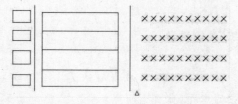

3. 小蚂蚁搬家

小蚂蚁造好了新家，接下来的任务是把粮食搬到新的家里，于是引出下面一个活动。用仰卧屈体，两手反支撑呈蚂蚁状的方法，腹部放一只垒球当粮食，把球运到对面新房子里，再跑回来，后一人出发。游戏时配上乐曲《丰收之歌》。

4. 小蚂蚁过河

小蚂蚁造好了房子，搬好了粮食，就去外面继续寻找食物了。这时它们走着走着来到了一条小河边，怎么过河呢？这时，一阵风吹来，飘落下几片树叶。小蚂蚁爬到了树叶上，乘"船"而下。（这时学生两人一张垫子做划船动作）飘呀飘呀，这时河面上出现了一座桥。教师引入，你们能用身体做一座桥吗？（学生做出了各种各样的桥）引出了仰卧推起成桥，二人协同完成。保护的人站在练习者体侧，两手扶腰上提，帮助成"桥"。然后，一人独立完成。双手头后撑住垫子，两脚蹬地，双手逐渐移动成"桥"。最后，学生展示，邀请 7 名学生成"一"字排开，仰卧推起成桥，形成塘栖古桥——广济桥的造型。这时整节课达到高潮，学生在练习过程中，一心想把桥造得高一些，一而再、再而三地尝试这种动作，练习得非常努力，体现了学生对文明古迹的热爱。

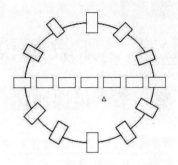

5. 放松运动

小蚂蚁划着小船漂流而下,在歌曲《小白船》的音乐配合下做划船放松动作。整节课在歌声中结束。

四、情景教学的效果

1. 优化教学手段,创设美丽情景,使学生身体得到锻炼的同时,身心也得到健康的发展,使同学之间形成互相帮助、共同进步的氛围。

2. 激发学生的运动兴趣,培养了学生主动、积极的学习态度。促进学生自主学习和养成终身锻炼的习惯。

3. 能有效轻松地完成预计的目标,学生全身心地投入到活动中,积极锻炼,体验成功,达到事半功倍的效果。

第七章　　新教师说课

第一节　说课概述

说课作为一种教学、教研改革的手段,最早由河南省新乡市红旗区教研室于 1987 年提出。实践证明,说课活动能有效地调动教师投身教学改革、学习教育理论、钻研课堂教学的积极性。说课活动是提高新教师教学水平生动的、经济的、行之有效的方式,是提高教师素质,培养造就研究型、学者型青年教师的较好途径。

一、什么是说课

说课是教师口头表述具体教学内容的设想和实施教学的根据,是授课教师在备课之后,向同行系统介绍自己关于某一教学课程的教学设想、实施意图及其理论依据,然后由听者评议,说、听之间相互交流与切磋,最后达成一致的教学设计方案。这是一种比较好的教研形式。

二、新教师说课的意义

说课的目的在于对教师进行全面了解,并进行综合评价。在广大教师积极参与的过程中,促进教师素质的提高,进而大面积提高教学质量。根据新教师自我发展的需要,我们认为说课活动有以下几方面的意义:

(一)有利于促进新教师的角色适应

许多学校每当新教师到来,总是一如既往地开展传统的教研活动,比如讲讲课、听听课、评评课……殊不知上课的老师处在一种完全被动的地位,听课的老师也不一定能理解授课教师的意图,导致新教师初次参加的教研活动实效低下。通过说课,让授课教师说说自己教学的意图,说说自己处理教材的方法和目的,让听课的新教师更加明白应该怎样去教,为什么要这样教,从而使教研的主题更明确,重点更突出,提高新教师教研活动的实效。另外,我们还可以通过对某一专题的说课,统一思想认识,探讨教学方法,提高新教师的教学工作效率。

(二)有利于提高新教师的自身素质

一方面,说课要求新教师具备一定的理论素养,这就促使他们不断地去学习教育教学的理论,指导教学实践,改进教学,从而提高自己的理论水平和教学水平。另一方面,说课要求新教师用语言把自己的教学思路及设想表达出来,这就在无形中提高了教师的教学组织能力和表达能力。

(三)有利于提高新教师的备课质量

很多新教师在备课时能做到认真、严谨,但他们中的许多人虽然都能备"怎样教""如何教",却不会去想"为什么要这样备""为什么要这样教""其理论依据是什么"等等,因此,许多新教师备课质量不高。通过说课活动,可以引导新教师去思考,这就能从根本上提高教师备课的质量。

(四)有利于提高新教师的教学效率

新教师通过说课,可以进一步明确教学的重点、难点,理清教学的思路。这样就可以克服教学中重点不突出、训练不到位等问题,提高课堂教学的效率。

与此同时,上课、听课等教研活动都要受时间和场地等的限制。说课则不同,它可以完全不受这些方面的限制,人多人少都可以,时间也可长可短,非常灵活。

三、说课的类型

说课的类型很多,根据不同的标准,有不同的分法。按学科分:语文说课、数学说课、音体美说课等。按用途分:示范说课、教研说课、考核说课等。这里从整体把说课分为:研究型说课、示范型说课、评比型说课三类。

(一)研究型说课

这种说课,一般以教研组或年级组为单位,常常用集体备课的形式,先由某个教师事先准备并写好讲稿,说课后大家评议、修改,变个人智慧为集体智慧,这种说课可以一星期进行一次。与此同时,教研组或年级组里的教师可以"轮流"说课;新教师与老教师也可以"轮流"说课……这是大面积提高教师业务素质和研究能力的有效途径之一。

(二)示范型说课

示范型说课一般选择素质好的优秀教师上,先向听课教师示范型说课,然后要求说课教师将说课的内容付之于课堂教学,最后组织教师或教研人员对该教师的说课及课堂教学做出客观公正的评析。听课教师从听说课、看上课、听评析中增长见识,开阔眼界。示范型说课可以是校级或乡(镇)级的,也可以是区级或县(市)级的,一般一学期可举行一次。示范型说课是培养教学能手的重要途径。

(三)评比型说课

要求参与说课的教师按指定的教材,在规定时间内自己写出说课讲稿,然后登台演讲,最后由听课评委评出比赛名次。评比型说课有时除说课外还要求将说课内容付之课堂实践,或者把说课与交流结合起来,以便把"说课"活动推向更高层次……这是培养学科带头人和教学行家的有效途径。

四、说课应遵循的原则

(一)科学性原则

在说课过程中,必须保证所说的内容都是科学的。首先,教师所要传授的知识和运用的方法应是科学的;其次,所要引用的教育教学理论应是科学的;第三,教师的语言表述应是科学的。

(二)目的性原则

对于说课当中的课题选择,教学目标的确立,重点难点的安排,教学方法的选择,教学过程中各个环节的设计,教学手段的运用,板书的设计等均要体现一定的目的,并向听众阐述清楚。

(三)启发性原则

课堂教学中,贯彻启发性原则的关键在于使学生处于积极的思维之中。教师要善于结合教材内容和学生的实际情况,提出富有启发性的问题。在说课时,要把课堂上教师准备给学生提出的问题暴露出来,并充分估计学生对这些问题会有哪些反应,面对这些反应将采取哪些对策,做到胸有成竹。

(四)指导性原则

说课具有示范性和指导性,从某种意义上说,还具有指导培训的任务。听众在听课过程中是最直接的受益者,因此教师说课时,要体现指导性原则。与此同时,要体现实用性:即说课不是最终目的,说课是为上课做准备工作。因此,所设计的说课教案对上课应具有实用性,并力争上课时能取得最佳效果,达到预期目的。

(五)预见性原则

说课要求不仅讲出怎样教,还要说出学生怎样学。所以,教师要对所教学生的知识技能、智力水平、学习态度、思想状况、心理特点、非智力因素等方面的差异进行分析,估计学生对新知识的学习会有什么困难,说出根据不同情况采取相应的措施和解决的办法。同时,还要说出自己设计提问的关键问题,估计学生如何回答,教师应该怎样处理。

第二节　新教师说课的素质修养

认识是说好课的前提。要想说好课,必须对说课的要素及各要素之间的关系有深刻的认识。因此要求说课人应有良好的认识素质。

一、明确说课的性质

说课是把教师的教案转化为"教学活动"的一种授课前的实践演习;是新教师在独立备课的基础上,向同行系统地谈自己的教学设想及其理论依据,然后由同行评议,达到互相交流、共同提高的一种教研活动。说课是加强课堂教学研讨、提高教学质量的重要措施,也是提高新教师自身素质的有效途径。基本要求是:

● 依据教材、大纲,符合学生实际。

● 重点突出,层次分明,内容具体。

● 说理透彻,理论与实践相结合。

● 语言准确、简练、科学。

二、把握说课的内容

说课内容包括:说教材,即目标、难点、编者意图等;说教法和学法,结合具体的教学内容和学生实际,应教给学生哪些学习方法,培养学生哪些能力,如何调动优秀学生积极思考和激发较差学生的学习兴趣;说教学过程,即说出自己教学思路及理论依据,课堂结构、教学媒体的合理运用、实验设计及板书设计等。

(一)说教材内容

包括题目,在第几册、第几单元,单元训练重点、地位、教材的前后联系,有时还要简单介绍作者及时代背景。说教材内容时可多说,也可少说,可按上面介绍的顺序说,也可打破顺序说,要因教材而定。

● 说教材内容要求:做到正确、具体、全面。

● 说教学重点、难点。

● 说课时安排、教具准备等。

教材内容是实施课堂教学的最基本材料,也是说课的主要依据。对教材内容的整体了解和局部把握是上好课也是说好课的一个重要方面,说课质量的高低,取决于对教材分析的深广程度。

对教材内容的分析,重在挖掘教材内容的知识价值、能力价值和思想价值。教材内容的知识价值,是由这部分知识在整个学科体系中所占的地位所决定的。教材内容的能力价值,是指知识本身所含有的对人的能力发展有促进作用的因素。

教材内容中隐含的思想教育价值,主要在教学中通过知识传授及学科的发展史等对学生进行恰如其分的辩证唯物主义观点和方法的教育,以及通过观察、实践,培养学生的实事求是的科学态度,树立实践是检验真理的依据等。

案例一:语文《恐龙》说教材

《恐龙》是人教版小学语文第六册的一篇课文。这是一篇知识性短文,课文介绍了恐龙的种类、形态及生活习性,字里行间流露出作者对恐龙的喜爱之情。全文共有6个自然段。第一自然段交代了恐龙的生活年代、生活环境的优越和活动范围之广、数量之多。第二至第五自然段介绍了恐龙及其近亲的种类和生活及习性,重点介绍了恐龙的种类和形态。第六自然段介绍了恐龙的神秘消失为人类留下了一个谜。

恐龙生活在遥远的年代,谁也没有见过,它的种类、形态、外形和习性都是根据目前掌握的资料所进行的研究推测。正因如此,文中多处运用打比方、作比较、列数据等说明事物的方法进行描述,使读者对恐龙的种类、形态及生活习性有了具体而形象的了解。阅读训练的时候,借助网络环境独有的生动画面、形象的声音、充足的信息等独特的魅力,全方位、多角度地了解恐龙的相关知识。

依据新课标要求和教材重点,再结合学生的年龄特点,确定了本课教学目标及重、难点。

(二)说教学目标

教学目标包括三个层次:《课程标准》(或大纲)提出的总目标、年级教学的分目标、单元及课文教学的小目标。说目标,要紧扣总目标,掌握分目标,说清课文教学的小目标,如知识目标、智能目标、情感目标、学法目标等。

说好教学目标,一是要科学地制定教学目标,使目标体现《课程标准》的要求,反映教材内容的特点,符合学生的认知规律;二是要阐述清楚制定目标的依据,做到言之有理。这是说课的要义所在。

案例二:语文《不能忘却的航程》说目标

● 基础知识目标

学会本课的生字、新词,读写和积累有关词语,能用"过""欢腾"造句,能抓住关键词语,理解句意。基础知识的掌握是学生学好课文必备的"硬件",而词句的训练是整个小学阶段阅读教学的重点。本课的基础知识目标主要是依据课后的有关训练题设计的。用词达意的训练主要是在理解的基础上注意积累和运用,句子的训练是抓关键词语理解句意。

● 基本技能目标

根据课后的提示,给课文分段,掌握按事情发展顺序分段的方法。中高年级的基本技能目标主要是根据读写例话中提示的训练重点来确定。本组教材没有安排读写例话,读写训练还是承袭前一单元"练习给课文分段"这一训练重点。这篇课文是按事情的发展顺序来写的,因此可把这一目标设为学习按事情顺序的分段方法。

● 情感培养目标

抓住课文的有关段落朗读,有着语言训练与情感熏陶的双重功能,因而,在进行本课教学时,要让学生深入其中,体会飞机遇险时的险情,激发对周恩来同志的崇敬之情。

案例三：数学《直线与测量》说目标

● 知识目标

使学生初步认识直线和线段，知道线段有两个端点，直线没有端点，并能区别直线和线段。本课的教学重点是直线与线段的认识和区别；教学难点是正确度量线段长度和画线段。

● 能力目标

培养学生观察比较能力和动手操作能力，要使学生学会用刻度尺度量和画出整厘米数的线段。

● 情感态度目标

注意学生良好学习习惯的养成、科学求实的做学问态度和价值观念等。

（三）说教学方法

教学方法包括教法和学法两个方面。一般情况下的说课，可以多从学法的层面展开，教法要服从于学生的实际，尤其是服从于学生的认知水平。教法和学法可以分别叙述；教法和学法可以合在一起说明；教学方法可以穿插在教学过程中说。

例如：关于语文的阅读教学，所采用的教学方法主要应是讲读法、讲授法、讲练法、案例法、谈话法、情境教学法以及读书指导法等。包括从查读、疑读、划读、议读等方面去展开，去完善教学思维。

1. 说教法

主要说明"教什么"的问题和"为什么要教这些"的道理。即在个人钻研教材的基础上，说清本节课的教学内容的主要特点，它在整个教材中的位置、作用和前后联系，并说出教者是如何根据大纲和教材内容的要求确定本节课的教学目的、目标、重点、难点和关键的。例如，为完成教学任务所采用的课堂教学模式及其理论依据；为突出重点和突破难点采用的手段和理由；为处理某个习题所采取的策略和措施等。

选择何种教学方法，关键在于教师对教材特点和学生认知规律的把握，但无论采用何种方法，都要始终贯彻"具有启发性""突出主体性""注重思维性别"的原则。因此，说课者要从实际出发，选择恰当的教学方法。而且，随着教学改革的不断深入，还要创造性地运用新的教学方法。

2. 说学法

说学法不能停留在介绍学习方法这一层面上，而要把主要精力放在解说如何实施学法指导上。主要说明学生要"怎样学"和"为什么这样学"的道理。要讲清教者是如何激发学生学习兴趣、调动积极思维、强化学生主动意识的；还要讲出教者是怎样根据年级特点和学生的年龄、心理特征，运用哪些学习规律指导学生进行学习的。特别在当今的新课程改革中，转变学生的学习方式，倡导以"主动参与，乐于探究，交流与合作"为主要特征的学习方式，是本次新课程改革的重中之重，这也将成为我们所有教师教学中的"指挥棒"。

要说好学法，首先必须深入研究学生，处理好课堂教学中的师生关系，重新摆正师生的位置。要改变陈旧的师者在讲台上滔滔不绝、面部表情呆板、"我讲你听"，学者在下面正襟危坐、目不斜视的"你问我答"的教学模式。其次，要注意对某方法指导过程的阐述，如新教师是通过怎样的情境设计，让学生在怎样的活动中，养成哪些良好的学习习惯，领悟出何种科学的学习方法，即不但让学生"学会"，还要让学生"会学"、"乐学"。

案例四：语文《呐喊》说方法

《呐喊》自序是高中语文第二册第三单元课文，现就教学方法为例说明。

●关于教法

教学模式：八步教学法(预习；定向；自读；作业；讨论；答疑；自结；迁移)。它符合学生认知规律，利于自学，突出学生主体；举一反三，训练能力。突出原文语境，瞻前顾后，讨论点拨，引其积极思维，热情参与。故教法为：(1)定向自读法，明确目标；(2)提问法，引导深入；(3)讨论法，参与、激活思维；(4)练习迁移法，动手、巩固提高。

●关于学法

高一学生拥有读的知识和浅近能力，抓表层易，知本质难；知思路易，明思想难；知局部易，观全文难；习得知识易，迁移能力难。为化难为易，了解鲁迅的思想发展，应早读预习，做自读提纲，课堂上再循序渐进，层层深入，由表及里，理清思路，破重点，化难点，训练读写能力。

一般的情况下，根据教材的知识内容确定主要的教学方法，本源性知识常常采用以观察、实验为主的探索方法，培养学生的观察能力、实验能力、分析归纳以及独立思考能力。派生性知识一般采用以讲授为主的教学方法，如讲授、讨论、自学的方法，培养学生推理能力、演绎能力、抽象思维能力和利用旧知识获取新知识的能力。

(四)说教学过程

说教学程序的各阶段，一般要说出教什么，接下来说怎样教。这要从选择什么教学方法来突破教学的重难点，如何引导学生学习，如何训练学习获得知识，以及为什么这样教等几方面说。在说怎样教的过程中还要说清：如何进行反馈矫正、小结，如何渗透思想教育，布置作业的内容及如何引导学生完成作业等。

要把教学过程说详细具体，但并不等同于课堂教学实录。对于重点环节，诸如运用什么教学方法突破重难点要细说，一般环节的内容则可少说。在说课提纲中，要尽量避免教师问、学生答，教师又问、学生又答等方式，因为这一种方式毕竟是一种预见、猜测，预见性的成分可以有，但需要控制。

如何安排教学过程的各个环节，没有固定模式，可以把一课书的内容分为几课时，再根据课时安排教学环节。可以把整个环节的安排先说出来，再逐环节再说；也可以把一个环节的内容说完后，再依次说下一个环节的内容，环节之间尽量用上恰当的过渡语，使整个说课内容浑然一体。

说教学程序对于新授课教学要说明课堂教学过程和步骤安排以及这样安排的理论依据。这是说课中更为具体的内容，要说出教学过程中教学各环节的衔接和过渡。一般地说，一节课的教学环节包括新课的引入、课题的提出、新课教学的展开、巩固练习、课堂小结、作业布置等，还要说出课堂教学的板书设计，现代教学媒体的应用等内容。

三、熟知准备的步骤

说课的质量高低，除本人的素质外，准备工作也是重要环节。准备得充分，说课的质量才会高。新教师说课的准备工作一般可分为如下四步：

●学：即钻研大纲和教材，明确大纲的基本要求和教材的结构，基本知识；确定重点、难点；学习必要的教育教学基础理论，做好理论准备。

●析：分析学情，确定教学的指导思想与基本教法和学法。

● 写：遵照说课的基本原则和基本要求，写出说课讲稿。

● 演：说课前的试讲，从中找出不足，并加以修改和完善说课内容。

四、掌握说课的语言艺术

(一)常用的语言风格

1. 独白语言

说课时大部分用的是这种语言，切忌从始至终一个腔调地念稿或背讲稿，要用足够的音量，使在场的每个人都听得清清楚楚。速度要适当，语调的轻重缓急要恰如其分，让听者从你的抑扬顿挫、高低升降中体会出说课内容的变化来。具体地说，教材分析要简明，理论依据要充分，教学方法和学习方法要用慢速说清楚，教学目的要分条款一一叙述，重点、难点则用重音来强调。

2. 教学语言

因为说课不仅要说"教什么"，还要说"怎样教"。说"怎样教"实际上就是要说出你准备怎样上课，只是不单纯地将课堂上一问一答那么详细地显露出来，但是也要让听者知道你的教学设想和具体步骤。有问有讲，有读有说，用自己的语言变化将听者带到你的课堂教学中去是。

(二)语言运用时机

1. 课堂导入时，需用教学语言

用新颖有趣或简明扼要的导语来吸引听课者。在说导语时，新教师要把听课的老师看成是自己班上的学生，声音该高则高，该慢则慢。

2. 课堂总结时，需用教学语言

在说课时设计的结束语应具有双重性，不但要打动听者，而且还能让听者从你的语言中推测出你在课堂上也会深深地吸引学生，这就要求结束语既要精彩，又能将精彩恰当地表达出来。

3. 阐释和提问时，需用教学语言

阐释语也叫讲授语，它主要是对所讲知识的解释、分析和阐发。这种语言以简明、准确、条理清晰为要点。好的提问语可以启发学生思考，使学生的学习变得积极生动，并容易把问题引向纵深，让听者判断新教师提问质量的高低。

五、塑造良好的心理品质

情感是决定人的活动效率的重要心理因素。新教师只有化消极的情感为积极的情感，用饱满的激情、稳定的心境满腔热情地投入到说课活动中去，说课活动才会结出丰硕的果实。情感是人对客观事物与人的需要之间关系的反映。说课活动具有积极的情感，可激发教师的说课活力，使教师精神焕发、朝气蓬勃，从而提高说课质量。

(一)调节心境

心境是一种平和、宁静、协调、稳定的情感状态，是一种心理因素，在特定条件下能够外化为行为。在说课过程中，心境的作用对于说课者是很明显的，说课要有稳定的情绪，不急不躁，情绪反应适度。积极良好的心境可使说课者从容不迫，按照预定的说课提纲进行，从而顺利完成说课。

在现实生活中，心境的作用是很明显的。说课要求新教师具有稳定的情绪，不急不躁，

在说课中树立起坚定的信心,通过自己不断的努力,教学水平一定能得到充分发挥。因此,说课人必须有良好的心境,否则,无论准备得多么充分,也有可能发挥失常。

"感人心者,莫先乎情"。如何引导学生体会课文中作者抒发的深情,引起学生的共鸣,在情感的铺垫之中,培养学生良好的学习能力,这是很重要的一个环节。

(二)拥有热情

热情是一种稳定的、积极向上的情感,属于一种行为心理品质。它可以掌握整个人的身心,决定一个人思想行动的基本方向,成为巨大推动力。巴甫洛夫指出:"科学是需要人的高度紧张性和很大热情的。"热情,可以积极地影响一个人的身心,决定一个人行为心理的基本取向。

说课是一种新型教学研究活动。它要求新教师有深厚的学科专业知识,有较好的教育教学理论素养,还需要有较强的理论联系实际的应用能力和研究能力。说课的难度大,人们对此经验又不足,必然会遇到问题,要想较好地参与说课,解决遇到的问题,在说课中提高自己,必须要有热情作为心理支持。

(三)学会激情

激情是一种迅速爆发而时间短暂的情感。积极的激情与冷静的理智相对立,共同维系着人的情感系统,协调着情感品质的稳定与活力。说课充满激情,语音和语调铿锵有力,加强了语言的穿透力,给说课者树立了一个感情充沛、积极向上的形象,并以说课者的情感带动听课者的情感,使听课者沉浸于说课的意境之中,从而感染听课者,引起情感认知的共鸣。

说课时,要精神饱满,充满激情,要使听课者感受到说课者的自信和能力。对于新教师评比性说课而言,说课的难度大,人们对此经验又不足,必然会遇到问题,要想较好地完成这项工作,参与说课,解决遇到的问题,没有热情是无法做到的,所以要求说课人要热情参与说课活动。

(四)持之以恒

古人云:有志者,事竟成。成功不能只凭一时的冲动,而是需要顽强的坚持精神。绳锯木断,水滴石穿,靠的就是持之以恒。没有经年累月、毫不松懈的耕耘,没有排除万难、坚韧不拔的精神,就不可能取得丰富的成果。

新教师在说课方面要持之以恒,一方面需要有毅力,即具有确信行动的正确性而不懈努力,坚持到底的意志品志。新教师坚信说课活动会给教学质量的提高带来新的活力,那么就会推动自己去寻找设备,查询资料,向他人请教,使自己的说课活动获得圆满的成功。另一方面需要有主见,即独立性,指新教师能独立分析情况,形成自己的风格,在说课中不墨守成规,努力创新,不断优化自己的教学思维。

(五)突破定式

说课,对于新教师来说,是新的教研尝试,需要"摸着石头过河",在具体实施过程中会有许多新的问题出现,这就要求自己凭借自身的应变能力,及时解决问题,克服障碍,突破心理定式,具备应变能力。应变力是指人根据不同情况作非原则性变动的能力,需要很好的心理品质的支撑。

说课既是科学,又是艺术,随机性很大。如果说课人没有理论与实际相联系的较强应变能力,那么说课活动很容易陷入困境。另外,说课人在说课中的角色与讲课中的角色不尽相同,这种角色的易位需要说课人迅速适应,因此,说课人应有意识地训练自己的应变能力。

六、具备掌控全局的能力

新教师说课时自己要有较好的元认知监控能力,一旦说课时现场秩序变差,可能多半是由于说的原因,此时说课者要及时调整,随机应变,做出恰当的选择。

(一)把握要求,容量适当

把握好程度份量,是上好一堂课的基本要求之一。要处理好提高教学效率与课堂教学的要求、容量的关系问题。一方面,要充分利用课堂上 45 分钟,提高课堂教学效率;另一方面课堂教学作为学生学习的一个重要环节,步子应该迈实,对所讲的内容应能基本落实。实际上,学习是一个不断积累的过程,不可能"速成"。教师的素养体现在对课堂教学中程度、分量的"度"的准确把握上。

(二)掌控时间,收缩有度

说课的时间不宜太长,否则,听的人少;也不宜太短,太短显得潦草。通常时间要求为 15~20 分钟。由于时间所限,说课时不宜把每个过程说得过于详细,应重点说出如何实施教学过程、如何引导学生理解概念、掌握规律的方法,说出培养学生学习能力与提高教学效果的途径。

说课要重理性,讲课注重感性和实践,因此,用极有限的时间完成说课内容不容易,必须做到详略得当、简繁适宜、准确把握说度。说得太详太繁,时间不允许,也没必要;说得过略过简,说不出基本内容,听众无法接受。

(三)立足课堂,寓技课外

"说课"的侧重点主要是在对教学的设计和分析上。"说课"不同于教学基本功比赛,不同于教学技能表演,它必须立足于"课"本身。

说课毕竟是在"表现自己",具有表演的性质,这就需要一定的形式,比如礼仪、形象、谦辞等。形式要求得体,不要矫揉造作,不要过度表演,形式化的成分不能太浓,否则会使听众产生反感。

(四)掌握详略,突出重点

"说课"时,应在全面介绍情况的基础上,紧紧抓住那些教师较为关心、渴望了解的重点问题,展示出解决和处理问题的办法,以充分发挥"说课"的交流作用。

(五)避免空乏,力求实效

既要有明确的教学要求,又要有落实的措施,使人看得清,抓得住,发挥好说课的交流作用。新教师充分地展现自己的教学设计,按照自己的教学思路进行叙述,听说者、看课者也在评判,在鉴赏,也在跟着无声地"说",为了有发言权,评到点子上,不走过场,不流于形式,相互交流,也在准备着。

案例五:语文《原野》说课(片断)

对于教学过程的展开,我设计了如下 6 个活动步骤:

1.先自己读第 1~4 自然段,再齐读剩余的自然段。想一想:有哪些语句表现了原野的广阔?小组讨论。

(设计意图:强调全体学生的参与学习:读书,理解,讨论,回答,练习阅读技能)

2.蓝天底下,满眼绿色,一直铺向远方……野花为原野增添了缤纷的色彩,有(   ),有(   ),还有(   ),散发着阵阵清香。(学生填空)

第二段如果这样写:原野上到处都是青青的野草,最深的地方的草深极了。山岭上、深谷里、平原上,覆满了青青的野草,最深的地方可以没过十来岁的孩子。读一读,有什么样的感受?

（设计意图:之所以这样设计两个连锁问题,意图是通过主要问题的探索,强化学生对课文表达语句的比较性理解和对作者情感基调的把握。）

3.配乐朗读,师生一起读。……还有各种各样的野花。有鲜红的山丹丹花,粉红的牵牛花,宝石蓝的铃铛花,散发着阵阵清香。不光有绿色,还有其它花的颜色点缀着,还散发着清香,这里的景色真美……

学生放声自由读。教师板书问题式小结:作者为我们描绘了一幅美丽的画卷,先是青青的野草,再展现了(　　　　),最后是(　　　　)。

（设计意图:目的是要加强阅读理解,整体感知课文内容,在语境中强化课文主题:热爱自然环境。）

4.综合全文,阅读全文,边读边勾画出表达"原野是美丽的,一个欢腾的世界"的语句。然后小组完成讨论提纲。

讨论提纲:轻声读读第3～4自然段,说说:是因为有了什么,所以原野变成了一个欢腾的世界?

（设计意图:训练学生的语言思维能力,用"因为……所以……"说话,使学生明白两个分句之间要有转折的语义关系。）

5.合作学习活动

诗朗诵:今天,我们来到了原野,看到了原野广阔美丽的景色,又感受到了原野是个欢腾的世界,此时此刻,我最想说……

学生小组合作创作一幅画《我们的原野》。

（设计意图:在于激发学生的想象力,由想象入手创作。）

6.课后作业

原野,现在是什么样的呢?还这么美丽吗?请同学们课下做一次小小的调查,写一篇调查报告。

（设计意图:设计这个调查,在于巩固课文内容,把对"原野"的热爱迁移到乡土情上来,加强学生的情感体验。）

第三节　新教师说课的基本程序

一、确定课题

从形式上看,可分为:自选课题;抽选课题;指定课题。从时间上看,可分为:有充分时间作准备的课题;另一种是规定了有限时间的临时课题。从差异上看,可分为:同一课题(所有教师说同一课题);不同课题(不同的教师选择不同的课题)。

教师说课时,面对的课题因说课的类型而异。一般而言,使用较普遍的是有充分时间准备的自选课题,或限定时间准备的抽选课题。

二、充分准备

说课准备工作可分为两部分,一是收集材料,二是准备相应的教学手段。在说课准备中,新教师应注意说课内容的"再加工"。准备是对说课课题的初次加工的过程,因此,需要在有重点、有层次、有新发现、有新认识的基础上进行。

(一)目标和内容的准确性

首先是材料的准备。收集材料一般包括:大纲、教材、教参、相应的辅助习题及相关的教育教学理论方面的材料。其次是对学生准备,即了解学生的自然状况,接受能力,思维状况,对原有知识的掌握程度,学习方法,学习态度等因素,以便确定教学目标、教学方法和教学内容。第三是教学手段的准备,包括演示用的图表、模型、投影、录像、计算机等。而这些准备必须严格服从、服务于教学目标。

(二)形式和过程的有序性

形式包括实物的、非实物的,语言的、非语言的,情感的、非情感的等内容。如语言的准备,包括语音、语调、语速、语感上的处理,抑扬顿挫,铿锵有力的把握;思路准备,包括可能产生的顿悟与灵感,对内容可能提出的疑问;以及对说课提纲进行思维加工,在内容具体、系统的基础上赋予自己独有的内涵;情感准备,包括能吸引听众注意的情感和情趣,引起内心共鸣的题材和内容;过程准备,即先说什么,后说什么……

(三)教法和学法的具体化

教学设计和学法指导是说课过程中不可缺少的一个环节,有些新教师在此环节中往往一言以蔽之:我运用了启发式、直观式等教学法,学生运用自主探究法、合作讨论法等等,至于教师如何启发学生,怎样操作,却不见了下文。甚至有的教师把"学法指导"误解为:解答学生疑问、学生习惯养成、简单的技能训练。

(四)借助多媒体和其它辅助手段

有的新教师在说课过程中,虽有说课文字稿,但缺乏其它的辅助手段,形式单一,思路混乱……有的新教师虽然自己动手设计了多媒体课件来辅助教学,但在说课过程中始终运用得不好。所以,新教师在说课过程中一定要学会运用一些辅助手段,如多媒体课件的制作、实物投影仪、说课文字稿等,在有限的时间里准确、完备地表现。

三、形成"说稿"

将说课的材料系统化,形成说课教案。说课的教案,要有这样一些内容:姓名、单位、年级、科目、课题等。说课的几个重要部分应包括教材分析、教材处理;教学方法、教学手段、教学程序等。由于说课重在说理,所以与很多内容相关的依据都应展示出来。要有说课的特色,要区别于一般课堂教学的教案。说课教案要体现科学性、逻辑性、系统性、深刻性。

"说稿"和"教案"是完全不同的两个教学概念,但两者有着极其紧密的相互联系,也存在许多共同点,新教师往往不能分清"说课"和"教案"的关系,而把"教案"当"说稿",这是不正确的。

(一)说课的目的

说课和教案都是为了上好一堂课,说课和教案都要求教师掌握和吃透教材的重点和难点,明确教学的目标和目的,并根据教材内容,安排正确的传授方法和教学手段,以期达到理想的教学效果。

(二)说课的内容

说课和教案都离不开教材,但它们的侧重点是截然不同的。教案侧重于对某一教学目标实施过程的安排和某种教学手段的实现,而说课则侧重于对某一教学目标所采用的教学方法、教学手段实施的理论依据的说明。说课要求教师能理论联系实际，从理论上阐述对某一教学目标安排的理由。

可见，"说稿"侧重于有针对性的理论指导的阐述，它虽也包括"教案"中的精华部分（说课稿的编写多以教案为蓝本），但更重要的是要体现出执教者的教学思想、教学意图和理论依据，即思维内核。

简单地说，说稿不仅要精确地说出"教"与"学"的内容，而且更要从理论和实践的结合上具体阐述"我为什么要这样教"。教案是平面的、单向的，而说课是立体的、多维的。说课稿是教案的深化、扩展与完善。

（三）说课的对象

说课和教案截然不同。说课的听众主要是教育工作者，说课者的说课本身，带有一定的经验介绍和经验交流性质，对教师的理论要求比较高；而教案的服务对象是学生，则要求教师能通俗易懂地向学生传授知识，并不需要教师向学生讲解教育学、心理学等与教育目标不相关的理论知识。

四、尝试预见力

"你能看多远，你就能走多远"。所谓预见力，就是在新事实发现之前，理论或经验告诉我们有关它们的信息的能力。这包括预见信息的多少及其准确度等。预见力是对未知事实、尚未发现的新事实加以预告，它发生在事实被发现之前，它具有"先知性"。

说课预见力是新教师对说课过程和结果发展变化趋势作出推断和预测的能力。有说课预见力的新教师会对过程和结果的未来走向有明确的认知与把握，即见事早、反应快，走一步、看两步，抓当前、想未来的一种教学能力。

古人说，凡事预则立，不预则废。预见力强意味着主动性、实效性。预见性强，则工作的主动性高，实效性大。如果缺乏预见力，抓事务势必陷入"脚踏西瓜皮，滑到哪里算哪里"的盲目被动，或者"头痛医头、脚痛医脚"的事务主义，导致教师说课工作效益低下，问题增多。因此，新教师在说课中要努力培养自己的问题预见力。

五、进行说课

说课不是讲课，因为听讲的不是学生，而是教师同行和学校领导，因此，不能照正常上课那样讲。有些新教师在说课过程中一直口若悬河，激动万分地给听者"上课"：讲解知识难点、分析教材、演示教具、介绍板书等，把讲给学生的东西照搬不误地拿来讲给同行们听。其实，如果他们准备的内容和课程安排面对的是学生，可能会是一节很成功的示范课。但说课绝不是上课。

说课是"说"教师的教学思路轨迹，"说"教学方案是如何设计出来的，设计的优胜之处在哪里，设计的依据是什么，预定要达到怎样的教学目标。因此说课是介于备课和上课之间的一种教学研究活动，对于备课是一种深化和检验，能使备课理性化，对于上课是一种更为严密的科学准备。

新教师说课要突出自己的教学个性。一节成功的说课，一定是按自己的教学思路设计的，有鲜明的个性化色彩，有"不可复制"的成分。好的说课应该突出以下特征：

（一）突出教学理念

没有教学理念，说课便没了份量。教学理念是人们从事教学活动的信念。教学理念很重要,因为它是人们从事教学活动的指导思想和行动指南。可以说,有什么样的教学理念就会产生什么样的教学行为,教学行为受教学理念支配。通俗地说,就是"态度决定一切"。

注意教学理论的适度应用。运用教育理论来分析问题,防止就事论事,使说课处于"初级阶段"的层次水平。当然,也要避免过分表现"理论依据",脱离教材、学生、教师实际,空谈理论。

(二)诠释教学思想

从说课表达形式看,它不是教案的复述,不是对上课的预测和预演,而是在兼有上述两点的基础上,更加突出地表达授课教师在对教学任务和学情的了解与掌握情况下,对教学过程的组织和策略运用的教学思想方法,注重的是对教育理论的诠释。

(三)体现教学能力

说课促使教师的教学研究从经验型向科研型转化,促使教师由教书匠向教育家转化。因为教学思想的阐发,能够使教师明确教育教学观,展现教学设计,反思教学设计的预测或现象,提升教师的教学能力和升华教师的教学境界。

(四)展现教学境界

教学具有创造性,体现在说课者对于教学准确而独到的见解,对于教学环节独具一格的安排,对于教学策略独具匠心的理解和独特的运用技巧。

(五)展示语言才能

从说课技能上看,它具有演讲特点.它集中体现说者的心口相应的协调性和面对同行演讲的技巧,让听者明白说者所要进行的课程的内容、目的、策略、手段及效果,明白说者的教学思想及行为所引起的效应.说得好的课具有感染力和吸引力。

六、接受评议

说课由三个相对独立的部分构成,即说、评、改。

● 说,即授课教师围绕课题的具体设计的必要讲述。

● 评,就是针对授课教师对本课题的讲述,所有参与者的评议、讨论和切磋。评议应对授课教师所讲述的四项内容进行全方位评议和研讨,提出看法,对一些重要细节也应进行推敲。评议的重点往往放在程序设计上,就其科学性、可行性、艺术性、创造性进行客观评价。同行专家则应从理论与实践结合上给予评价,并提出指导性改进意见。

● 改,就是授课教师根据大家的评议、讨论及同行专家的指导和自己的反思,修改和完善原来的教案,以便更有把握地上课。

实践证明,新教师在说课中往往存在一些问题,诸如:说得过于简单;内容逻辑混乱;说课没有说的味道,或感觉像演讲、做报告。

在说课中,新教师要充分听取他人的评议,把关于课题设计的静态的个人行为转化为动态的学术讨论,尤其是同行专家的指导,为新教师本人教学业务素质的提高提供了重要的保证。因为这样的"评"具有理论与实践相结合和全方位的特点,切磋、交流、评议、讨论贯穿始终,具有适时性、针对性、论证性等优点,而且对新教师本人来说有较广的反思空间,从而所得到的效益是深刻而有效的。

七、总结升华

好的说课给人的感觉应是说者有较新的教育观念,能很好地理解教材、了解学生,准确地把握重点难点,并有效地进行处理;能合理地灵活运用教育学、心理学的一般原理,采用的教学策略手段符合学生认知规律和学科教学特点;说课应该逻辑性强,条理清晰,层次分明,语言准确、形象、生动,富有启发性和感染力;还能够体现说者较强的取舍、处理、组织能力,知识面广,对所述问题有独特的见解,仪表端庄大方等等。

说课活动形式上是对某教师个人的一节课的教学设计及过程的评述,实际上却是全体参与者的一次深刻而具体的教研活动。通过认真又有指导的"评",既可使其他教师的智慧得以充分发挥,又可相互启发,取长补短,各有所得,共同提高。为此,新教师说课后要学会总结、提升自己的教学理念,并逐步上升到教学理论的高度来总结和应用,让他人的"评"成为自己成长的动力,让他人的经验成为自己的财富。

案例六:语文《泪珠与珍珠》说课

一、说教材

1. 课文地位

本课文在《全日制普通高级中学教科书(必修)语文》第三册的第三单元。第三册高中语文以古代诗歌和古代、近代、现代散文为主,重在培养学生欣赏文学作品的能力和阅读浅易文言文的能力,其中中国现当代散文和外国散文占据了两个单元。本课所在第三单元是中国现当代散文单元,教学目标是培养和提高学生文学鉴赏能力,训练语感,提升文化品位和审美趣味。《泪珠与珍珠》选自《琦君散文》,是台湾作家琦君名篇之一,是一篇饱含文化意蕴,散发浓浓情韵的优美散文,在当代散文中很具代表性。学好它,可以帮助学生学会领悟散文中作者的情感和思想境界,体会"形散神聚"的散文特色,以及掌握散文写作以小见大和巧妙引用古诗文以增加表达效果的技巧,提高鉴赏评析散文的能力。

2. 教学目标

知识目标:了解作者琦君及其散文特点;品味作品中所引诗文的含义;

能力目标:体味文章中蕴涵的感情,提高散文阅读鉴赏能力;

情意目标:感受寄寓其中的人生哲理,热爱生活,体验真情,做会感激、知感恩、富有爱心的人。

3. 教学的重点和焦点

体味文中各种"泪"蕴涵的丰富情感,领悟寄寓其中的人生哲理。

二、说教法

本文为自读课文,应以学生自读为主,教师进行引导点拨即可。上课时,教师设计"初读——研读——品读"三个阅读环节,逐步深入地引导学生训练语感,掌握知识,形成能力。

三、说学法

1. 学生现状分析

高二学生已具有理解一般散文的能力,但现代学生对散文往往兴趣不高,如果常规讲读,势必枯燥乏味,难以激起学生兴趣。学生虽有一定阅读能力,但在散文阅读中抓表层现象较易,推究本质却难;理清大致结构容易,明晰具体思路却难。教师可以利用高中学生已有较多的知识积累和阅读经历、有较强的求知欲和主动性的特点,运用阅读规律和方法,适当引导、点拨,完成阅读目标。

2. 学习方法指导

重点放在阅读方法的指导和阅读品质的培养上。先指导学生初读课文,在学生诵读和听录音朗读的基础上,引导其自行理解课文大意、作者情感,品味优美词句,形成整体感知。然后指导学生研读课文,对课文具体内容、重要句段、结构层次、主题主旨等分析理解。最后指导学生品读课文,引导学生对文章情蕴、意蕴和表达技巧的鉴赏和领悟。

四、说教学设计(一课时)

(一)导入

前段时间有部连续剧《橘子红了》,影片画面唯美,情感缠绵,故事温婉柔美,略带哀怨,犹如一篇情韵浓郁的抒情散文,给人以美的享受,这部作品就是根据台湾著名女作家琦君的长篇小说《橘子红了》改编的。琦君的写作风格就如同《橘子红了》一样,她总能以最澄净安详的文字,于平常无奇中蕴含至理,在清淡朴实中见出秀美,散文《泪珠与珍珠》用极为清新安静的文字表达了她内心的波涛汹涌,阐释了很深的人生哲理。

利用学生熟悉和喜爱并有感悟的影视剧导入,可以了解作家风格和作品特点,也容易激起学生阅读兴趣。

(二)初读

1. 先由学生自由诵读,整体感知课文,然后请同学各用一句话来概括听读这篇文章的第一感受。学生一般更多地还是着眼于对琦君文章中泪珠的寓意和哲理的关注,故宜把学习目标主要放在体味文章中蕴涵的情感和意义上。

2. 播放录音,学生听读,纠正自己读音断句的错误,并思考问题:本文写了各种各样的泪,从哪些角度写的? 能将其归类吗?

教师点拨提示:按照文章写作的顺序来寻找,抓住关键词语。可以边读边分析。

学生自读后明确:诗文中的泪(马区夫人、冰心、白居易、杜甫);亲身经历感悟的泪(乡愁之泪、怜子之泪,生命的奋斗之泪);观音、基督徒的泪(不为一己的慈悲之泪、为人类献身的感恩之泪)。

设计这一环节是基于以下考虑:教师在讲析前,让学生自行阅读,借助课文提示和教师点拨,依照各自不同心理规律和阅读时的个性心理体验,去揣摩、玩味和领会课文的内涵、韵味,可以对课文作出没有外界干扰的属于他个人的特有的情感评价,从整体上捕捉课文特色和意蕴,不至于把学生的悟性和情感淹没在教师冷冰冰的课文分析中。这样有利于学生阅读品质的培养,既培养了学生诵读文章的能力,也培养了学生筛选提取信息的能力。

(三)研读

1. 思考作者为什么这样安排这三类眼泪的写作顺序,可不可以颠倒顺序来写? 说说理由。

不可以。这些眼泪的顺序安排有作者的深意。它们是以自己的心路历程,以自己随着岁月增长、阅历丰富,对人生感悟的先后安排的,即先是少年不知愁到对泪的初解,再是备尝忧患之余亲身经历对"泪"深解,最后领悟观音基督徒不为一己而为人类流泪的醍醐灌顶的真解,由浅入深,层层递进。

2. 文中有三处写了"眼因流多泪水而愈益清明",请分析这句话在文章中不同的含义和作用。

明确:在前面引入话题,虽然喜爱,但并不真正理解;在中间再次谈及,贯穿全文,说明战胜苦难与忧患的韧性与意志;最后与开头相呼应,更深切地体会到我们应感恩这个世界。

从结构上说,起着引领贯串全文的作用;从内容上看,它代表了琦君70年的所有的人生体验,无论是乡愁的泪、怜子的泪,还是生命奋斗的艰辛之泪、不为一己悲欢的慈悲与无私的泪,它们都使我们眼睛更清澈,因而也就使我们心灵更明净与温厚,流泪越多,说明经历的事情多,流露出的情感自然深;饱经忧患意在说明人们随着阅历的增加会对人生有着更加深刻的体会。

3. 有人说,本文是一篇怀乡之作,你同意这种说法吗?请说出理由。

明确:有怀乡之情,但只是表现主题的一个材料而已,中心是用自己亲身的经历体验见闻,以温馨平静的笔调阐释了一个令人深思的人生哲理:是什么使人变得温和、宽容、淳厚、善良?是泪水,是饱经忧患。怎样的心灵才最真挚纯洁、最崇高?善于感激、感恩的心。告诉人们温厚善良的行动、崇高的道德、高尚的心灵来自泪水,来自经历磨难和忧患。这是一道开放题,学生可以各执己见,只要言之成理,教师就应肯定。

研读阶段主要任务在于分析课文结构关系、主题形成和艺术手法运用等。研读是精读、细读,解决课文中主要内容和主要教学目标。此阶段教师要做必要的指导,引导学生运用一定的阅读方法来理解课文、把握要点、突破难点。研读这一环节对培养学生分析、综合和概括的阅读能力很有作用。

(四)品读

1. 泪珠与珍珠的关系

琦君曾有这样一段话:"我相信每个人心灵中都应有一粒珍珠,它就是排除困难的毅力和智慧,这粒珍珠是随着人的年龄,学识与修养而逐渐长大,逐渐变得更晶莹圆润的。"

明确:珍珠也是母贝最伤痛的泪水,那一丝流转的神秘光泽从不让人轻易窥视心事。珍珠更是最艰辛岁月的结晶,历经磨难所以稀有,并且以高雅纯洁昭示。文章题目为《泪珠与珍珠》,就是作者构思的奥妙所在。作者在文中写种种不同"类型"的泪水,丰富了泪水的内涵,正是这种种泪水化作了一粒粒珍珠,二者不但形似,而且神似。

(1)泪水均是人间真情的一种表达方式,理解了泪水,便更能理解生活,真切领悟人生真谛,这份收获如同珍珠一样贵重。

(2)经过一次对泪水的感悟,自己洞察生活的能力便增进一步,从这个意义上说,给人启示的泪珠如同珍珠一样宝贵。

(3)文末谈到的观音泪以及基督教徒的感激之泪并非为自我而流,而是为仁爱而流,为大众而流,为真诚而流,所以,它有如珍珠一样珍贵。

(4)珍珠贵重亦有价,纯洁真挚的泪珠凝聚的情义却无价。

2. 学习本文,在散文写作上对你有何启迪?

学习本文,我们首先应该学习的是作者巧妙地运用自己广博的学识,把古今中外的小说、散文、古诗词、现代诗、故事等,融于一炉,巧用诗文营造出一个柔和温馨的艺术境界,达到了动人心魄的表达效果。其次是学习作者善于筛选自己亲身经历的典型的生活细节和体验,以"眼因流多泪水而愈益清明"为线索,将不同层面的材料精心贯串起来,来表达自己感悟到的一个深邃的人生哲理。第三,以小见大的写作手法,在课文中,一句话、一首诗、一个故事、一滴眼泪都能引起作者退思,表现深刻意蕴。

品读环节主要培养的是对文章形象、语言和表达技巧的鉴赏和对作品主旨、作者观点的评析能力。"阅读不能停留在理解上,而要养成鉴赏的习惯与能力"(夏丏尊语)。品读阶段是阅读教学在更高层次上的整合,它的要点是对文章技巧和情韵的领悟。此时学生对课文的认识已上升到理性层面,知觉的整合作用在具体性上恢复了其生动性与丰富性,一切在初读阶段的混沌、朦胧,到此已变得清晰、真切、生动,原来比较模糊的感受,此时也将体会得更准确深刻。这样在认知、操作基础上来完成审美情趣和个性品质的培养,便水到渠成。

附:板书设计

	内容	作者心路里程	主题	艺术手法
泪珠与珍珠	诗文中的泪 马区夫人的话 冰心的文句 白居易的诗句 杜甫的诗句	初解 ↓	温厚善良的行动 崇高的道德、高尚的心灵来	妙引诗文
	亲身经历的泪 外子欲哭无泪 母子、母女的泪	深解	自泪水来自经历磨难和忧患	以小见大
	画上观音的泪、基督徒的泪	真解		

五、说练习

(一)课外鉴赏课文涉及"泪"的句子,体会作者是怎样的一种情感。

答:《小妇人》里马区夫人的话:＿＿＿＿＿＿＿＿＿＿＿＿＿＿＿＿＿＿＿＿；

谢冰心的散文:＿＿＿＿＿＿＿＿＿＿＿＿＿＿＿＿＿＿＿＿＿＿＿＿＿＿；

白居易的诗:＿＿＿＿＿＿＿＿＿＿＿＿＿＿＿＿＿＿＿＿＿＿＿＿＿＿；

杜甫的诗:＿＿＿＿＿＿＿＿＿＿＿＿＿＿＿＿＿＿＿＿＿＿＿＿＿＿。

(二)阅读答题:再次阅读全文,回答以下问题。

1.第1段中说"探亲文学中""有那么多的泪水",作者借此意在说明什么道理?

答:＿＿＿＿＿＿＿＿＿＿＿＿＿＿＿＿＿＿＿＿＿＿＿＿＿＿＿＿＿＿＿＿。

2.根据6～9段内容,概括作者笔下的泪水所蕴涵的意义。

答:＿＿＿＿＿＿＿＿＿＿＿＿＿＿＿＿＿＿＿＿＿＿＿＿＿＿＿＿＿＿＿＿。

3.第10段中说,"这一粒珍珠,又未始不是牡蛎的泪珠呢?"作者这样说的理由是什么?

答:＿＿＿＿＿＿＿＿＿＿＿＿＿＿＿＿＿＿＿＿＿＿＿＿＿＿＿＿＿＿＿＿。

4.下列对这篇散文的赏析,正确的两项是

A.文章是一篇充满深情的怀乡之作,故乡的山川河流、名胜古迹、习俗风情都描绘得形神皆备,在追忆中寻找慰藉,字里行间渗透着浓浓的乡思乡情。

B.文章写老师点拨理解白居易、杜甫诗句的旨意,进而结合具体的事例讲述自己对人生与亲情的切身感受,事例、情理契合交融。

C.文章通过白居易、杜甫的诗句引出思乡怀人之情,这样安排增加了作者抒情的真实感和文章内涵的丰富性。

D.文章说"外子现在也到眼科医生那儿借'人造泪'以滋润干燥的眼球",其意思是说因为泪珠凝聚的情义是无价的,是少女情怀的体现,所以不管什么人都借助眼泪来体现自己的情义与青春。

E.文章结尾宕开一笔,借写观音流泪、耶稣滴血,既表达了作者对人生最高境界的崇尚与追求,又呼应了上文,增添了文章的神秘感。

（三）课外查找古典诗词中有关"眼泪"、"泪珠"的诗句,理解并背诵。

练习环节的设计主要目的是巩固和检测已学知识,拓展课文知识,迁移学习能力,举一反三,学以致用。以上练习,既有具体诗文的解读鉴赏,又有按高考散文阅读考查要求设计的题型,还有课外知识的拓展积累,比较全面,对课堂教学是有效的补充,能弥补课堂教学的不足。

自我评析

本说课教案设计的主要优点在于:依据散文特点和阅读规律,引导学生由浅入深、循序渐进地进行阅读,要点清楚,层次清晰,符合学生阅读实际,同时又有针对性地结合高考现代文阅读考查要点,注重突出现代文阅读的理解、分析综合和鉴赏评价三个环节,简洁实用,有助于学生阅读能力的培养。

需要完善的地方:课堂容量较大,学生程度不一,难于照顾到学生个体,如学生的阅读积累欠缺,可能难以完成教学任务。

（广西南宁九中:罗儒全）

第八章　新教师课堂教学管理

第一节　课堂教学管理概述

一、课堂教学管理

课堂教学管理是课堂管理的核心。实施课堂教学管理的主要目的，就是通过教师对教学现场中教学活动本身的速度、节奏、段落衔接及学生注意力等的不断调控，为教学设计方案的顺利实施创造条件，为预定教学目标的达成提供保障。

课堂管理是一项融科学和艺术于一体的富有创造性的工作。要做好这项工作，教师不仅要懂得课堂教学规律，掌握一定的教育学、心理学知识，还必须学会运用一些课堂管理的技术。

（一）课堂教学管理的功能

教师的课堂行为是一系列基本功能的集合，要满足教学的基本规范，符合课程改革的基本要求，要支持教学的基本功能的实现。

1. 支持传递功能

人类文化和文明承载于教育教学过程之中，课堂行为须有支持知识传递的功能，这是教学的基本属性之一。新课程不排斥基础知识和基本技能，精选了终身学习必备的基础知识和技能。过去，我们的问题是"过于"注重知识的传授，使课堂传递知识的功能具有了"排他性"，从而忽视了"使获得基础知识与基本技能的过程同时成为学会学习和形成正确价值观的过程"。

2. 支持交往功能

课堂活动，是在班级群体之中发生的。班级群体的每一个成员都具有不同的智慧水平、知识经验、思维方式、认知风格、情感表达等等。在新课堂教学过程中，教师与学生积极互动，共同发展，学生主动参与、乐于探究、勤于动手，注重培养学生交流与合作的能力，实现平等的交往。

3. 支持情感归属功能

课堂，使班组群体成员之间逐步形成了情感，在认知态度、兴趣、价值取向等方面存在着共同性或互补性，学生之间会产生相互依存感，会形成相互理解、分享快乐、相互安慰等感情交流。新课堂，将更加关注学生的学习兴趣、态度和情感。

4. 支持社会适应功能

课堂，旨在保证个体为社会所接受、成为社会的基本成员，使学生逐步形成对社会生活的一定适应性，包括社会规范、人际关系、处事经验、谋取职业的本领，以及对社会环境的应变性等。新新课堂，在引导学生的创造性学习、养成学生的创造型特质方面会有明显的作用。将更加尊重学生的独特性，激发个体的自主精神与首创精神。

（二）有效教学行为的特征

有效教学行为是能够促进学生学习与发展并有利于教师自身专业成长的教学行为。在新课程标准指导下，教师的有效教学行为也应表现与之相应的新特征：

1. 开放性特征

指教学行为是灵活的、富于弹性的,计划仅作为行动的参考,教师根据教学情境灵活多变地选择和组合教学行为。表现为认识"异端"的价值,接纳甚至追求"异端",能容纳各种类型的知识,能够引发不同类型的学习,积极创造和利用情感性行为等。

2. 个体适应性特征

指教师行为指向学生丰富多彩的个性,支持学生的个性化发展,表现为教学行为多样化、适应儿童之间的差异、利用信息技术作为个性化教学的物质支持。

3. 反思性特征

指将反思作为一种重要的教学行为经常发生于教学中,也作为一种文化渗透到所有教学行为中,使教学活动处于理性的观照之下。表现为教学行为选择和使用有明确的目的意识性,将研究纳入教学活动中,将经验不断上升为实践智慧,将他人的理论与自我的理论链接。

4. 解放性特征

指教学行为以解放学生为出发点,通过赋权、期望等手段和民主的机制为学生提供参与教学、主导学习的机会,提高学生对学习的责任感,实现教学中心从教师向学生转变。表现为以协商和对话作为解决冲突的基本机制,赋予学生参与教学的权利。

二、课堂学习管理

(一)什么是课堂学习管理

课堂学习管理是指教师在课堂教学活动中,建立一个有效的学习环境,促进学生积极参与教学活动,从而实现预定教学目标的过程。

对于课堂学习管理的概念,教育心理学者、教育管理者以及中小学教师有一个逐渐认识和理解的过程。在 20 世纪 50～70 年代,人们主要把课堂学习管理的精力集中在对个别学生行为问题的控制和处理上,在课堂学习管理中,教师主要采取管、卡、压的办法。然而,人们逐渐认识到,这种作法非但不能减少课堂上的行为问题,反而使问题越来越多,越来越严重。此后,课堂学习管理的概念发生了较大变化,许多心理学家、教育管理学家提出,课堂学习管理应强调促进学生积极的学习行为和争取成就的行为,创设鼓励学生积极学习行为的教学环境,预防行为问题的出现。这就是现代课堂学习管理的基本思想。

(二)课堂学习管理的地位

课堂学习管理在课堂教学中占有重要地位,是课堂教学过程中的一个重要方面,管理是对课堂教学的各个环节进行计划、决策、组织、指挥、监督和调节。其目的是建立良好的学习环境,保证教学任务的实施,促进学生积极参与教学活动,以取得优良的成绩。

(三)课堂学习管理的功能及原则

1. 课堂学习管理的功能

课堂学习管理在整个课堂教学中处于重要的地位。整个课堂教学活动可以分成教学、评价和管理三个方面,它们在教学中各司其职。其中管理可对课堂教学各个环节的运作进行计划、决策、组织、指挥、监督和调节。具体地讲,课堂管理的功能是:

(1)促进功能

这一功能是指教师在课堂教学中创设对教学起促进作用的组织和良好的学习环境,满足课堂内个体和集体的合理需要,激励学生潜能的释放,以促进学生主动地学习。

此项功能主要通过以下途径来实现：

●形成尊师爱生、团结协作的师生关系和互帮互学、比学赶帮的同学关系,促进师生共同努力完成教学任务。

●培养良好的课堂学习风气,促进学生遵从课堂规范。

●明确群体目标,促进对群体的吸引力,增强群体内聚力。

●正确处理学校群体的关系,促进班集体内聚力。

（2）维持功能

这一功能是指在课堂教学中持久地维持良好的内部环境,促进学生长时记忆,使学生的心理活动始终保持在课业上,以保证教学任务的顺利完成。它主要表现在：

●在课堂教学中,常常会面临许多新的情境。课堂管理有助于产生良好的气氛,从而帮助学生适应环境的变化。

●在课堂教学中,随时有可能发生各种干扰,引起师生间和学生间的矛盾冲突。课堂管理有助于缓和与解决各种冲突,维持和谐的人际关系,促进课堂教学最优化。

●课堂管理需要制定符合学校规章制度的课堂行为准则和规范,有助于协调课堂教学步骤,维持课堂纪律。

●课堂管理有助于调节课堂教学过程中师生的过度紧张和焦虑,维护学生身心健康,矫正问题行为。

尽管这样的课堂管理很难激发学生潜能的发挥,却能维持课堂内部的组织,处理课堂突发事件,使课堂在不断变化的条件下保持动态平衡,从而维持学生学习的积极性。

2. 课堂学习管理的原则

（1）了解学生的需要

只有了解学生的心理需要,才能调动他们的学习积极性,培养他们的学习自觉性,使他们积极参与教学活动,从而保证教学任务的完成。

（2）建立积极的师生及同伴关系

学生群体,不论是正式的班集体、团队组织,还是非正式的交友群体,对学生的学习动机、态度及价值观都有很大的影响。课堂学习管理,要建立并巩固良好的师生关系和同伴关系,以满足学生最基本的心理需要。

（3）实施有效的教学措施,促进最佳学习

采取有效的教学措施,把学生的行为引导到教学活动中来,充分发挥学生学习的积极性,那么,课堂上的学习行为就会增多,行为问题自然就会减少。

（4）建立课堂规范

课堂规范是保证教学能顺利进行的准则。课堂规范有利于学生形成良好的课堂学习习惯,还对学生的违纪行为有预防作用。

（四）影响课堂学习管理的因素

影响课堂学习管理的主要因素有以下几点：

1. 学校领导的管理方式

它对教师课堂学习管理有直接的影响,不同的学校领导管理方式,会产生不同的课堂学习管理气氛和效果。

2. 学生的定型期望

学生对教师的课堂教学行为,会怀有一种定型期望,这种定型期望会对课堂学习管理产生影响,教师应该时刻了解学生对自己的期望,尽量使自己的行为方式、管理方式等与学生的期望相一致、相协调,这样才能使师生关系更融洽、更和谐,从而取得更好的课堂学习管理的效果。

3. 班集体的特点

教师在教学中不能采取固定不变的课堂学习管理模式。班集体的大小,对课堂学习管理的方式也有一定的影响。一般来说班级群体不宜过大,以 30～40 人为宜,最多不超过50 人。

3. 教师的相关能力

要搞好课堂学习管理,作为管理者的教师必须具备相应的能力。教师相关能力的高低直接影响到课堂学习管理的效率。这些能力主要表现在以下几个方面:

(1)课堂洞悉能力

洞悉就是指教师在课堂教学中应使学生知道,他注意到了课堂里每一角落发生的每一件事。这时教师应尽量避免被少数几个学生吸引或只与他们交流,因为这变相鼓励了班上其他人心不在焉。他老是扫视教室,与个别学生保持眼光接触,这样,学生就会知道他们一直在教师的关注之下。

(2)课堂兼顾能力

兼顾是指教师在课堂教学中能同时跟踪和监督几个活动,同时处理不同事件。缺乏经验的教师,有时因集中处理一个学生的问题,拖延时间过久,而使全班学生精神涣散以致影响到学习情绪。

(3)分段教学活动的过渡能力

课堂教学活动有时必须分段进行。此时,有经验的教师都会有计划、有系统地指挥学生,使他们迅速而有序地从一个阶段向另一个阶段过渡。

(4)维持学生参与学习活动的能力

在教学活动中,要想维持全班学生始终参与学习活动,是一件相当困难的事。教师讲解时,未必全班学生都用心倾听;部分学生上黑板前演算时,其他学生未必全都注意其演算过程与结果……

(5)营造生动教学情境的能力

教学能否取得良好效果,除了教师要对教材内容讲解清楚之外,教师所设计的教学活动能否引起并维持学生的动机与兴趣,也很重要。如果教师每天的教学都是按照一成不变的程序,很容易在学生头脑中形成"老一套"的思维,从而感到单调枯燥,缺乏新鲜感,降低学习动机与学习兴趣。

(6)避免产生微波效应的能力

所谓微波效应,是指教师责罚某一学生后对班级中其他学生所产生的负面影响。在课堂教学中,教师当着全班学生的面责罚某一学生的现象屡见不鲜。不过,在教师责罚某一学生时,应尽量避免使责罚的后果产生微波效应。

第二节　新教师对课堂气氛的监控及优化

一、课堂心理气氛的影响因素

课堂心理气氛是课堂活动中在师生的相互作用下产生的,它主要受到教师、学生、课堂内物环境等三个方面因素的影响。

(一)教师方面的因素

教师是课堂活动中的主导者,教师的领导方式、教师的移情、教师对学生的期望、教师的焦虑、教师的教学能力和教师对管理对象的偏爱便成为影响课堂心理气氛的决定因素。

1.教师的领导方式

教师的领导方式是指教师用来行使权力与发扬其领导作用的行为方式,它直接影响着课堂心理气氛的形成。心理学家将教师的领导方式分为以下三种:

(1)权威式领导。也称作专制型领导,课堂里的一切由教师决定,学生没有自由,教师完全控制学生的行为。

(2)民主式领导。教师在课堂中以民主的方式教学,重视学生集体的作用,教学计划和决策是全体成员讨论和共同分享的,教师力图使自己成为一个帮手和促进者,以对学生进行帮助和指导,鼓励对学生的表现给予客观的表扬和批评。

(3)放任式领导。教师在课堂中既不严格管理,也不给予强烈支持,没有清楚的目标,没有建议或批评,教师仅给学生提供各种材料,给学生充分的自由,学生处于放任状态,允许学生在没有指导和忠告的情况下随便做什么。

结果表明,当组织者是权威型时,小组气氛是紧张的、沉闷的,组织者在场时,成员服从于集体规则,不在场时,集体如一盘散沙;当组织者是民主型时,小组成员在活动中表现出极大的兴趣和主动精神,善于合作,活动效果很好;当组织者是放任型时,小组气氛表现出无组织、无纪律、无目的的特点,成员的活动行为是消极的、被动的,缺乏合作,无责任感。

2.教师的移情

移情即"感人之所感",并同时能"知人之所感",又称为同情心,是指在人际交往中,当一个人感知对方的某种情绪时,他自己也能体验相应的情绪,也就是设身处地以对方的想法去体察其心情。与此对应,教师的移情是指教师将自身的情绪或情感投射到学生身上,感受到学生的情感体验,并引起与学生相似的情绪性反应的心理活动过程。

教师的移情体验有熟悉感、和睦感、理解感、依赖感和睿智感等。学生的移情体验有接近感、安定感、共鸣感和依赖感等。师生双方彼此的移情体验,会促使师生感情的沟通与融洽,并能对良好的师生人际关系产生积极的影响,进而促使和谐愉快课堂心理气氛的形成。

教师的移情有赖于心理换位,将自己置于学生的位置上。如果教师总是以自我为中心,习惯于向学生提出单向要求,就容易产生认知障碍。

例如某班级有一位学生特别喜爱美术,但在家里受到父母的严厉监督无法表现自己的兴趣爱好,于是他便在课堂上画画,一开始老师认为他不认真听讲,违反课堂规则,因而采取批评、惩罚的方法,结果弄得师生关系紧张,课堂心理气氛受到严重影响。后来,这位教师了解了学生的情况,便试着从学生的角度考虑问题,理解并支持学生的这种爱好,让他担任了班级美术兴趣小组的组长。这个学生把小组活动搞得有声有色,充分地发挥了自己的特长。

从此,他上课表现得特别认真积极,课堂心理气氛得到了明显的改善。这表明在课堂活动中教师要设身处地为学生着想,能以"假如我是学生"去思考和行动,努力做到将心比心,这样才能通过教师的移情,形成良好的课堂心理气氛。

3. 教师的期望

教师期望效应说明,当教师对学生所要达到的心理、智力、知识、能力、行为状况或变化有着某种预先设定时,教师这种内在主观倾向往往反映在其外在行为上,从而给学生造成某种特定的心理环境,影响学生的自我概念和学业成绩。

教师期望效应的实现过程包括教师形成期望、教师传递期望、学生内化教师期望以及教师维持或调整期望等四个基本环节,各个环节是紧密联系,并最终形成一个循环往复的环状结构,从而不断地对学生造成影响。

有关研究表明,教师期望通过 4 种途径影响课堂心理气氛:

(1)接受。教师通过接受学生意见的程度,为高期望学生创造亲切的课堂情绪气氛,为低期望学生制造紧张的课堂情绪气氛;

(2)反馈。教师通过输入信息的数量、交往频率、目光注视、赞扬和批评等向不同期望的学生提供不同的反馈;

(3)输入。教师向不同期望的学生提供难度不同、数量不等的学习材料,对问题作出程度不同的说明、解释、提醒或暗示;

(4)输出。教师允许学生提问和回答问题,听取学生回答问题的耐心程度等等,这些都会对课堂心理气氛产生不同的影响。

4. 教师的焦虑

教师对教学能力和知识水平的自我评估,常常使自己感受到对自尊心的威胁而产生焦虑。只有当教师焦虑水平适中时,才有利于教师能力和水平的充分发挥,才会激起教师的教育创造能力和教育机智,以努力改变课堂现状,有效而灵活地处理课堂问题,避免呆板或恐慌反应,从而推动教师不断努力以谋求最佳课堂心理气氛的出现。

5. 教师的教学能力

课堂心理气氛与教师的教学能力密切相关。教师的教学能力突出地表现在课程运作能力上。课程运作即强调课堂中有效的管理与有效的教学之间的紧密联系,课程运作能力是通过教师一系列的课堂学习管理能力尤其是语言表达能力实现的。

教师的语言应清晰准确,使学生听得清;教师的语言应简洁明白,使学生听得懂;教师的语言应鲜明生动,使学生听得有趣。教师应巧妙地调节和控制语言的节奏和音量,使之快慢适度、高低适宜、抑扬顿挫、轻重缓急、声情并茂、娓娓动听。

另外,教师的体态语言也影响着师生的情感交流和心理距离,进而制约着课堂心理气氛。教师的眼神、面部表情、手势、身体姿态、服饰等体态语言同一般语言符号一样,可以作为信息传递的媒介,具有不可忽视的信息沟通作用。

6. 教师的偏爱

教师对管理对象的偏爱会使得差生失去学习的兴趣和热情,引起师生、生生关系紧张,带来一系列的课堂问题行为,进而影响良好课堂心理气氛的形成;同样也会使得优生过于自负,可能会掩盖某些品德、体质上的发展问题,使其人生道路上潜伏着诸多隐患。

因此,要营造良好的课堂心理气氛,教师就必须无条件地接纳每一位学生,给每位学生以尊重、理解、热爱。教师要相信每一位学生都有自己的天赋、才能、兴趣和发展潜力,相信每一位学生都能教育成有用的人,都能自我发展。对那些缺少天赋或生理有某些缺陷的学生,因学习差而抬不起头的学生,因失败而产生挫折心理的学生,因犯错误而受到惩罚的学生,教师要给予同情,给予热情而诚恳的帮助,师生间就容易产生情感共鸣、缩短心理距离,这对于形成良好的课堂心理气氛是至关重要的。

(二)学生的因素

课堂心理气氛是师生共同营造的,学生是课堂活动的主体。因此,学生的一些特点也是影响课堂心理气氛的重要因素。由几十个学生组成的班级可能包含多个非正式的小群体,这种小群体的性质和特点、与班级目标的契合度、群体领头学生与教师的关系等都影响着班级心理气氛。

另外,学生与学生之间也存在相互作用,若学生之间彼此团结、心理相容、凝聚力强,就易于形成良好的课堂心理气氛;若学生之间勾心斗角、离心离德、各行其是、凝聚力低,则很难形成良好的课堂心理气氛。学生对集体目标是否赞同,学生个人的需求和课堂教学目标是否一致,这些均会影响学生的学习情绪,进而制约课堂心理气氛。

(三)课堂内物环境的因素

课堂内物环境又称作教学的时空环境,主要指教学时间和空间因素构成的特定的教学环境,包括教学时间的安排、班级规模、教室内的设备、教具、乐音或噪音、光线充足与否、空气清新或污染、高温或低温、座位编排方式等等。

1. 科学合理地安排时间对课堂学习效率有重要影响

研究表明,人的心理活动能力在一天中的不同时间是有差异的。例如,大脑最敏捷、学习能力最强的时间是上午,运动能力最佳的时间是下午。因此,主要学科的教学一般安排在上午,而下午则安排各种课外活动。此外,各年龄阶段儿童能持续学习的时间也不一样,一般地,6～8岁为30～40分钟,9～12岁为40～50分钟,13～15岁为50～60分钟。如果不遵循这些规律,势必会导致学生学习效率不高,进而丧失学习兴趣,甚至导致厌学,因此,科学合理地安排学习时间是营造良好课堂心理气氛的有效途径之一。

2. 班级人数较多,环境过分拥挤,影响学生的心理健康

心理学家埃斯坦等人于1981年做过一项实验,让被试在3周内3次处于拥挤之中,发现被试都感到紧张不安、心情烦躁、生理激动较高。拥挤对于师生的健康都不利,它可能引起与紧张有关的心理疾病,也可能助长流行疾病的传染,还可能抑制亲社会行为、利他行为,而滋生侵犯行为和反社会行为。

格拉塞(Glass,1979年)的研究表明,班级规模与学习成绩之间关系密切,班级规模越大,学生的平均成绩越差;班级规模越小,学生的平均成绩就越高。

由此可见,若班级人数较多,环境过分拥挤,就会使得不少学生被剥夺了参与正常课堂活动的权利,尤其是那些性格内向、成绩较差的学生,从而表现出烦躁不安、好斗、富有攻击性,或在心理上产生压抑和无助感;另外在班级人数过多的情况下,教师很难对每个学生进行个别辅导,进而影响教学质量。

3. 噪音也是影响课堂心理气氛的一项重要内物环境

美国心理学家在洛杉矶的一些小学里进行过一项关于噪音对小学生影响的长期研究。对位于机场附近的4所小学的学生和位于安静区的3所小学的学生,进行了各种心理和生理测验。结果发现,长期受噪音影响的机场附近4所小学的学生,都比安静区学校学生的血压平均指数高,放弃困难智力作业的人数多,而且易受背景噪音的影响而分心。

由此可见,学生是不应该置身于噪音环境之中的,必须采取得力的措施排除课堂内外的噪音,以利于营造良好的课堂心理气氛。

4.座位编排方式也是影响课堂心理气氛的内物环境因素之一

它是指教室内学生桌椅的排列方式,常见的排列方式有横排式、马蹄式、小组式、对列式等。座位把教室分成了不同的学习区域,不同的排列方式也就具有了不同的空间特点和功能,它不仅影响师生交往和人际关系的建立,而且影响学生的学习动机、态度、课堂行为和学习成绩,进而制约课堂心理气氛。

二、新教师学会优化课堂心理

良好的课堂心理气氛,对于提高教与学的质量具有重要的影响。而良好课堂心理气氛的营造,需要教师的精心组织和主动创设,作为良好课堂心理气氛的创设者和维护者,教师通常采取下列策略以优化课堂心理气氛:

(一)运用量表,客观评定

鉴定课堂心理气氛是营造良好课堂心理气氛的前提和基础。鉴定方法主要有观察法、访谈法、问卷调查法、心理测量法等。我国学者柳夕浪根据课堂心理气氛的内涵,从课堂敢为、课堂不适、课堂交往、课堂态度等四个方面编制了《课堂心理气氛调查问卷》。

其中"课堂敢为"因子主要调查课堂上学生是否敢于讲话、不怕出差错的倾向;"课堂不适"因子主要调查课堂上学生是否产生焦虑及其焦虑程度;"课堂交往"因子主要调查课堂上学生与他人交往的愿望、交流学习的情况;"课堂态度"因子主要调查学生基于对课堂学习目的的认识而产生的情绪反应。新教师可以通过该问卷来了解课堂心理气氛的现状。

(二)公正评价,合理期望

教育心理学的大量研究表明,教师期望的自我实现性预言效应是确实存在的。对学生的高期望会使学生向好的方向发展,教师对学生的低期望则会使学生越来越差。

新教师在课堂教学中往往是通过一些特定的行为来向学生传达他们的期望信息,只有当教师采取恰当的方式,准确把握、合理评价每位学生,坚信"只要给予足够的学习时间和适当的教学,几乎所有的学生对几乎所有的学习内容都可以达到掌握的程度",形成适度的高期望,才可能形成良好的课堂心理气氛。

(三)积极乐观,阳光向上

师生的情感共鸣是课堂心理气氛的重要变量。诸多优秀教师的经验说明,教师的积极情感有助于良好课堂心理气氛的形成。

新教师在教学过程中要倾注积极的情感和真诚的爱心,用情感和爱心去感染和打动学生,让他们伴随着丰富而快乐的情感体验参与教学过程。另外新教师还要深入到学生内心,体验学生的情感,把自己的情感倾注到学生身上,重视与学生的情感交流,缩短因教师的权威、地位、角色而产生的与学生间的心理距离,增强与学生在心理上的合作,以让学生能够"亲其师,信其道"。新教师必须记住,师爱是良好课堂心理气氛的长久动力源泉。

(四)塑造性格,建立威信

教师是课堂教学的组织者和领导者,他的人格和威信是影响学生情感体验,制约课堂心理气氛的重要因素。教师在课堂活动中,不应把自己看成发指令、提要求、检查执行结果的监督者,而应看作教学活动中平等的一员。

在学生成长过程中,教师应逐渐放松对学生的权力控制,以平等的态度对待学生,以民主的方式指导和组织教学,以促进学生自我定向和自律能力的发展。新教师在课堂活动中要处处严格要求自己,以身作则,为人师表,用自己的良好人格和威信影响学生,给全班学生以积极的情绪体验,以创造良好的课堂心理气氛。

(五)教学严谨,学会暗示

教师所传递的信息也是影响课堂心理气氛的重要因素。教师所传授的内容是否新颖、科学,教学结构是否严密,对内容的表述是否形象、生动、具体,教学内容是否符合学生的实际等,都会影响知识的可信度。

另外,教学信息传递的渠道、媒体、风格等构成的传播方式也会制约信息的可接受度。只有当学生认为教师所传递的信息是可信的、可接受的,他们的课堂心理状态才会是积极的、活跃的,课堂心理气氛才会是和谐的。因此,教师对所传递知识的准备、对传递途径方法的处理应该成为课堂心理气氛调控的重要环节。例如,教师所传授的内容和所提出的要求,应难易适度,即应有一定的难度,但这个难度又不是不可逾越的。

当学生经过努力,克服了困难,取得了学习上的胜利时,就会感到自己的智慧和毅力的力量,体验到一种刻苦努力获得成功的幸福和喜悦,学习情绪和课堂心理气氛就会为之大振。

(六)多边交往,人际平等

课堂教学中师生、生生之间的交叉联系,叫多向交往。多向交往具有多层性、自主性、求异性、情趣性、差异性等特点,因此它能够满足学生的求知欲,发挥学生的主观能动性,提高学生的自学能力和智力活动水平。

教育本身是以人际交往为前提条件和基本特征的人文实践。在教学中,有各种各样的人际交往,其中最基本、最重要的是师生交往。良好的师生交往不应该是单纯的知识信息传递的过程,而应该是全面的人格震动,心灵对话的过程。教师热爱、信任学生,学生尊重、敬仰教师,可以导致积极、健康、愉快、活跃的课堂心理气氛;不和谐、僵化、紧张的师生关系则容易酿成消极、沉闷甚至一触即发的紧张课堂心理气氛。

(七)善用激励,调节心境

心理状态是个体在一定时间内心理活动相对稳定的状况与水平。学生在课堂学习中的心理状态是直接影响其学习效率和课堂心理气氛的重要条件。因此,在课堂教学中,教师要善于观察了解学生的心理状态,自觉激发学生良好心理状态,有意识消除不良心理状态。

首先,新教师应从学生非言语行为中了解学生的心理状态,即从学生在课堂学习时的表情、目光、动作、姿势等方面,观察、了解其心理状态。

其次,新教师应满腔热情地激发学生产生和保持良好的心理状态。教师一句热情而富有鼓励性的话,一个亲切而信任的目光,都可能引起学生的兴奋感、愉快感、责任感,产生积极的心理状态。

再次,课堂教学中要不断消除和克服学生学习中出现的不良心理状态。这可从两个方面人手:一是分析产生不良心理状态的原因,二是要消除课堂教学中师生双方在认知、情感、动机、兴趣、注意、意志、性格、师生关系等方面的心理障碍。

三、给学生一个什么样的课堂

杜威说过:"给孩子一个什么样的教育,就意味着给孩子一个什么样的生活。"在课堂教学中,"教师在乎什么,学生就发展什么。"这些话语,都很值得新教师去咀嚼、去思考。

(一)打造"开放课堂"

1.让孩子去"展示自己"

"教学不仅仅是一种告诉,更多的是学生的一种体验、探究和感悟"。给学生提供多大的舞台,他们就能跳出多美的舞蹈。课堂是什么? 课堂是激情燃烧的动感地带,是学生求知、创造、展示自我、体验成功的平台,是学生健康成长的地方。学生的潜力是无限的,关键在于教师是否能给学生足够大的平台,孩子的创造力是丰富多彩的。

一位教师在教学《乌鸦和狐狸》时,接触到了两组形近字,"乌"和"鸟","喝"和"渴"。这一直以来都是教学的难点,教师让孩子们自己思考,尽量展开自己的想象,有学生竟得出了这样的答案:

对于"乌"的理解:"乌"表示黑色;"乌"比"鸟"少一点,是因为乌鸦全身都是黑的,因此,我们看不到它的眼睛了。

对于"喝、渴"的区别,学生这样说:"喝水"要用口喝,而且必须把嘴张大(形象说明"口"的字形),所以是口字旁;"渴"是因为口渴了特别想喝水,而想喝水并不一定要张大嘴巴,所以是三点水旁。

2.注重实践"感悟生命"

叶圣陶先生认为:教材无非是例子。如此说,教师就应利用好例子教给学生学习方法,就需开展尽可能多的实践活动。一个良好的课堂,只有在实践中,学生的能力才能不断巩固、提高。

新教师应经常搜集课外阅读材料,推荐给学生阅读。一位教师在教学《墨梅》后,引领学生阅读背诵了《竹石》、《马》、《青松》等十余首古诗,使学生了解到更多关于借物言志方面的古诗,而且无形中又积累了许多古代诗歌。另外,将《安徒生童话》、《唐诗三百首》、《格林童话》等书籍推荐给学生阅读,使其领悟书中的精妙所在! 总之,新教师要做一个牧羊人,把可爱的孩子们引领到最肥沃的草地上去尽情享受!

3.让教学走向生活

"让语文走进生活,在生活中学习语文"。教师有意识地引导学生在生活中学习语文,使学生深切地感受到:语文离他们很近很近。这样,学生便会更加自信、更加主动地去学习。"在生活中识字"的教学实验就很好地证明了这一点。大街上、电视上、车厢里……到处都成了孩子们识字的地方。抓住生活的点点滴滴,眼里有资源,心里有教育,课程资源就无处不在。

(二)创造"情感课堂"

作为新教师应该让学生觉得极富"激情",通过激情的释放,引起学生去刻苦钻研,克服惰性,努力学习。在课堂上,新教师如何体现自己所教学科的"人文性",其基点就在于学习情感的激励。因此,对于新教师,一个最为基本的要求是:展现给学生一个"充满激情的我",在自己所教学生的几年里,陪伴孩子度过一段"激情燃烧的岁月"。

尊重"需要",注重"激趣",是落实情感课堂的重要方式之一。

通过多种方式在教学过程中激发学生学习兴趣,或直观演示、或旁征博引、或巧设悬念……教师要抓住适当时机切入，激发学生的阅读欲望和学习动机，创造"我要学""我想学"的积极教学气氛。

为了激发学生的学习兴趣，一位教师在教学《只有一个地球》这篇课文时，花了一些时间和精力，找来了关于地球、月球、银河、人造天体、宇宙等的图片和资料与学生一同欣赏，当浩瀚的宇宙呈现在学生眼前的时候，学生张大了渴求知识的眼睛！他们太想了解银河、了解宇宙了。于是教师顺势提出："你们想问银河些什么呢？""你还想说些什么？"孩子们个个兴趣盎然，跃跃欲试。"激趣"极大地激发了学生的主动性和积极性，教学过程也就"变苦为乐"了。

在教学中，教师要注意引导学生感悟课文内容，把人家的情感变成自己的情感。

例如，教学《桂林山水》一文，课文里描写的是"南国风光"，如何让学生去体验作者热爱大自然、热爱祖国的山山水水的情感呢？教师通过图片、录像资料展示美丽的榕树，然后引导学生把自己美丽的家乡介绍给大家。同学们充满着自豪感，饱含着对家乡无比的热爱之情赞美着……这样，学生自然就感悟到了作者的情感，同时自己也被深深地感动。

(三)培养"对话课堂"

对话，是一种有效的交流，通过课堂对话，教师可以把握学生的思维过程，了解学生对概念、定律、公式、原理的理解程度。而传统的课堂教学，学生只是可怜的倾听者，谈不上和谁去"交流"。

我们要还给学生一个"对话"的课堂，实现教与学双方的思维交互、观点交流。课堂上的对话方式和机会都很多，例如"文本对话"、"师生对话"、"生生对话"等。

在课堂对话中，新教师要善于观察，善于思考，引导学生学习对话语言是技巧，学会把人家的语言变成自己的语言。学会观察，对于传递给学生的每一篇文章、每一个人物、每一句话语，都是不尽相同的，都有值得新教师去引导的价值，都有新教师和学生共同去感悟的地方。

(四)培育"心境课堂"

心理压力是一种持续存在的消极情绪体验。情绪的产生必须具备两个条件：一是引起知觉的刺激情境；二是个体对刺激的认知，二者兼备时才会产生情绪。心理压力来源主要有挫折、冲突、变化、生活压力等。心理压力的表现：

●认知功能的损害，对某些人来说，压力会影响注意力的集中，思维的灵活和记忆能力等。

●震惊和失去判断力，手足无措，解决不了正常情况下轻易就可解决的问题。

●衰竭，感到心身极度疲倦，提不起精神。

●社会关系的中断，拒绝与外界联系，只把自己一个人关在房间里。

●心理疾患：如神经症、紧张、焦虑、精神分裂等。

●生理状态：容易患与心理因素有关的疾患，如消化性溃疡、神经性皮炎、高血压、心脏病等。

"好的心境像太阳，照到哪里哪里亮，坏的心境像月亮，阴晴圆缺不一样"，因此，新教师要为学生创造良好心境，只有良好的心境学生才会学得更好。

那么，学生在什么情况下学得最好？当学生有充分兴趣的时候学得最好；当学生的身心处于最佳状态的时候学得最好；当学生发现知识的个人意义和价值的时候学得最好；当学生被鼓舞与信任的时候学得最好;当学生有更高的自我期待的时候学得最好;当学生能学以致用的时候学得最好;当学生对父母与教师充满无限信任和热爱的时候学得最好。

(五)培植"兴趣课堂"

"兴趣是最好的教师",新教师应注意在课堂教学中培养学生兴趣,为了发展学生的兴趣,新教师应围绕下列目标构造他的课堂:

1.内容新、方式奇

教师在教学中善于创造"新""奇"的事物,无论是教具的使用,还是内容的讲解,力求做到新、奇、准。

2.组织多样性活动

如果为了教学目的的需要,可以组织学生参观、浏览以及郊游等活动,有生气的事物也易引起学生的兴趣,增加学生特定领域的知识。

3.让学生参与活动

在教师主导下引导学生有秩序地参与活动,在活动中注意激励学生,使其保持兴趣,深化兴趣。

4.促成主观期待

新教师在课堂教学中要促成学生的主观期望,其实现的策略有:

(1)创造刺激性或情境变化——刺激必须以一种新的或不能预料的形式呈现。在课堂教学中,教师可以运用多样性,新奇、不可预测性使刺激产生变化,厌倦是课堂中经常出现的情绪,教师可以通过增加教室的唤醒强度来克服冷漠和厌倦。

(2)制造悬念或不确定性——人为地制造概念冲突、不确定性和问题、困难等情绪性困扰是制造悬念的常用手段。集中学生的注意在具有不确定性结论的竞争性假设和问题上,把信息嵌入心理努力的背景上。

(3)及时反馈——反馈是使教师行为前后相继的保证。教学过程中的每一环节减少学生的"不知感",增加"已知感",使学生跨越焦虑驱策的回避动机,趋向好奇感增强的探索动机。

5.在提问上下功夫

新教师的提问有助于引起学习兴趣,刺激学生的好奇心、疑问和惊奇感有助于加深理解和概括。当然,提问的形式应适合学生的性格和能力。

此外,"利用小组进行学习""适当表扬""让学生参加活动""让学生感到学习的重要性"等都是行之有效的方法。

总之,新教师促进好奇和兴趣的努力可在学生身上产生较高的学习动机。学习者不仅需要信息的通道,也需要学习动机,两者的结合使学习变得强而有力。

第三节 新教师的课堂纪律维系

一、课堂纪律概述

(一)什么是课堂纪律

课堂纪律是对学生课堂行为所施加的外部准则和控制。如果课堂上能容许并鼓励教师有效地教和学生有效地学,并能促进师生身心健康的气氛,那就是好的纪律。

课堂纪律具有如下特征：

(1)约束性。课堂纪律要求学生必须共同遵守课堂行为准则、规范,这对维持课堂秩序,协调学生的课堂行为是必需的。

(2)标准性。课堂纪律本身作为一种行为准则、标准,是衡量学课堂行为是与非的重要依据。

(3)自律性。课堂纪律对学生课堂行为的监督、调控功能的发挥,有待于学生对其内化,逐渐形成自觉的纪律。

(二)课堂纪律的功能

课堂教学既包含纪律管理,又包含信息交流。课堂纪律对学生的学习和成长具有重要的作用,它具有四种重要功能：

1.社会化的功能

课堂纪律有助于学生的社会化,它使学生了解在各种场合所赞同或默许的行为准则。学生选择、遵守课堂纪律的过程,也是学习社会所认可和教师所赞同的社会行为准则的过程。

2.优化个性的功能

课堂纪律有助于学生人格的成熟,使学生在对持续的社会要求与期望做出反应的过程中,形成独立性、自信、自我控制、坚持性、忍受挫折等成熟的人格品质。

3.道德强化功能

课堂纪律有助于学生道德准则和道德义务的内化,使学生把外部的行为准则与自己的自觉要求有机地结合起来。

4.课堂维持功能

课堂纪律有助于学生产生情绪安全感,避免对自己行为的迷惑和担心,降低过度焦虑。教师要充分发挥课堂纪律的定向与约束作用,就能控制和调节学生在课堂上的言行,保证教学活动的正常进行,维持课堂教学的正常秩序。

(三)基本类型划分

根据课堂纪律形成的原因,可以把它划分为四种类型：

1.教师促成的纪律

是指在教师的操纵、组织、安排、规定和维护的基础上所形成的纪律。它通过教师的指导、监督以及奖惩得以实现。一般适用于低年级,他们需要教师为他们建立课堂秩序,需要教师的奖惩和指导,需要教师的体贴,从中体验到安全感,并逐渐学会规范行为。

2.集体促成的纪律

即同伴集体形成的行为规范与准则要求。

3.任务促成的纪律

指由于某一特定任务的需要而提出的纪律要求。

4.自我促成的纪律

学生把教师促成的纪律、集体促成的纪律或任务促成的纪律内化为自己的行为准则,自觉地遵守,并把维护纪律作为自己的职责。

二、学生遵守纪律的心理发展历程

现代教育心理学的有关研究,将个体接受纪律的发展过程分为以下五个阶段：

(一)强制阶段(0～6岁)

在这一阶段,由于儿童年龄很小,不懂得纪律约束的重要性和必要性,因此,主要使用强制方法来约束他们。但要注意强制不等于体罚。强制分为积极强制和消极强制。

(二)强化阶段(6～9岁)

这一阶段的儿童开始知道行为后果对自己的影响,已经学会根据自己的需要来判断事物了,对这个阶段的儿童使用强化的方式最有效。因此,教师的表扬和批评、班级或全校的评比、奖励都是十分有效的。

(三)遵从集体阶段(9～16岁)

这一阶段的儿童群体归属意识形成,开始认识到集体与自己的关系,产生集体荣誉感,十分看重集体荣誉。因此,可以利用集体作为强化的手段,用集体荣誉、集体要求来约束儿童的行为,使其遵守纪律。

(四)服从法律和权威阶段(16～成年)

在这一水平上,学生开始懂得约束的必要性。这时是教给学生自我管理的最佳时机。

(五)民主平等阶段(成年)

这一阶段是纪律约束发展的最高级的阶段。这时的纪律,事实上已不是纪律了,因为它不是外部的要求,而是个体内部要求的外化。

小学生基本上处于第二和第三阶段。对待不同发展阶段的学生,教师对待学生纪律问题的方式方法也应不同。

三、新教师维持课堂纪律的策略

在处理日常的课堂违纪行为时,最为重要的就是要以"最少干预"为原则,即用最简短的干预纠正学生的行为。许多研究发现,花在保证学生纪律上的时间量与学生的成绩呈现出负相关。处理日常不良行为时,教师要尽量做到既有效又不需要中断上课。如果有可能,在处理不良行为时,课还能照常进行。

新教师维持课堂纪律应从以下几方面入手:

(一)维持兴趣

预防是良药。教师要尽量做到以预防为主,以处理为辅。这就要求教师把课组织好,使之能引起并维持全班学生的学习兴趣。只要全班学生的兴趣与注意力集中于学习,他们就不会分心去从事其他有碍于教师教学的活动。

引起并维持学生兴趣的教学原则不外乎有以下几个方面:一是教师讲解生动,引人入胜;二是所学内容符合学生知识水平、能力经验,无挫折感;三是作业难度适中,有成就感;四是主动参与受到赞许,有满足感。

(二)巧用暗示

许多课堂不良行为不必中断上课,只用非言语线索就能消除。这些非言语线索包括目光接触、手势、身体靠近和触摸等,与表现不良的学生保持目光的接触就能制止其不良行为。

例如,有两个学生正交头接耳,教师只需看看这两个学生或其中的一个就行。走向行为不良的学生也常常能制止其行为。如果这一招不管事,把手轻轻放在学生的肩膀上,可能会奏效。这些非言语策略传递了同一个信息:"我看见你正做什么,我不喜欢你这样,快回到学习上来。"不用言语传递这一信息,好处在于不需要中断上课,相反,如果口头批评,则会使其他学生停止学习。

（三）适度表扬

对许多学生来说，表扬是强有力的鼓励，能增加他们的自信心。教师要想减少学生的不良行为，不妨表扬他们所做出的与不良行为相反的行为。这就是说要从这些学生正确的活动入手。如果学生常擅自离开座位，教师就应在他们坐在座位上认真学习的时候表扬他们。

（四）旁敲侧击

表扬别的学生的行为，常会促使另一个学生做出这一行为。例如，如果张某某正在做小动作，这时教师说"我很高兴……看到这么多学生都在认真学习，李某某做得不错，王某某在专心致志……"。当张某某最后也开始认真学习时，教师也应当表扬他，不计较他曾走过神，而是一如既往，"我看见赵某某、孙某某和张某某都在全神贯注做功课"。这样更进一步促使张某某积极愉快地学习。

（五）言语提示

简单的言语提示，有助于把学生拉回到学习上来。教师在学生犯规之后要马上给以提示，延缓的提示通常是无效的。如有可能，应当立即提示学生遵守规则、做你想要他做的事，而不是纠缠他正在做的错事。

这就是说，如果学生违反了课堂程序，就应向学生提醒这一程序并让他跟上。例如，说"张某某，请注意你自己做作业"就比说"张某某，别抄李某某的作业"要好一些。与给反面提示相比，给正面提示表达了对未来行为的更积极的期望。当然，教师也可以用一种平和、友好的方法，让学生说出正确的规则和程序，然后遵守。值得注意的是，给提示要对事不对人。

（六）反复提示

在大多数情况下，一个非言语暗示、强化其他学生、给以简单的提示时，一般足以消除小小的不良行为。但是，有的学生有意无视老师的要求或者与教师争吵，或者向教师请求，想以此试一试教师的意志。如果学生认识到教师立场坚定，并且要采取适当的措施加强有序的和有建设性的课堂环境时，这种试验将会慢慢消失。

当一个学生拒绝听从简单的提示时，教师就要反复地给以提示，无视任何无关的请求和争吵。这就是坎特等人所提出的"坚定性训练"。它是对学生不良行为的明确、坚定而友好的反应。教师应确定他们想要学生做的行为，并清楚地、反复地告诉学生，直到学生屈服为止。

（七）应用后果

一般来说，处理学生违纪行为应该以说服教育、促进学生自省为主。但在学生出现违纪行为时，可以视情节严重的程度，兼顾学生的个体差异实施恰当惩罚。

当教师采用以上方法都不能使学生顺从明确合理的要求时，只有让学生做出一个选择：要么听从，要么后果自负。如让学生站立几分钟、暂时剥夺学生的某些权利、让学生放学后留下或者请学生家长来等。

国外有学者建议，在使用惩罚时，要注意以下几点：

● 非不得已，不使用惩罚。不得使用有可能伤害学生身体的任何体罚。

● 惩罚前，必须让学生清楚地认识他违纪行为的严重性，并且同意接受惩罚。惩罚应该在学生出现违规行为时及时采取，不要等到学生违纪行为发展到不可收拾的地步，才采取严厉的措施，如开除等。那样，惩罚也就无更大的教育价值了。

●惩罚后,要给予学生积极的帮助,使学生受惩罚后,不仅不再犯错,而且在同样情境下,学到以适当的行为替代不当行为,使惩罚产生教育价值。

●实施惩罚后,如发现学生有积极的表现,应停止惩罚。

●教师在情绪激动或愤怒的情况下,不要惩罚学生。否则,容易出现偏差,伤害学生。

四、学生课堂问题行为

(一)什么是课堂问题行为

学生课堂问题行为是指课堂中发生的违反课堂规则、妨碍及干扰课堂活动正常进行或影响教学效率的行为。根据学生行为表现的主要倾向,可分为两类:

一类是外向性的问题行为,主要包括打骂、推撞、追逐和讪笑等侵犯他人的行为,交头接耳、窃窃私语、替换座位、传递纸条等过度亲昵行为,高声谈笑、发出怪音、敲打作响、作滑稽表情、怪异动作等故意惹人注意的行为,故意不遵守规则、不服从指挥、反对班干部和老师等盲目反抗权威的行为,恶意指责、互相攻击、彼此争吵、打架斗殴等冲突纷争行为。

另一类是内向性的问题行为,主要包括上课时凝神发呆、胡思乱想、心不在焉、做白日梦等注意力涣散行为,乱涂乱写、抄袭作业等草率行为,胆小害羞、不与同学交往的退缩行为,迟到、早退、逃学等抗拒行为,寻求赞许、期待、帮助的依赖行为等。外向性问题行为会直接干扰课堂纪律,影响教学活动的正常进行。内向性问题行为虽然不会直接干扰课堂秩序,但会影响教学效果,同时也会危害学生的身心健康。

(二)引发课堂问题行为的因素

在课堂中,学生是学习的主体,也是行为问题的表现者。学生行为问题的形成原因,不仅仅来自学生自身,还往往来自于课堂、学校、社会和家庭,而集中表现在学生身上。主要的因素有以下六个方面:

1.适应不良

是指学生人格的适应不良,即不能很好地根据环境的要求改变自己,或学生不能积极作用于环境并改造环境,由此产生各种情绪上的干扰。

2.自我感觉厌烦

即对课堂教学活动不感兴趣,成绩较差的,根本无法参与到课堂活动中去,这种情况下很容易出现行为问题。

3.学生的挫折与紧张

学校生活中受到挫折,与教师和学生的关系不好,都可能引起学生行为问题。

4.寻求注意与地位

有的学生学习差,又没有其它方面的特长,在班里得不到任何人的重视或认可,得不到任何奖励的机会。由于认可需要不能从正当的途径得到满足,于是宁愿闹事,受谴责甚至惩罚,也要以此来求得教师和同学的注意,赢得自己在班级中的地位。

5.过度活动产生的影响

过度活动的学生在课堂中也容易对于无关刺激做出反应,注意力无法集中,行为冲动等,从而造成行为问题。

6.性别差异等

课堂教学中行为问题的产生,在性别上是有差异的。一般地讲,男生的行为问题比女生要多一些。

(三)新教师对课堂行为问题的调控

对于学生课堂中的行为问题,应以预防为主,引导和促进学生端正学习态度,帮助学生适应课堂环境,逐渐减少行为问题的发生,可以采取以下措施:

1. 制定适宜的教学计划

教学计划中的教学目的、内容和方法必须适合学生的程度或水平,使学生通过学习能取得较满意的成绩,提高其自信心和自尊心。

2. 帮助学生调整学习的认知结构

教师在每引入一个新的问题时,必须交代清楚教学内容的来龙去脉、新知识与旧知识的联系,使学生做到心中有数,而不至于紧张。同时,要引导学生将新知识与头脑中已有的认知结构进一步整合,从而提高学生的认知水平。

3. 给予精确而严格的指导

教师应给予学生清晰的指导。指导应包括学生做什么、为什么做、怎样做、怎样获得帮助,以及完成作业后干什么、完成作业需要多少时间,不能按指定时间完成时怎么办等,这样使学生得到足够的信息。否则,学生就会产生一种不确定的感觉,表现出急躁、厌烦或焦虑,甚至产生行为问题。给予学生指导可以通过各种方式,除了言语以外,还可以用黑板,放投影或用纸写指导语。教师积极地回答学生的问题非常重要,能使学生体验到一种安全、支持的气氛;而采取冷淡、申斥学生的态度只能引起一种消极的气氛。

4. 建立良好的教学秩序

教学应该在愉快、和谐、有序的气氛中进行,建立良好的教学秩序,教师首先要建立合理的课堂结构,包括课堂情境结构与教学结构。

5. 行为矫正与心理辅导并用

行为矫正是强化学生的良好行为、排除不良行为的一种方法。这实际上是一种行为疗法,需要师生密切配合,使学生明确矫正的目的。

心理辅导主要通过改变学生的认识、信念、价值观、道德观来改变其外部行为。良好的心理辅导取决于师生间的认知距离和情感距离的缩短。教师对学生必须充满热情,以诚感人,给学生必要的支持。要多从学生的角度去看待问题和处理问题,充分调动学生学习的积极性,从而克服不良行为。

6. 协调伙伴人际关系

为行为问题的学生创设良好的人际环境,使他们能在班集体中发挥自己的才能和积极作用,这样,可以增强他们的自信心,提高他们在班级中的地位。同时,还要制止学生中对他们的伤害行为。

7. 取得家长支持与合作

教师必须主动与家长合作,互通信息,共同配合,采取有效措施纠正学生的不良行为,促进学生积极行为的发展。

第九章　新教师教学反思

第一节　教学反思概述

一、教学反思及目的

(一)什么是教学反思

教学反思就是对教育教学过程的再认识、再思考、再探索、再创造,是教师以自己的教育教学活动过程为思考对象,对自己所做出的行为、决策以及由此所产生的结果进行审视和分析的过程,是一种通过提高参与者的自我觉察水平来促进能力发展的途径。

自我反思是新教师与自我的对话,它不是一般意义上的回顾(或回头看),而是反省、思考、探索和解决教学活动中存在的各个方面问题,具有研究的性质。

自我反思被认为是"新教师专业发展和自我成长的核心因素",教学研究只有转化为新教师个人的自我意识和自觉行为时,新教师的自我成长才得以真正的落实。

(二)教学反思的目的:实现"高效课堂"

教学反思是为了实现高效课堂。高效课堂是一种理想的教学境界的追求,表现为教师教得轻松、学生学得愉快。有专家提出了高效课堂的七个标准:目标设计的合理性;课堂提问的启发性;板书设计的网络性;应用信息技术的适时性;作业设计的层次性;学习主体的积极性;课堂教学教师的指导性。李炳亭先生在《高效课堂22条》中精辟论述了高效课堂的相关特征:

1.高效课堂的概括:知识的超市、生命的狂欢。

2.高效课堂的四个核心词:教育、教师、学生、教室。

即:

- 教育即解放。
- 教师即开发。
- 学生即创造。
- 教室即成长。

3.高效课堂的一个中心:一切以学生为中心、以快乐为根本。

- 由追求知识的完整性、全面性到更加关注学生的性格、人格的健全。
- 由注重知识能力的培养到更加关注学生的心理需求和精神成长。
- 由传统共性和整齐划一的教育到更加关注学生的不同需求。
- 由注重课堂环节、程序的编制到更加关注学情、氛围和师生、生生关系。

4.高效课堂的两个基本点:

- 关注学生弱势群体,从最后一名学生做起,人人成功才谓成功,唯有"水涨"才能"船高"。
- 教材分析的"无边界原则"。不讲"进度",只要"目标",人人学会才是目标。用一种思路做十道题,不如一道题找出十种思路。揪住一个知识点"无限"放大,四处出击,形成上挂下联、左顾右盼。

5.高效课堂的终极目标:致力于学习能力的培养。

●高效课堂出发的"原点",是从"两率"入手,即解决课堂精力流失率和提高高效学习率。

●通过高效课堂走向高效学习,从而实现终身学习。

●素质教育的"素质"最主要的是"学习能力":思维力、生成力、表达力(听说读写)。

●实现"人"的解放,即学生的解放、教师的解放、学校的解放。

6.高效课堂的特点:

●三高:高效率、高效益、高效果。

●三动:身动、心动、神动。

●三量:思维量、信息量、训练量。

●三特点:立体式、快节奏、大容量。

●三学:肯学、想学、学会。

●减负:轻负担、高质量;低耗时、高效益。

卢志文是江苏翔宇教育集团总校长、21世纪教育发展研究院常务理事、中国教育学会学校管理体制改革专业委员会副秘书长,在接受《中国教师报》马朝宏记者的书面采访时,他重点阐述了"高效课堂"(卢志义——简称卢,马朝宏——简称马):

马:您所理解的"高效课堂"应该是怎样的课堂?

卢:高效的"效",首先是"效果",其次是"效率",根本上指的是"效益"。

高效课堂要关注两个度:精力流失度和目标达成度。精力流失度考察效率,目标达成度考察方向和程度,即效度。

课堂的高效,始于教师,源于学生。高效课堂是一场"围绕学生、服务学生、激发学生、在于学生、通过学生、为了学生"的改革。

需要我们注意的是,高效只是理想课堂的价值取向之一。高效课堂不一定是理想课堂,但,理想课堂一定是高效课堂。

马:高效课堂某种程度上彻底改变了师生关系,高效课堂应该建立一种怎样的师生关系?

卢:高效课堂中的师生关系,较之传统课堂,发生了根本性的变化:

传统课堂中,教师和学生的角色是相对固定的,老师就是老师、学生就是学生;高效课堂中的教师,既是老师也是学生,高效课堂中的学生,则既是学生也是老师。他们的角色可以根据需要不断转换,从"官教兵"到"兵教兵",再到"兵教官",真正实现"教学相长"。

传统课堂中,教师和教材是学生唯一的知识源;高效课堂中,知识源变得非常丰富,除教师和教材外,每一位同学也都成了其他同学的知识源。

传统课堂中,教师依"教案"组织教学;高效课堂中,没有"教案",只有"学案",师生围绕"学案"共同探究问题。最好的"教案"就是"学案"。

传统课堂中,教师抱着学生走,或者牵着学生走;高效课堂中,教师激发学生自己走,或者相互搀扶着一起走。

传统课堂中,教师是"背桶人",学生是"敞口杯";高效课堂中,师生都是"挖井人"。传统课堂中,信息传递的方式,是"一对多";高效课堂中,信息传递方式多元,既有"一对多",也有"多对一",更有"一对一"、"多对多"。

马：高效课堂上，教师的作用和角色定位（这一点对改革中的教师树立信念非常重要），这种角色定位和教师专业化发展之间有什么关系？

卢：教师是引导者，策划者，合作者，服务者，开发者。

教师是导游不是领导，要引导学生作自助旅游，不是领着学生沿固定线路参观。

教师是导演不是演员，要在幕后策划、指导学生去展示，将学生置于聚光灯下，不是自己霸占讲台说长评书。

教师是朋友，既是精神的同道，亦是学习的伙伴，教师不是左手握真理右手握大棒的裁判兼警察。

教师是服务生，要俯下身子为学生服务，将姿态降低，将心胸放大。教师不是挂在墙上的圣人像，等着学子上门来膜拜。

这种角色转变更有利于课堂形成这样的特点：由官教兵，到兵教兵、兵练兵；到兵带兵、兵管兵；再到兵促兵、兵强兵；最终走向兵教官，官教官。这就让我们寻找到了教师专业成长的最佳模式：实践—反思模式；最简捷的方法：开放课堂；最有效途径：校本培训、校本教研。

二、教学反思的功能

（一）促进教学个性的发展

教学个性是教师个人在多年的教育教学实践活动与探索中逐渐形成的具有个人特色的教育教学能力，是教师个人气质、性格、阅历、兴趣、知识结构等在教学活动中的综合反映和表现。没有文字记录的教学反思，往往因时间安排、遗忘现象等原因，出现思考不深入、思考无具体结果等现象，导致教学个性表现不足，使解决问题与教学认知精细加工的程度低。而写有助于促进教学个性的生成与发展。

首先，需要教师自己独到的认识见解，以自己充分个性化的思维触觉，触摸教育客体与主体之间的关系。对在教学中的引发了注意的教学现象进行认真的回忆，具体、细致、形象的描述，形成对教学活动与事件的进一步思索，细致地、比较全面地认识教育客体，认识教学过程的动态规律，教师的认识的切入点不同，教学思维个性化取向各异，课例文本的表现形式也就不一样。

其次，写反思的时候，因为要落笔，所以就需要对所思考的内容进行逻辑化、条理化、理性化的表述，促使思考具有较高水平的理性逻辑。我们经常遇到这样的现象：把发生的教学现象、个案记录下来，在记录中倾注了教师自己的教学个性特征，这是对教学过程进行学习、认识的反映过程。在一般情况下，如果写得翔实，教学行为就趋于合理，教学思维个性化水平也得到提升。

（二）促进理论学习与批判

在实际教学过程中表现出来的现象是：教师的教学反思没有与理论学习结合起来，从而导致反思的肤浅。而写的过程，通常伴随着读的活动，为了要写得深刻一些，阅读活动就成为了教师的需要。在这种需要的驱动下，往往要参考相关的理论书籍、阅读部分资料，查证一些事实、观点。通过课例文本的撰写，促进了教师的学习活动，把思考的问题与倡导的理论结合起来，从而实现理论认识的提升。

（三）促成经验积累与升华

新教师的成长必须经历从长期积累到自我建构和形成风格的三个过程。从最初的学习到认同归属，从了解自我到充实补缺，从切身经历中反思到发展自我个性，从积累经验碎片到形成有自己独特风格的教育艺术,这不仅仅需要对教育的钻研,更需要科学的反思,用科学的思维方式粘贴出的教育艺术才能有生命力。教育是充满智慧的思维活动,科学反思有利于新教师的成长。

而仅仅停留在"想一想"方式上的反思活动,感知并不深刻,映像会随着时间的推移而淡忘。而课例文本的撰写,能够帮助教师把自己教学实践中的经验、问题和思考积累下来,对自己在教学活动中的典型事例和思考形成记忆。因为写的积累作用,促进着教师积累教学经验、生成教学个性、产生独到的理性认识;同时,写下来的材料容易方便地与人交流。

第二节　教学反思的类型及内容

一、教学反思的类型

(一)根据功能和范围分类

教学反思运用范围广泛、形式多样,在日常教育教学行为研究中,至少有以下几种不同的类型。

1. 专题反思

专题反思有着明确的问题取向,常常围绕一个特定的问题进行多方面的思考,这种反思目标明确,针对性强,分析也相对较为深入。

在经历每一次事件之后,教师都能够及时地写下自己在事件初、事件中、事件后的感悟,进行自主思考,获得有价值的认识,提高自己的教学技能,是为单一事件反思。特点:这一类反思有很强的叙事性,有时间、地点、人物、主题,有情节,即为叙事反思;这一类反思的个案性强,主要针对单一事件进行分析思考,"就事论事",联系程度低,认识可能偏一些但比较深刻。

2. 整体反思

整体反思常常不把反思的对象集中在教育教学的某一个具体问题上,而是总体把握教育教学各方面的行为,就其中突出的问题进行思考。

比如,一堂课后,教师可以分析自己教学中的以下行为:

——这堂课是否达到了预期的教学目标? 如果说达到了,标准是什么? 如果说没有达到,标准又是什么?

——这堂课在哪些方面是成功的? 在哪些方面还可以进一步改进? 后续教学的打算有哪些?

——这堂课的教学设计与实际教学行为有哪些差距? 我在课上是如何处理这些差距的? 处理的方法是否恰当?

——这堂课上发生了哪些令我印象深刻的事件? 这些事件对我来说意味着什么? 我以后需要关注什么?

这些行为涉及教学的各个方面,虽然缺乏专题反思的针对性,但可以对自己的教育教学有较为完整的认识,有利于改进日后的教育教学行为。

例如,课题"在关键期中儿童行为反应的特征"的研究,在课堂教学中展开研究,通过模块投放、行为观察、特点分析、个别谈话等活动,每隔一周,针对前一时期的活动经历,对儿童在"刺激—反应"中的行为现象进行反思,以了解幼儿的认识发生特点,理清自己课题设计的思路,更好地组织后来的教学活动。每一周形成一个反思记录,在时间纵向上对该课题活动进行连续追踪,获得连续的反思记录,构成了一个反思序列,即为序列反思。

序列反思是经过整理形成的,主题概念强,有连续性,随着时间的推移,会越来越成熟,坚持下去,一定会有所发现。

案例一:化学《质量守恒定律》教学反思

本节课的学习将探究学习的方式引入课堂,让学生在与新知识的学习有关的情境中发现问题、提炼问题、做出假设、制定方案、实施方案、收集整理资料、做出结论、解释结论、交流分享,突出了探究学习的过程体验和探究学习方法的运用。

在课堂教学中,自己的角色转换比较到位,起到了一名组织者、引导者、交流者的作用,使课堂学习在一种民主、平等的氛围中进行,做到了师生互动、生生互动(动手——操作互动、动情——情感互动、动脑——思维互动),达到了一种师生情感交融、言语共鸣、思维共振的境界。

关于化学史教育的适时点缀,学生实验后进行的实验器材的整理,对学生是一种科学精神和科学素养的培养,对学生化学学习的态度和化学学习价值观的形成起到了很好的作用。当然,如果在课堂学习中学生能更加充分地进行对自己探究获得的结论的解释的交流,则知识与技能、过程与方法、情感态度与价值观三维目标的整合会落实得更好。

反思切忌假、大、空。反思更多是为自己的,是不断提高自身教育教学水平的一种方法。反思要:细、真、深,要及时。

3. 评教反思

邀请同行教师、有经验的教师听评自己的课。评课活动在新教师自我发展中的作用是:

(1)进一步落实教师自我发展与共同进步的要求,通过开展听评课活动,认真研究教学规律,切实解决影响和制约课堂教学效益的关键问题,进一步提高教育教学质量。

(2)在积极开展听课、评课活动中,对课堂教学情况做出实事求是的评价和分析,帮助自己对教学情况进行认真分析,总结其成功和不足之处。

(3)在同行教师、有经验的教师听课的基础上,对自己进行具有针对性、符合自己实际情况的教学水平分析。与同行教师、有经验的教师一起研究立足于自己实际的提高课堂教学水平的方案,并督促落实。

(4)达到新教师拜师学艺的目的。充分利用各学科带头人和骨干教师的示范带头作用,结成课堂教学互助对子,全面提高自己课堂教学整体水平。

(5)能抓主要矛盾。根据听课的目的和要解决的主要问题,能通过别人让自己抓住课堂教学中的主要问题。

(6)能坚持激励自己。通过评课活动,起到调动自我、发现自己、改变自己、完善自己的作用,同时能激励自己开展教学研究。

附表：课堂教学评价表

上课教师		年级		学科		教学内容	
项目		评价内容				分值	得分
教学思想		教学过程表现出新课程的教学理念：为学生发展而教，为学生学习服务，面向全体，关注差异，营造民主、平等、积极、和谐的学习共同体。				10	
教学目标		目标准确、简明、清晰。符合课程标准要求，符合教材要求，符合学生实际，三个维度统一于教学过程中。				15	
教学内容		内容简约，选择恰当，与教学目标相对应。准确理解教材，联系学生实际和教学目标选择、重组内容。重点内容得到强化和突出，容量、密度适当。				15	
教学过程		教师：做教学的组织、引导和促进者。教学环节用时恰当，过渡自然，流畅，教学节奏恰当。与学生平等交流、对话，有效地组织自主、合作、探究学习与精当训练。教学活动有利于教实内容、达成目标。				15	
		学生：主动学习，快乐学习，合作、探究学习。积极动脑、动口、动手，形成师生、生生互动的课堂，不同层次的学生在参与中都有收获。				15	
教学基本功		教学意识强，教学有情感。语言规范、流畅、简练、准确，抑扬顿挫，富有教学张力。板书工整规范、简明扼要。组织、调控课堂学习的能力良好，肢体语言丰富，能有效地营造和谐快乐课堂。能及时捕捉生成并利用生成的资源。善于即时评价。独立、熟练操作多媒体。				10	
教学效果		参与度高。课堂气氛活跃，教师和学生共享学习成功的快乐。课堂真实、朴实、扎实，达成预设目标，生成新的资源并较好利用。				20	

1. 教学精彩环节：_____

2. 教学改进建议：_____

3. 定性评价：_____（优秀：90分以上、良好：89～80分、一般：79～70分、较差：69分以下）

定量评价：_____（满分100分）

评课人：_____ 听课评课时间 _____

（二）根据教学要素分类

1. 理论反思

理论反思，并不是对教育理论评头论足，而是指由教育理论中某一个论述引发教师对教学实践活动的思考。

反思是教师以自己的职业活动为思考对象，对自己在职业中所做出的行为以及由此所产生的结果，进行教育教学理论上的审视和分析。基于理论性的教学反思被认为是"教师专业发展和自我成长的核心因素"。

2. 教材反思

教材的反思可以从教材的特点以及教材的处理两个方面去进行。教材特点的分析可以运用对比的思路,即比较新老教材的不同。

在教材实施过程中,新教师的自我反思要落在教材的教学观念、教材与教学行为、教材内容与教学效果等方面。新教师应如何看待教材?

(1)教材是课程实施的一种文本性资源,是师生对话的"话题",是一个引子,或者是一个案例,而不是课程的全部。可见,教材是可以超越、可以选择、可以变更的。教师的任务是用教材教学生,而不是教学生学教材。

(2)教材是重要的课程资源,它凝结了众多编者对教育的认识、对教学的理解。它是根据课程标准编写的,体现了基本的教学要求,是教师的教和学生的学的主要依据,是最基本、最重要的课程资源。因此,开发课程资源绝不能忽视教材,要深入地钻研教材、理解和尊重教材的编写意图,认真使用好教材。

(3)教师改变教材要有目的,必须以实现教学目标为前提,要善于结合本地区的实际情况,特别是联系学生的生活实际和学习实际对教材进行修正、开发和创造。不能随心所欲地对待教材。

(4)教材是重要的课程资源,学生的生活经验、教师的教学经验也是课程资源,学生间的学习差异、师生间的交流启发乃至学生在课堂上出现的错误也都是有效的课程资源。教师要善于整合各种教学资源,为课程价值的实现和学习中的生成提供良好的平台。只有具备了这样宽广的视野,创造性地使用教材才不会偏离正轨。

新教师在教学中,把教材作为研究的对象,研究自己与教材的融合程度,理解教材的教学观念,真正实践好教材内容,反思自己的观念、行为以及效果,形成自己对教学现象、教学问题的独立思考和创造性见解,使自己真正成为教学和教学研究的主人,通过教材反思,由"必然王国"进入"自由王国"。

新教师不断更新知识体系,研究教材内容,掌握知识体系,改善教学行为,提高教学工作的自主性和目的性,克服被动性、盲目性,提升教学水平。新教师在利用教材进行教学时有以下策略:

(1)比较——比较学习材料和学生已有经验之间的关联。

(2)还原——把抽象的知识还原成具体、可感的形象。

(3)转化——将课堂中的随机事件转化为教学资源。

(4)开发——开发周边资源,对教材内容进行个性化、生活化、活动化再加工。

(5)调整——运用更换、增删、归并、修改等手段对教材内容进行调整。

所谓"更换",就是把不适合学生与教师自身特点的素材更换为适合的素材。所谓"增删",就是为了有利于学生的后续学习而适当增加延伸一些内容,或删除机械重复太多、难度过大又不会影响课程标准落实的一些素材。所谓"归并",即归并学习内容。所谓"修改",即把教材中欠合理之处加以修改 。

(6)挖掘——充分挖掘教材蕴含,发现教材新意义。

3. 方法反思

(1)教法反思

教法反思的重点是:为什么用这种教法?这种教法的理论依据是什么?这种教法在实

践中暴露出了哪些缺憾？如何弥补这种教法的不足？

一位教师总结了实验教学改革中比较可行的方法,从四个方面进行反思,归纳了提高化学演示实验探索性效应的途径:增设演示实验,创设探索情境;改进演示实验,延伸探索过程;"下放"演示实验,增强探索体验;"提升"演示实验,开掘探索深度。该反思文本受到同行的一致认同。

(2)学法反思

教学过程中必须贯穿学法的指导,这已经成了大家的共识。但是,把学法指导的内容系统归纳,撰写成文的意识,大家可能还比较缺乏。其实,这类文章撰写的难度不大,只要选准切口、归纳全面、说法新颖,就定能成功。

案例二:数学《可能性》教学反思

1.背景分析

《可能性》教学内容是让学生初步体会不确定现象,即数学中常说的随机现象。学习随机现象必须进行大量的观察和试验,但对于小学阶段的学生来讲,首先是激发他们的学习热情,这就需要用学生喜闻乐见的形式来吸引他们参与学习。因此我们把整堂课设计成"摸球游戏",让学生通过体验、猜测和应用三个活动来学习"可能性"。

2.教法过程

(1)教法一

师:(出示一个盒子)盒子里有9个白球,1个黄球。如果从中任意摸出一个球,可能是什么颜色的球?(学生略作思考后猜测。学生回答从略。)

师:好,下面就请你们分小组进行摸球,记录自己摸球的结果,并与小组内的同学交流摸球的情况。(各小组摸球、统计、讨论,教师巡视。)

师:谁愿意代表本组汇报一下小组交流的情况?(各小组汇报。)

师:摸出白球的次数多,说明摸出白球的可能性——(生齐答:大);反过来说,摸出黄球的次数少,说明摸出黄球的可能性——(生齐答:小)。

师:(小结)这个游戏告诉我们,虽然事情的发生是不能确定的,但是可能性是有大有小。

(2)教法二

师:(出示盒子)同学们,这个盒子里放有白色和黄色两种颜色的球共9个。不过,两种球的个数是不相等的。如果不打开盒子看,你们有办法知道哪种颜色的球多吗?

生:可以猜。

师:猜,也是一种方法。那你猜是哪种颜色的球多一些?

生:我猜是白球多一些。

生:我猜是黄球多一些。可到底是哪种颜色的球多,我们还是不能确定,这样瞎猜,即使猜对了也只能说明运气好。

生:(迟疑地)老师,我有一个想法。能不能用在二年级学过摸球的方法,每次摸出一个球看看颜色,然后放回去再摸。多摸几次,最后看摸出哪种颜色的球多,就说明盒子里这种颜色的球多。

师:大家明白他的意思吗?谁能再解释一下。

生:他的意思是从摸球的次数中判断哪种颜色的球多。摸出的次数多,就说明这种球的个数多。

师：你们看这个办法行吗？

生：（齐）行。

师：好，下面我们就来做这个游戏。（出示活动要求：每人每次任意摸出一个球，记录员记录结果；把球放在盒子里，摇一摇，下一位同学继续摸；每组共摸20次。）（五分钟后，学生开始分组汇报摸球结果。）

生：我们组认为盒子里的白球多。因为我们摸了20次，白球出现了15次，黄球只出现了5次。

生：我们组摸了20次，白球出现17次，黄球只出现了3次。我们也认为白球多。

师：从摸出的球的次数中，我们推断出盒子里的白球可能多一些。我们的推断是否正确，最终还得……

生：把盒子打开看一看。（各组打开盒子，发现白球有8个，黄球只有1个。学生们欢呼雀跃。）

生：如果把这几个球放回去再摸一次，会摸到什么球？

生：可能是白球，也可能是黄球。

师：会不会一定是白球？

生：不会。因为盒子里既有白球，也有黄球，所以摸出来的也可能是黄球。

生：盒子里白球多，黄球少，摸出白球的可能性大，摸出黄球的可能性小。但是，可能性再小，也是有可能的啊。所以，摸出的不一定全是白球。

师：说得真好！那么，同学们，通过刚才的摸球游戏，你们对"可能性"有了哪些新的认识？

3.教法反思

两种教法在形式上很相似，都是通过"摸球游戏"让学生感受事件发生的确定性与随机性。但细加分析，会发现两者之间有着本质的区别。

(1)教法一：教师的目的是要让学生"感受不确定性""感受可能性的大小"，但学生并不清楚。这时，学生的活动只是在按教师的要求进行，只是在执行教师的一个个指令，而不是一种真正自觉的行为。这样的操作活动缺乏主动性、探究性，思维含量不高。另外，从课堂实践来看，教师先告诉学生盒子里放着9个白球和1个黄球，再让学生猜测摸出哪种球的可能性大，学生几乎是异口同声地说"摸到白球的可能性大"，说明相对于学生已有的经验和知识来说，此问题思考含量不足，缺乏"挑战性"，不能有效激发学生探究的欲望。那么，接下来的明知最终结果的游戏活动，还有多大的意义？学生经历一番"摸球"后会思考哪些有深度的数学问题呢？这样的"活动"能使学生的思维能力得到有效的发展吗？

积极引导学生动手实践是新课程大力倡导的一种学习方式。但动手实践绝不等于简单的游戏活动，不是追求形式上的热闹，而是有明确目的的富含思考性的教学活动。

(2)教法二：学生先对解决问题的方法达成了共识：用摸球的方法进行判断，哪种颜色的球被摸出的次数多，说明这种颜色的球的个数可能就多。此时的动手实践目的明确，自然成为学生的自觉行为。在这一过程中，学生思考着解决问题的办法，不断提出新的想法，并通过动手实践探索问题的答案，最后打开盒子进行了验证。学生不仅感知了不确定性和可能性的大小，而且在探索活动中学习到了科学探索的方法，发展了合情推理的能力。

针对学生常常根据自己的经验和直觉来判断事情的发生与否，以为"不太可能就是不可能,很有可能就是必然",将可能发生与必然发生混淆起来的这种普遍存在的错误,教师在学生已经获得结果的情况下,进一步引导学生思考:"如果把这几个球放回去,再摸一次,会摸到什么球?""会不会一定是白球?"促使学生深入了解"可能性"的含义,并进一步理解事情发生的确定性与随机性。

可见,教法二更多的是在引导学生自主进行思维活动,很好地体现了"数学教学是数学思维活动的教学"的思想。

二、教学反思的内容指向

(一)反思教学目标

课后,新教师要反思自己是否把情感、态度、价值观有机地融入课程教学内容中去,是否在教学中尊重了学生的个性差异,是否摆脱了唯知主义的框框,步入认知与情感和谐统一的轨道。

(二)反思教学文本

新教材给新教师留下了广阔的思维空间,因此,新教师在创造性使用教材的同时,可以在"课后反思"中将其作为专题内容加以研究,既可积累经验,又能为教材的使用提供建设性的意见或建议。反思《课程标准》(教学大纲);反思教材知识体系;反思教辅课程,包括CAI课件、教辅练习等。

案例三:对"数学新教材"的反思

通过一年的高一数学教学,我有了新的认识和反思。教材融进了近、现代数学内容,重新整合了数学内容,变传统的"章节教学"模式为"模块教学",与以往教材相比,教学内容增多,教材明显变厚,但教材内容的难度有所降低,高中新课程的课时数减少,但高考选拔人才的水准不可能降低。所以我有了以下几点心得体会:

1. 重新研究新教材,领会编写思想

教材特别注重知识的发生和发展过程的展示。概念更加通俗易懂,为学生今后的生存和发展准备了数学工具。教材将培养学生创新思维能力摆在显著的地位,更加重视数学思想方法的渗透,较好地体现了"因材施教""循序渐进"的教学原则。教材突出了数学与实际问题的联系,意在培养学生的数学应用意识。所以,我在教学时,充分利用了每章前面的章前语、插图等为新知识的学习做好铺垫,重视学生对知识形成过程的体验,为学生理解和掌握新知识做好各方面的铺垫。

2. 研究教法

在课堂教学中,努力从日常生活的实际入手,创设生动有趣的问题情景,吸引学生的注意力,激发学生的学习兴趣。这样使学生从生活经验和客观事实出发,在研究现实问题的过程中快乐地学到知识。在教学中,我还特别关注学生情感态度的变化,采取积极的评价,较多地运用激励性的语言。要发挥学生主体性和积极性,使之有一个创新思维活动的空间,教师如何引导、启发、点拨?能否真正把学生领到这一领域,我认为教师在平时备课中不但要吃透教材,而且要尽量收集制作与教材有关的资料,又要善于把握学生的心理,使学生能和老师产生共鸣,对于教学课堂而言,不光是知识的传授,而且包括知识与技能、思考解决问题、情感与态度等几个方面。

3. 搞好知识衔接,加强知识再创造,培养学生的创新意识

新教材的理念是:课堂教学是活动的教学,教师的作用是引导学生进行教学活动,学生

通过发现、探究性的教学活动,提高了兴趣,调动了潜能,经受了锻炼,培养了能力,并在这个过程中获得了印象深刻、不易忘怀的数学结果。在新理念下,教材是"学材",是在教师指导下必不可少的进行教学学习和活动的主要材料,力求使这些问题符合学生的最近发展区。在教法上,教师是主导,其作用在于组织、引导、指导、评价,这与过去在教学中搞满堂灌式的个人表演大相径庭。

加强数学教学过程中的对象意识、情境意识、目的意识及评判意识,转变教育观念、提高素质修养,面向全体学生,通过恰当的教育模式和方法,培养学生的创造性思维与综合实践能力,培养出会学习的人才。个人反思有限,愿我们共同努力,为新课改做点小事。(青岛市崂山区第一中学:于学初)

(三)反思教学过程

反思备课、上课、作业批阅、学习辅导;反思学生的学习行为表现与教学的关系;反思教师的教学思维形成过程。那么,新教师如何对教学过程进行反思?

一是反思学习内容是否得到充分的展示,还需要在哪方面进行补充,师生在课堂上的交流对话和合作是否充分。新教师必须围绕教学目的进行教学设计。

二是反思教学过程是否适用所有学生,是否还有学生不适应,怎样引起学生参与教学。教师应根据学生已有的知识水平精心设计,启发学生积极有效的思维,从而保持课堂张力。

三是反思自己对知识的准备和课前的教学设计方案是否合理。特别在导入新课时,要设法由学生自己提出问题,然后再将学生的思考引向深入。学生只有经过了思考,教学内容才能真正进入他们的头脑。

同时,新教师也应清楚地认识到,提倡教学民主不等于不要教学秩序。有时,在课堂上学生的热情被激发出来,个个争先恐后发言,课堂秩序较为混乱。课堂的有效时间被白白地浪费掉了。因此,新教师在激发学生学习热情时,也应妥善地加以管理,使课堂教学秩序有利于新教师"教"和学生的"学",要引导学生学会倾听,并加强学生合理表达自己观点的训练。

(四)反思教学关系

(1)教学资源与运用。随着教学内容的展开,师生之间的思维发展及情感交流的融洽,师生常常会在不经意间产生出"奇思妙想"、碰撞出创新火花。新教师要利用课后反思去捕捉、提炼"智慧的火花"。这样既可拓宽新教师的教学思路,提高教学水平,又可以作为教学的宝贵资料,以资研究和共享。

(2)教学设计与过程。一节课下来,新教师需静心沉思:摸索出了哪些教学规律;教法上有哪些创新;知识点上有什么发现;组织教学方面有何新招;解题的诸多误区有无突破;启迪是否得当;训练是否到位等等。及时记下这些得失,并进行必要的归类与取舍,考虑一下再教这部分内容时应该如何做,写出"教学再设计",这样可以扬长避短、精益求精,把自己的教学水平提高到一个新的境界和高度。

(五)反思教学的成败。

反思成功之处。新教师应将教学过程中达到预先设计的教学目的、引起教学共振效应的做法,课堂教学中临时应变得当的措施,层次清楚、条理分明的板书,某些教学思想方法的渗透与应用的过程,教育学、心理学中一些基本原理使用的感触,教学方法上的改革与创新等等,详细得当地记录下来,供以后教学时参考使用,并可在此基础上不断地改革、完善。

反思失败之处。即使再成功的课堂教学也难免有疏漏失误之处。课后进行系统的回顾、梳理,并对其作深刻的反思、探究和剖析,既可从失败中总结经验,又能避免在今后的教学中再走弯路。

第三节　新教师教学反思的实践

一、明确方向性

(一)教学定位问题

教学定位是学校教学的基本要求。作为一名新教师,明确学校的教学定位,实际上就是明确学校对课堂教学的基本要求。教学定位是否恰当,包括教学起点是否把握得准,目标定位是正确、恰当,教材合理的设计意图是否得以体现等等。

(二)动态生成问题

新课程把教学看作是师生积极互动的过程,教学中师生之间、生生之间交往多了,对话也就多了,一系列教师意想不到的情况出现自然也多了。面对这些生成的资源,新教师需要从教学要求出发加以把握和利用,从而改变教学的预期行为,重新建构教学过程。

(三)教学设计问题

教学设计是否科学,包括:(1)教学意图是否体现。这无疑有助于完善日后的教学,积累教师自己的教学智慧。(2)教学资源是否还需优化。即有没有更理想的教学资源代替设计中的教学资源。(3)教学的方式、方法是否还需优化。

(四)教学效果是否良好

教学总是有一定的目标指向的,总是要达到一定的知识、情感等方面的要求的。那么,教学是不是达到了预期的教学效果?学生的行为是不是产生了预期的变化?等等,这些都是新教师在反思时需着重考虑的问题。

另外,要写好一份教学反思,还需注意:把新课程理念作为反思的着眼点;把相关经验和理论作为反思的重要参照。

案例四:物理《我们身边的水》教学反思

1.教学梗概

第一堂课:

在教学楼一楼左边的教室里,教师 A 正在向学生讲述"生活中的水"、"水是什么"、"水的三态变化"等内容。教师用的是实物情境:在讲桌上,放着一只透明水杯,杯里盛着大半的水,教师在课堂上一边讲解,一边做着关于水的演示实验,又不时地板书几个概念:沸腾、热胀冷缩、冰、气态等。课堂里显得安静,全班学生都饶有兴趣地注视着教师,认真地听讲,也不时地看看课文,按照教师的要求在课文里写下几个字的注解,或在课文里做一些记号、勾画出一两句话。

教师在教室里巡视着,检查学生做课堂实验的情况,教室里依然显得比较安静。学生的注意力都集中在自己手头的实验上了,偶尔有两三个学生在下面小声讨论也有一两个同学举手在向老师问什么问题。

实验结束,教师在黑板上写出了几个练习题,题目内容是关于水的三种不同形态、大自然中的水、节约用水、节水灌溉等,有选择题、填空题、简答题,学生在座位上做作业,有的学生与同桌小声地讨论或比较修改答案。

教师集中评讲了一部分练习题,随即总结本节课的知识,并当堂抽了几个学生口头复述水的性质。

此时,下课铃声响了。

第二堂课:

执教教师 B,地点在教学楼的多媒体教室,教师用的是活动、CAI、图片、实物等构成的组合情境。

课堂伊始,教师向学生提出一个问题:"你们感觉到自己幸福吗?"学生异口同声地大声回答:"幸福。"接着,学生按照教师要求唱起了《幸福拍手歌》。

教师开始教学,以教师提问、学生回答的方式进行。多媒体屏幕上依次出现江河、大海、雪山、云彩的图片背景,以配合关于"水的液态"、"水的固态"、"水的气态"等所需要的情景。教师戴着头饰上课,还有好几个学生也戴着头饰,头饰上画的是"鱼"、"玉米植株"、"苹果"等动植物,明显地暗示了与教学内容的关联。

讲台上放着透明水杯盛着的水、冰条以及图片等演示实物和铅笔、三角板等奖品。进行知识抢答赛,教师提出一些关于水的三态知识的判断题和填空题,多媒体屏幕依次出示问题,学生回答,回答正确的学生可以得到奖品。每教完一个问题,音响里传来"你真棒"、"大明星"等评价语,屏幕上方即出现一顶博士帽的画面。

课堂上进行了一个"不同季节的水"的学生活动。几个学生在讲台上表演,一些学生分别戴着"春"、"夏"、"秋"、"冬"的头饰,另一些学生戴着"液态的水"、"固态的水"、"气态的水"的头饰,随着季节的交替变化,学生相应地归类站到一起。在座位上,有几个学生没有被教师抽点,似乎闲着无事可做,在座位上相互取闹,还有几个学生似乎在闲聊着什么。

表演活动结束,教师向学生发纪念品,10 多个同学都簇拥在教师的周围,在传递着奖品、嬉笑着。课堂里学生的话语比较多,包括与教学无关的、有关的话语都在出现,课堂显得有点闹,在教学楼拐弯处都能够听到嘈杂的声音……

课到此结束。

2. 评析教师 B 的课

这是两节风格迥然不同的课,也是教学思想和课程理念都不一样的课。将这两堂课作一个比较,不难发现:

对于教师 B 的课,毋容置疑,学生自主活动多,参与性好,情感反应热烈,课堂氛围活跃,师生配合默契。这堂课在一定程度上体现了课程改革三维度目标的理念,在一定程度上引领教学方式变革的趋向。因此,显得时尚、潮流。

但是,值得追问的是:对于《我们身边的水》一节内容,教师的主要教学目标和任务是什么?学生上了这一课究竟学到了什么?长期如此上课,学生和家长有意见吗?也许有人以为,教师 B 的这一节课给学生带来了快乐,其实也未必。学生所需要的快乐本质上是什么?

还有,唱《幸福拍手歌》这一活动情境与本节内容有多大的关系呢?本堂课采用活动、图片、CAI、实物等组合情境,是不是显得情境过度了呢?关于奖品,有什么样的激励效果?从教学经济成本的考虑,有必要吗?总之,平时教学是这样上课的吗?如果平时教学不是,那么本堂课是不是"包装"、"做秀"呢?

3.评析教师 A 的课

对于教师 A 的课,我们不得不承认它有一些"传统",课上得比较沉闷,开展的活动方式很有限,学生的情感释放不充分,并且似乎是当前课程改革所摒弃的教学方式。

但是,仔细琢磨一下就能够发现,这一节课的教学目标却是明确的:基础知识、建立在基础知识之上的基本技能、学习习惯以及建立在良好学习习惯基础上的公民教育。

于是,学生上了这节课一定会有实实在在的收获,包括知识、能力、过程、方式、情感、态度和价值观等方面。同时,学生在教师 A 的课堂上也享受到了快乐,由于知识的体验所产生的和后来产生的快乐,这样的快乐与教师 B 所提供的课堂快乐有着属性上的差异。

课后反思的撰写过程,就是教师自觉地把自己的课堂教学实践,作为认识对象而进行全面而深入的冷静思考和总结的主动性过程。它是一种用来提高自身的业务、改进教学实践的学习方式,不断对自己的教育实践深入反思,积极探索与解决教育实践中的一系列问题,从而进一步完善自己,提升教学水平。

二、把握时间点

教学反思会促使新教师形成教学质量意识和自我监控能力。新课程非常强调教师的教学反思。按教学的进程,教学反思可分为教学前、教学中、教学后三个阶段。

(一)教学前的反思

教学前的反思是教师凭借以往的教学经验,对新的教学活动进行批判性的分析,并作出调整性的预测,这种反思具有前瞻性。在教学前进行反思应该成为新教师的一种自觉的教学实践活动。

(二)教学中的反思

教学中的反思是指对发生在教学过程中的问题及时发现、自动反思、迅速调控。这种反思表现为教学中的一种机智,具有敏感性。在教学中进行反思,需及时、自动、准确,这样才能及时"纠偏""定错"……从而能使教学在高质、高效中进行。

(三)教学后的反思

教学后的反思是在某一教学活动告一段落(如上完一节课,或上完一个单元的课等等)后,在一定的理念指导下,去发现和研究过程中的问题,或者对有效的经验进行理性的总结和提升。这种反思具有批判性,能使教学经验理论化。

三、找准切入点

(一)以怀疑来构思

从怀疑处构思课例文本,至少可以产生两个角度的思考。如:教学方法的使用是否科学。从"是"与"否"两个角度,还可以延伸出怎样"更科学",怎样才能避免"不科学"等,通过怀疑,举一反三,展开课例分析,撰写反思课例文本。

(二)以换位方式构思

一个教学细节,从教师、学生、家长的角度来看是不同的,获得的认识必然不一样。因此,构思教学反思课例文本,要能够换位思考,从不同侧面分析其合理性,多角度"包围"反思主题,以增强反思的深度与客观性。观察某一个人的言行举止、经历和事件,对其做出思考与评价,就会觉得这个人有许多不足之处,"要是我,早该如何,如何了"、"他怎么要这样做呢",逐渐会产生一种"此人不如彼人"的认识,这就是撰写思维的一个论点,是撰写课例文本的技巧之一。其实,某一个人的经验构造毕竟与众人不同,知识结构、能力素质、个性心理等内在素质是个性化的,外在生活环境也很不一样,最终形成的认识判断就表现出显著的差异。在此人的条件下,此人的做法应该是无可挑剔的,是一种可行的行为选择。

(三)从时间属性构思

对自己工作中的一些事件和经历,用当时背景下的思想意识去思考、去判断,无疑是正确的,"事情就该那么做",但是,把这些事件和经历放在今天的社会背景下,以今天的社会意识观点去思考,就必然会有所发现。把这些发现、所思、所想记录下来,即为一个有启迪性的课例文本。

(四)从环境变化构思

从环境改变上展开比较,是撰写反思课例文本的一个途径。例如,一位教师在西昌市上课,教学内容是"DNA的结构与复制"一节,采用讲练法,产生的教学效果不错,一周后,该教师到木里县上课,效果却很不一样。同样的教师、同样的教学内容、几乎在同一时间段,但环境不一样了。由此入手撰写的材料应该是比较丰富的,提供的撰写思维也是多元的。

(五)通过跨学科的构思

例如,综合实践课程集合了多门学科知识,是课程改革的新举措,在教学中,教师面临着诸多矛盾、困惑,需要反思的内容是多方面的。从转换知识性质、跨学科领域来展开思考,寻求不同的比较途径,构思课例文本,是入手技巧之一。

(六)注意撰写的落脚点

教师处于实践研究层面,因此要重视发挥自己的优长,找准撰写课例文本的落点。要避开理论空谈,聚焦行为实践,针对自己工作的特性,就自己遇到的教学问题与教学现象的反思,由此入手撰写课例文本。

例如,课堂教学设计是否适合于不同学习个性的学生;教学组织是否合理,步骤环节之间的有序性怎样;课堂氛围是否和谐,学生的学习情感态度表现如何;教学中的形成性评价实施得怎么样,信息反馈的信度和效度是否相互支持;等等。由此找准撰写落点,提高课例文本的质量。

(七)整体性特征的表达

一堂课、一个教学细节都是撰写课例文本的内容,但撰写思维并非仅仅是针对一堂课或一个教学细节,而是为了更好地改造整个教学理念。撰写思维,是要反映教育教学的生命活力,提高文本的可读性。因此,撰写课例文本要有整体性意识,要注意探寻学科内、学科之间的联系,反映共同的教学规律和特征,积累教学经验。只有表达了整体性特征的课例文本,才具有反思的属性和价值。

(八)从"课后记"入手

坚持写"课后记"对教学过程的优化有积极的帮助。一节课结束或一天的教学任务完成后,我们应该静下心来细细想想:这节课总体设计是否恰当;课堂组织环节是否合理;教学技术手段的运用有哪些不当之处;重点、难点是否突出;学生的主体性是否调动起来了;等等。

把这些想清楚,做出总结,然后写下来,形成一篇鲜活的课例文本,就为今后的教学提供了可资借鉴的经验。经过长期积累,必将收获一笔宝贵的教学财富。

从课后记入手,课例文本的撰写要求:用欣赏的眼光,写闪光点;用质疑的眼光,写怀疑点;用发展的眼光,写提高点。

1.写成功经验

针对教师自己的成功经验而写,是课例文本的一个主要内容。这些成功经验包括:

教学过程达到预先设计的教学目的、引起教学思维共振的做法;课堂教学中临时应变的措施;层次清楚、条理分明的板书;某些教学思想方法的渗透与应用过程;教育学、心理学中一些基本原理的使用与反思的感触;教学方法上的改革与创新等。

把这些成功经验详细记录下来,供以后教学时参考,使教学行为在此基础上不断改进、完善、推陈出新。

2.写教学遗憾

"课堂教学是一门不断留下遗憾的艺术实践",如果真的达到十全十美、没有遗憾的教学境界,这样的教学就必然是"寿终就寝"了,就谈不上发展了。

教学,我们追寻的是少留下遗憾,把遗憾控制在一定范围内,而不是要杜绝遗憾。教学反思,就是要研究遗憾,发现遗憾的潜在价值。

科学、有效的教学诊断可以帮助我们减少遗憾。教师不妨从教学细小环节的问题展开反思,思考隐藏在问题背后的教学理念。例如,教师可以通过自我反省与小组"头脑风暴"方法,收集各种教学"病历"——即问题之一,然后归类、比较、分化、综合,找出典型"病历",并对"病理"进行分析,重点讨论影响教学有效性的各种教学观念,最后提出解决问题的对策。

即使是成功的课堂教学也同样需要对它们进行反思,通过系统的回顾、梳理,并对其作深刻的探究和剖析,使之成为今后教学的借鉴材料。

3.写课堂机智

在课堂教学中,随着教学内容的展开,师生的思维发展及情感交流的融洽,往往会因为一些偶发事件而产生瞬间灵感。这些"智慧的火花"常常是不由自主产生的,是突然而至的,需要及时利用课后反思去捕捉。

4.写思维创新

学生是学习的主体,学生总会有"创新的火花"在闪现,教师应当充分肯定学生在课堂上提出的一些独特的见解,它们是对课堂教学的补充与完善,可以拓宽教师的教学思路。

一节课下来,静心沉思,会有许多发现。例如,摸索出了哪些教学规律;教法上有哪些创新;知识点上有什么发现;组织教学方面有何"功夫";解题的诸多误区有无突破;启迪是否得当;训练是否到位等。及时记下这些得与失,进行必要的归类与取舍,考虑再教这部分内容时应该如何做,尝试写出"二次课堂设计",这样,把自己的教学水平提高到一个新的境界。

四、掌握几个环节

(一)分析并发现问题

新教师要自觉地全面审视自己的教学实践,如通过写反思日记、自传等方法对自己的教学水平、教学理念等做出评价,界定具体的教学情境中存在的教学问题,了解问题为何事(what)、为何(why)以及如何(how)。并通过集体的讨论,明确问题。这一过程,可以增强新教师的问题意识,帮助新教师善于从无问题处发现问题。

(二)从不同角度审视问题

问题明确后,新教师要从不同角度去审视问题。根据美国学者布鲁克菲乐德的观点,新教师可以从四个视角去透视这些问题:

——自传反思所提供的视角。包括回忆新教师自己当学生时对老师教学的体会以及当新教师后在教学工作中的一些经验教训；

——自己学生所提供的视角。请学生对这些问题谈谈自己的感受；

——同事所提供的视角。请同事对自己教学中的问题发表一些中肯的意见；

——教育文献所提供的视角。阅读一些教育文献，从中得到有益的启示。此外，新教师还要从教育学、心理学、社会学等相关学科的角度来描述和分析问题的总体特征。从不同的角度审视问题，这有利于新教师进一步分析和把握问题，向问题的本质靠拢。

（三）进行目的－手段分析

新教师以问题为中心，收集与问题相关的资料和信息，明确通过问题的解决要达到的目的。

在这一过程中，新教师可以不断地进行自我提问，从已有的知识中、其他新教师中、各种文献中去收集相关的信息，找出解决问题的各种手段，然后对各种能实现目的的手段进行评估，从中择优选取最终的解决问题的方案。

这一过程有助于新教师充分调动自己各方面的潜能，掌握并提高解决问题的能力。

（四）实施行动

选取行动方案后，反思性教学进入实施阶段。要把各项措施落实到教学的全过程。新教师在实施的时候还要不断观察和反思实施效果，并随时对行动方案进行修改和调整。

（五）总结评估

反思性教学计划实施一个周期或阶段之后，新教师要对实施的效果进行一个专业判断并得出一个暂时性的结论。其中着重要对反思性教学中学生的学习效果和新教师的教学体会进行总结，并做出相应的评估。这次的总结和评估，是前一段行动的终结，也是反思性教学的前奏。

以上五个步骤的划分是相对的，不能截然分开。

第十章　新教师人格修养

第一节　格的概述

一、什么是人格

人格（personality）——词源于拉丁语 person，原意指演员在舞台上戴的面具，象征人物性格。后来心理学借用这个术语，用来说明每个人在人生舞台上各自扮演的角色及其不同于他人的精神面貌。在东方，"格"通常指"标准"或"准则"，如"言有物而行有格也。"（《礼记·缁衣》），人格，顾名思义也就是人之格，即作为人的标准或准则。在西方，人格是个体行为的全部品质（吴伟士）；人格是个体发育的特别性状下所获得的独特行为装备（伦丁）。

中国心理学界习惯用"个性"这个词来代替人格。个性常常被分为个性倾向性、个性心理特征、自我意识三部分。个性倾向性是决定人对客观事物采取何种态度和行为的动机系统，包括需要、动机、价值观等；个性心理特征是个人经常表现出来的本质的、稳定的心理特征系统，包括气质、能力、性格等；自我意识则是个性中自我体验系统，它能使个人在与周围世界打交道的过程中对自己有所认识、有所体验、有所控制。

二、人格的结构

关于人格的结构已建立了许多学说，下面介绍几种常见的说法。

（一）弗洛伊德的人格结构说

在早期，弗洛伊德把人格分为意识、前意识、潜意识。意识是与直接感知有关的心理部分，它包括个人现在意识到的和现在虽然没有意识到但可以想起来的。而潜意识则是不能被本人意识到的，它包括个人的原始的盲目冲动、各种本能以及出生后和本能有关的欲望。在意识和潜意识之间，还有一种前意识。前意识是意识的一部分，即前面所说的"现在虽然没有意识到但可以想起来的"那一部分。在弗洛伊德看来，前意识处在意识和潜意识之间，它是可以召回来的部分，也就是可以回忆起来的经验，而潜意识则是不可召回的。弗洛伊德认为"精神过程本身都是潜意识的"。

在晚期，弗洛伊德又认为人格由本我、自我和超我三部分组成（图 10.1）。"本我"与生俱来，是人类最原始的生命本能和性本能，也是人格发展的原始动力。它深埋在人格的最底层，被"快乐原则"支配着。它没有时间和道德是非的限制，很难被别人觉察。它的目的是无所顾忌的寻求本能所需要的最大限度的满足和心理刺激

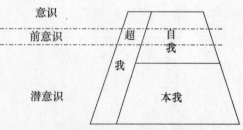

图10.1:弗洛伊德的人格结构

的彻底消除。"自我"是在现实环境作用下从本我中分化出来的，而且能使人的本能趋于理性化和现实化，代表了人格中理智和意识的部分，受现实原则支配，能够根据现实条件和客观环境，不断调整本我与外部世界的关系，在不造成更大痛苦的前提下满足本我的需求。超我是世俗教育的产物，代表人格结构的道德"良知"理性这一面。它有两个部分：自我理想和

良心。自我理想用于确立自己的行为目标,良心则用来监督自己的行为过程,使"自我"摆脱"本我"的纠缠,按照社会规范和要求去活动。超我按"至善原则"行动,随时随地监控"本我"的冲动(如性冲动、攻击冲动),同时也监控"自我",阻止"自我"执行"本我"为满足自己的需要而发起的行为。

现代心理学家把弗洛伊德的两种人格学说的关系表述为如图 10.1 所示。

(二)大五人格模型

1989 年美国心理学家麦克雷可斯塔等人提出了一个"大五人格模型"(OCEAN)。它把人格分为五个方面,也被称之为人格的海洋,可以通过 NEO－PI－R 评定。

(1)外倾性:好交际对不好交际,爱娱乐对严肃,感情丰富对含蓄;表现出热情、社交、果断、活跃、冒险、乐观等特点。

(2)神经质或情绪稳定性:烦恼对平静,不安全感对安全感,自怜对自我满意,包括焦虑、敌对、压抑、自我意识、冲动、脆弱等特质。

(3)开放性:富于想象对务实,寻求变化对遵守惯例,自主对顺从。具有想象、审美、情感丰富、求异、创造、智慧等特征。

(4)随和性:热心对无情,信赖对怀疑,乐于助人对不合作。包括信任、利他、直率、谦虚、移情等品质。

(5)尽责性:有序对无序,谨慎细心对粗心大意,自律对意志薄弱。包括胜任、公正。

(三)人格六因素模型

Ashton 和 Paunonen 等心理学家提出了人格特质的六因素结构模型,其内容是:

(1)外倾性:该因素强调合群、健谈和活跃,但是不包括与勇敢、自信和坚韧有关的内容,其标定词主要有:正向——健谈的、开朗的、充满活力的;负向——安静、羞怯、被动。

(2)愉悦性:该因素强调温和、耐心、愉悦、易怒和坏脾气。

(3)公正严谨性:强调组织性和纪律性,但是它通常不具有特定的道德含义。其标定词主要有:正向——守秩序的、精确考究的、勤奋的。

(4)情绪性:强调焦虑情绪反应性、多愁善感和缺乏勇气。

(5)坦诚、谦虚:强调可靠、谦逊、不贪心和不狡猾。

(6)想象力、智力、创新性:强调智力、想象力和创新性。

这种模型比大五人格模型更全面和具体、实际。每个人的人格不是单一的因素组成的,而是不同特质的不同程度的结合。

三、人格特征

(一)整体性

人格的整体性是指人格有多种成分的特性,如需要、能力、气质、性格、动机、态度、价值观等,但在一个人的身上并不是孤立存在的,而是相互联系、相互作用错综复杂地组成的一个有机的整体。人格的整体性还表现在人格内在的统一性上,亦称统一的人格,是指作为人格核心的人生观、价值观和信念需要与个人的需要、动机、愿望、思想、目标和行动统一起来。那么在现实生活中出现的"多重人格"或"双重人格"就是失去了人格内在统一性。

(二)稳定性和可塑性

人格的稳定性是指个体的人格特征具有跨时间的持续性和跨情景的一致性。它源于孕育期,经历出生、婴儿期、童年期、青少年期、成人以及老年。一个人偶尔表现出来的心理特征和心理倾向是不能代表他的人格的。比如说一个处世严谨、循规蹈矩、稳重的人,也偶然表现出轻率冒失的行为,谨慎才是他的人格特征,而轻率则不是。一个人的人格具有稳定性并不代表他的人格是一成不变的,人格也具有可塑性,它随着客观环境的变化会发生某些变化,特别是对于正在形成中的儿童的人格还不稳定,易随环境的变化而变化。成年人的人格比较稳定,但也会受到具有决定性因素的环境和机体的影响,如疾病、挫折、信念、价值观等。

(三)独特性

人格的独特性是指人与人之间在心理和行为上具有各自的特点。也就是说,每个人的人格具有某些相似之处,但不同的特征交织在一起就构成独特的人格,正如一个伟大的哲学家所说,"世界上没有两片相同的树叶"。由于人格结构的多样性,在日常生活中我们可以观察到个性各异的新教师。

(四)生物性和社会性

人格受个体的生物性的制约。个体的遗传和生物性是人格形成的基础,它不能预定人格的发展方向但却影响着人格发展方向和方式,在充分看到人格的生物性的同时,决不能认为人格是先天固有的。每个人的人格都是个体在自然和社会中所形成的,是个体的自然性和社会性的综合。人格是在的本质并不是几种属性混合的产物,而是人所特有的东西。人是社会中的人,换言之,人格是在社会化过程中形成的,是社会的人所特有的,从这个意义上说,人格的形成是生物因素和社会环境交互作用的结果。

四、影响人格形成的因素

人格的形成与发展离不开先天遗传与后天环境的关系与作用。心理学家们认为,人格是在遗传与环境的交互作用下逐渐形成并发展的。

(一)生物遗传因素

由于人格具有较强的稳定性特征,因此人格研究者更注重遗传因素的作用。综合现有的研究结果,将遗传对人格的作用简要归纳如下:

1.遗传是人格不可缺少的影响因素

遗传是怎样影响人格的呢?遗传的基本单元是由 DNA 元素组成的。这些元素组成合成蛋白质的化学编码,蛋白质反过来又会影响身体的每一个方面的化学成分。基因就是通过影响婴儿大脑和神经系统发育来影响他的初期"人格"行为的。这就不难解释人们以上提出的问题了:不同的父母 DNA 结合,组成了不同的蛋白质化学编码,这些不同的蛋白质决定、影响了人的身体结构和体质,所以人一生下来就有差异,而且这些差异甚至是终生很难改变的。

2.遗传对人格的作用随人格特质的不同而异

通常在智力、气质这些与生物因素相关较大的特质上,遗传因素的作用较重要;而在价值观、信念、性格等与社会因素关系密切的特质上,后天环境的作用可能更重要。

3.人格的发展是遗传与环境交互作用的结果

人既具有生物属性,又具有社会属性。人在胚胎状态时,环境因素的影响就开始了,这种影响会在人的一生中持续下去。后天环境的因素是多种多样的,小到家庭因素,大到社会文化因素。这些因素对人格的形成与发展都有重要的影响。

(二)社会文化因素

每个人都处在特定的社会文化环境中,文化对人格的影响极为重要。社会文化塑造了社会成员的人格特征,使其成员的人格结构朝着相似性的方向发展。这种相似性具有维系社会稳定的功能,又使得每个人能稳固地"嵌入"整个文化形态里。

社会文化对人格具有塑造功能,还表现在不同文化的民族有其固有的民族性格。例如中华民族是一个勤劳勇敢的民族,这里的"勤劳勇敢"的品质便是中华民族的共有的人格特征。

(三)家庭环境因素

研究人格的家庭成因,重点在于探讨家庭的差异(包括家庭结构、经济条件、居住环境、家庭氛围等)和不同的教养方式对人格发展和人格差异具有不同的影响。研究发现:

1. 权威型家庭

权威型教养方式的父母在子女的教育中表现得过于支配,孩子的一切都由父母来控制。在这种环境下成长的孩子容易形成消极、被动、依赖、服从、懦弱,做事缺乏主动性,甚至会形成不诚实的人格特征。

2. 放纵型家庭

放纵型教养方式的父母对孩子过于溺爱,让孩子随心所欲,父母对孩子的教育有时出现失控的状态。在这种家庭环境中成长的孩子多表现为任性、幼稚、自私、野蛮、无礼、独立性差、唯我自尊、蛮横胡闹等。

3. 民主型家庭

民主型教养方式的父母与孩子在家庭中处于一种平等和谐的氛围当中,父母尊重孩子,给孩子一定的自主权和积极正确的指导。父母的这种教育方式能使孩子形成一些积极的人格品质,如活泼、快乐、直爽、自立、彬彬有礼、善于交往、富于合作、思想活跃等。由此可见,家庭确实是"人类性格的工厂",它塑造了人们不同的人格特质。

(四)早期童年经验

"早期的亲子关系定出了行为模式,塑造出一切日后的行为",这是麦肯侬(Mackinnon,1950)有关早期童年经验对人格影响力的一个总结。中国也有句俗话:"三岁看大,七岁看老。"人生早期所发生的事情对人格的影响,历来为人格心理学家所重视。需要强调的是,人格发展尽管受到童年经验的影响,幸福的童年有利于儿童发展健康的人格,不幸的童年也会使儿童形成不良的人格,但二者不存在一一对应的关系。比如溺爱也可能使孩子形成不良的人格特点,逆境也可能磨练出孩子坚强的性格。另外,早期经验不能单独对人格起作用,它与其它因素共同决定着人格的形成与发展。

(五)自然物理因素

生态环境、气候条件、空间拥挤程度等这些物理因素都会影响到人格的形成与发展。有很多研究说明了生态环境对人格的影响。另外气温会提高某些人格特征的出现频率,例如热天会使人烦躁不安,对他人采取负面反应,发生反社会行为。总之,自然环境对人格不起决定性的作用。在不同物理环境中,人可以表现出不同的行为特点。

(六)学校教育因素

学校是一种有目的、有计划地向学生施加影响的教育场所,是成长过程中重要的环境因素。教师对学生的人格常具有指导定向作用,有研究表明,在不同的教师的气氛中,学生常有不同的行为表现,教师的公正性对学生也有非常重要的影响。而教师的期望引起的效应称为"皮格马利翁效应"。另外,学校是同龄群体聚集的场所,同伴群体常对人格的形成起到巨大的影响。

第二节　新教师的健全人格及培养

一、健全人格及意义

健全人格是一个表达人的本质存在状态的新时代概念。概括来说,健全人格的理想标准就是人格的生理、心理、道德、社会各要素完美地统一、平衡、协调,使人的才能得以充分发挥。健全人格者以辩证的态度对待世界、他人、自己、现在和未来以及困难和挫折,是一个自立、自信、自尊、自强、幸福的进取者。

(一)教育意义

1. 个人成长的需要

爱因斯坦说:"智力上的成绩依赖于性格上的伟大,这一点常常超出人们的认识。"人格因素对学生学习具有深远的影响,积极的人格特征对学生的学习成绩起着促进的作用。教学中我们不难发现,学习目标明确、意志坚定而充满自信的学生,他们的学习成绩和智力发展情况一般要比那些目标不明、缺乏自信和勤奋精神的学生好得多。此外,学生健全人格的培养,对班集体形成良好的学习互助风气、良性的竞争环境、积极向上的学习氛围也有重大意义。

2. 教育发展的需要

从价值趋向看,我国正在进行的新一轮基础教育课程改革凸显了"为了每一个学生发展"的核心理念。新课程重视学生知识与技能、过程与方法、情感、态度与价值观的三维发展,这必然要求从事基础教育的教师们转变观念,努力探索,积极投身于培养学生健全人格的工作中来。

(二)社会意义

1. 有利于人的和谐

人的全面发展是人的身心全面、和谐、充分、协调的发展。人格是人的心理素质的重要构成,具有健全人格的人,有积极进取的人生观和世界观,对自己和社会有较为明确的了解,能客观地认识和评价自己,客观地分析、评价社会,正确处理与社会和他人的关系,平衡自身与环境的关系,拥有健康的心理,使自己的思想、信念、目标、行动都能跟上时代的发展,与社会要求协调一致。

2. 有利于社会的和谐

学生带着一种什么样的人格状态进入社会,应该是教育者必须着重关心的一个问题。怀着一种积极的、健康的心态,以健全的人格状态步入社会的学生,自然会对社会做出贡献;反之,怀着一种消极的、厌世的甚至是敌视的态度和畸形的人格状态步入社会的学生,很可能会成为社会发展的负面因素。

3. 有利于个人成功

成功和失败最大的差异不是智力上的差异,而是非智力方面的差异,其中人格是主导因素。当代中小学生正处在一个飞速发展的时代,社会的变革必然产生层出不穷的新观念、新事物,健全人格者能主动、积极地调节自我适应转变的根本保证。因此,培养中小学生自我学习、学会学习、自我发展的意识,增强他们自我发展的主动性,使自己的思想、信念、目标、行动都能跟上时代的发展,与社会要求协调一致,是个人成功的必要条件。

二、健全人格的表现

每个人的心灵是一片田野。庄稼越多,杂草的生存空间就越小;庄稼越茁壮,杂草就越屠弱,如果我们同时再清除杂草,田野就干净如初。这些庄稼就是高尚的道德品质,良好的心理素质和健全的人格。健全人格包括以下六个方面:

(一)自尊

自尊是人格健全者的标志之一。自尊的人关心自我形象,积极向上,有追求目标。

(二)自信心

自信是人格中必不可少的特征之一。自信是在认识自己存在价值的基础上,了解自己的长处和短处,在工作学习中扬长避短,并相信自己的能力和努力。自信是对自己、对他人的悦纳,是一种意念,一种意志。自信并不意味着没有失败,没有风险,而是具有面对失败的勇气、战胜失败的信念和把握成功机会的能力。

(三)认真负责

认真负责是工作和学习中必不可少的优良品格。面对困难,一个有责任心的人不会推诿逃避,不会寻找借口以求得心理的暂时安慰,而是敢于承担责任,并努力去获得成功。

(四)自我控制

自我控制是一个人良好性格的重要指标之一。自我控制力强的人都是坚忍、自制的。坚忍不拔是事业成功的必要条件。坚强的意志表现在对已确定的目标,能坚持完成,不轻易半途而废。

(五)乐观豁达

乐观豁达的心胸是保持良好心境的法宝。豁达的心胸来自宽容,容忍不同的意见,容忍不同的人。豁达的心胸来自忘却,来自谅解。忘却生活中不愉快的事情,忘却别人的冒犯,谅解他人的缺点和过失。常从事情的积极面来看待问题,才会体会到"心旷神怡,宠辱皆忘"的心境。

(六)独立和创新

独立思考的倾向是人格成熟的标志之一。独立的人较少依赖别人,喜欢依靠自己的能力达到目的,对别人的观点不是全盘接受,而是有所选择。好奇心是创新的起点,较强的能力和自主独立的性格是创新的要素,自我实现是创新的目的。

三、教育人格能级发展理论

人格是个体行为的全部本质。人格的形成和发展过程是个体实现社会化的过程——即从"自然人"过渡到"社会人"的过程,它是个体在遗传、环境、他人和自我等主客观因素的长期相互作用下,在其成长的岁月中打上的"行为烙印"。"教育者,养成人格之事业也。"(蔡元培)"人格无条件地具有真理性。"(黑格尔)"文化的最后成果是人格。"(荣格)

(一)个体人格建构

建构主义(constructivism)强调个体的主动性在建构认知结构过程中的关键作用,建构主义是在观察和科学研究的基础上,探究人怎样学习的理论。这种理论认为——人是通过体验事物和反思自己的经验来构建自己对世界的理解和知识的。无论在何种情形中,我们都是自己知识的主动的创造者。在个体"精神自我"建构方面,是个体通过理解重复发生的事件独自建构知识。知识与其说是客观的,不如说是个体的、适应性的(凯利);知识不是被动吸收的,而是由认知主体主动建构的(冯·格拉塞斯菲尔德)。当我们遇到新的事物时,我们必须使其与我们先前的观念和经验协调起来——我们可能会改变我们信任的东西,或者抛弃不相关的新信息。

由此可见,"人格建构"与发展过程,其实是个体"自我品质"与"自我行为"的不断建构过程,建构的层次与水平完全取决于主体、环境、客体三者间的相互作用。学生生活在信息资源丰富、人际交往频繁的优质校园环境中,由于个体涉及的专业知识、兴趣爱好、人际范围等的不同,以及自我主动性建构水平与行为目标不同,造就了形形色色的、异彩纷呈的个体行为本质。

(二)人格能级发展

"能级"源于物理学的概念——是指原子、分子、原子核等在不同状态下运动所具有的能量值,这种能量数值是不连续的,因状态的不同而不同,呈现台阶状,称之为能级。人格能级发展是指群体中的每一个个体的人格发展,在遗传、环境等因素的不同或相同制约与影响下,由于个体在主观上的自我主动性建构欲望与行为目标不同,对环境的有效开发水平和利用率不同,最终打造出的个体人格优劣在群体中呈"能级"分布状态。

图10.2:教育人格能级发展

人格发展的前提是自我意识的醒觉,有自我意识凝聚而形成的自我则是人格的内核,而且自我的状态也会影响到人格的状态。大学是多种文化的"碰接"与磨砺地带,多样性的价值观、人生观、世界观在这里得到延伸或改造,多门类的科技、文化、知识经验在这里得到"传递"与"再生产"。大学生的人格正是在这一特有环境中得到多样化的建构与发展的,由于每个大学生在主观上的自我主动性建构欲望与行为目标不同,对环境的有效开发和利用率不同,最终塑造出的个体人格水平也就因人而异。据学校的精神实质与人才培养目标,可以将大学生的人格发展"能级"划分如图10.2所示:"金字塔型"的"三级六层"人格能级结构——能级由低到高,个体的"精神能量"也由"低而递高";进入高能级的是能够超越"文凭"、"知识"、"能力"、"智慧"而为数不多的人;进入"中能级"的是只能超越"文凭"与"知识"而为数较多的人;由于传统的"学历型人才理念"与我国高等教育改革的相对滞后,导致了留在"塔基"的"低能级"人数最多。

1. 低能级人格类型

包括"文凭型"、"知识型"两种人格水平。其特点是:个体能量低,社会适应能力差,就业竞争能力弱,一般是等待就业,就业后工作业绩平平,如果不加强自我学习,运气再好,工作中也只能充当他人的"一般人手"。

2. 中能级人格类型

包括"能力型"、"智慧型"两种人格水平。其特点是:个体能量较大,社会适应能力较强,能主动寻找和发现就业机会,能顺利就业,就业后工作业绩较好,如果个人修养好,工作后能迅速成为团队中的"拔尖人才"。

3. 高能级人格类型

包括"创新型"、"创业型"两种人格水平。其特点是:个体能量大,社会适应能力强,高瞻远瞩,有敏锐的观察力和较强的创造力,如果机会把握得好,能够为社会创造出更多的就业岗位,让自我走向成功而成为"知名人物"。

由此可见,新教师应着力于个体"人格建构",为自我成长与成材寻找恰当的人格发展平台,根据个体的基础知识、基本能力而主动发展,引导自我在相应的"能级环境"中磨砺自我,促使自己逐步实现由低到高的"能级跳跃"。教师应该在尊重个体、个性的基础上,充分调动个体的主观能动性,引导学生找准自己的人格"能级位置",确立自己的"人格建构"目标,并给予充分的指导与激励,促使自我实现、自我教育、自我发展与自我超越,逐步实现人格的自我完善。

(三)能级中的新教师人格类型

1. 文凭人

是指那种在学校生活中,仅仅是以获得文凭为目的的学习动力基础和行为目标的个体主导性人格——其主要特点是:上大学就是为了拿文凭,只要能拿到文凭,就有了就业的敲门砖。重视考试,轻视学习,忽视自我发展和能力训练;"大学苦短"、"避苦趋乐"、"及时行乐";这种人目光短浅、急功近利、能力偏低,将来很难适应"优胜劣汰"的社会竞争。因为我们知道,文凭只是一块敲门砖,即使你进了门,也并不能代表你从此就万事亨通了;文凭只是一把尺子,只是属于合格的证明,永远不能等于未来,它具有很大的局限性和片面性,根本无法适应飞速发展的信息时代对人的要求,更不可能全面衡量或代表一个人各方面的综合素质和能力。

同时我们更应该看到,在"文凭热"的今天,这把尺子还有可能会出现误差,它有时不能客观地反映一个人的真实水平。"文凭人"只是一个"招牌",如果他们缺乏知识和能力,他们拿到的是一张废纸。

2. 知识人

是指那种在学校生活中,在保障获得文凭的基础上,关注知识的吸收与接纳,以知识的学习为动力基础和行为目标的个体主导性人格——其主要特点是:上大学既看重文凭,更看重知识,真正认识到"知识是人类进步的阶梯",能清楚地看到文凭只是知识的符号,当文凭与知识脱节时,文凭会一文不值。这种人有一定的眼光,善于接纳、寻找和运用知识,但缺乏思想和智慧,容易"死读书"和"读死书"而犯教条主义,他们的社会实践能力和适应能力差。在现实中我们能看到有许多人的文凭与知识、能力不是对应匹配的。

由此可见,文凭和知识只能代表我们曾经受到过相应程度的教育与训练,但不能代表我们一定能适应现实社会。"知识人"是拥有文凭与知识,但缺乏能力和智慧的人。

3. 能力人

是指那种在学校生活中,在获得知识的基础上,高度重视自我能力的建构与训练,以能力的获取为动力基础和行为目标的个体主导性人格——其主要特点是:上大学既看重知识学习,更看重能力的建构与训练,清楚地认识到"知识不等于能力",能力不是知识的叠加,而是知识的熟练掌握与综合应用,只有当知识转变为个人技巧和技能时才能推动自我能力的建构与发展。

知识是能力赖以形成和发展的基础,知识学习的目的归根到底是为了培养自身分析问题和解决问题的各种能力。两者犹如"枝叶"与"根本",知识只是在个体能力形成中的"量的积累",它只为能力的形成提供了可行性,而不是必然性。"质的飞跃"要靠个体的对知识的深层加工能力与实际应用水平。"能力人"是能将知识内化为能量,敢于面对社会变革且立于不败之地的人。

4. 智慧人

是指那种在学校生活中,在获得知识与能力的基础上,善于发展自我对事物认识、辨析、判断、发现等各种智能的建构与训练,以智慧的获取为动力基础和行为目标的个体主导性人格——其主要特点是:这种人有思想,善思考,他们深刻认识到智慧是人类的"第一宝藏",它取之不竭,用之不完,有能力的人不一定拥有智慧,而且往往受制于有智慧的人;他们清楚地认识到智慧是个人在掌握各种知识、能力和技能等"精神能量"的基础上,经过高度浓缩形成的独特的思维技巧与行为方式。

有人说:人的本质力量不是体力,也不是知识,人与人之间的根本区别在于智慧,智慧才是人的本质力量。"智慧人"是拥有特殊思维技巧和行为能力的人,他是"能力人"中的"思想高人"。

5. 创新人

是指那种在学校生活中,在获得能力、知识的基础上,高度重视创新能力的开发与建构,以创新意识、创新技能的获取为动力基础和行为目标的个体主导性人格——其主要特点是:学校生活不是简单地"学会学习、学会生存、学会做人、学会共同生活",真正理解创新是知识经济的命脉,创新能改变人生、改变世界;这类人能感受到瞬息万变的信息时代,对自己如何掌握知识、应用知识提出了更新、更高的要求;他们能够严格要求自己,一方面必须掌握一定的基础知识、专业能力,另一方面又能根据自己的人生需要去把握更宽泛、更深刻的知识与能力,对方方面面的知识、能力都尽可能地多学一点、多懂一点,且能做到不断地更新、融会、贯通,以适应日新月异的社会变革。他们清晰地看到,人脑不是知识的"储存器",而应成为知识的"过滤器"和"加工器",在获取、运用、驾驭知识的基础上,敢于怀疑与创新、发明与创造。

"创新人"是知识经济时代学校的主导性人才培养目标,是"智慧人"中的"蜕变者"和"进化物"。

6. 创业人

是指那种在学校生活中,在获得创新能力的基础上,善于应用创新成果实现自我目标和社会价值,以自主创业为动力基础和行为目标的个体主导性人格——其主要特点是:这类人敢于挑战自我、挑战社会,具有开拓精神,他们不满足于循规蹈矩的人生轨迹,善于捕捉、开发利用人类的创新成果,擅长从别人的成败经验中找到灵感,并能成就自我。他们大多集知识、能力、智慧、创新能力于一身,拥有敏捷的思维和超前的意识,具有过人的胆识和驾驭全局的魄力。他们最充分地发挥自己的潜能,成为所期望的人物,并竭尽所能使自己趋于完美,能够充分地、活跃地、忘我地、全神贯注地体验生活,有成就感。

创业是创新的高级形式,是创新成果在参与社会竞争中的优胜者和践行者,它以创造社会经济效益、提供就业岗位,参与和带动社会的进步为特征,同时在持续的社会竞争中面临优胜劣汰,因为在竞争中要保持"可持续发展",对创业者的再创业是一个巨大的挑战。其人格的各个方面都得到了较好的、充分的、完美的发展,人格的整体发展达到了较高的水平。可以认为"创业人"是能实现自我的人,他们一般能成就自我而成为知名人物。

四、教师人格"烙印"

由于受家庭、学校、社会等环境中的"榜样群体""教养方式""人格典范"的长期影响,而产生并逐渐稳定下来的、具有一定代表性的个体行为倾向。新教师在成长的环境中,由于接受的价值观念、行为方式、态度体系及社会道德规范不同,造就了教师社会化的具体内容和行为目标就有所不同,教师在社会化中所获得的行为本质就完全不一样。

(一)类植物人格

类植物人格是指教师在其社会化过程中,由于在特定教育与特殊环境的长期影响下,在"人格建构"中逐步产生并逐渐稳定下来的、具有一定代表性的、类似某种植物特性的教师行为倾向。典型的类植物人格有:

1. 小草人格

歌曲《小草》的歌词写道:"没有花香,没有树高,我是一棵无人知道的小草,春风啊春风把我吹绿,阳光啊阳光把我照耀,河流啊山川把我拥抱……可是我的朋友遍及天涯海角"。小草生命力很强,它向大自然奉献了绿色与生命,但它被动接受、等待;自甘沉沦,只求索取和等待回报,它虽默默奉献,却只看到自己的劣势而看不到自己的优势,很少谈及奉献。

(1)人格特征:这种人往往被动接受,不思进取,缺少责任心和上进心,但善于自我宽慰,具有"阿Q精神",略带"自卑情结",这是国人中最典型的"平民人格"。

(2)医治药方:尝新激励,超越自我。

2. 梅花人格

"万花敢向雪中出,一树独先天下春","铁臂凌霄,繁花似霞";它那不畏严寒、傲立风霜、迎雪而开的气节让人敬畏;它那玉洁冰清、神姿绰约、清新幽雅的气度令人倾心;它那执著勇敢、坚忍不拔的品格常激励人心;梅花堪称"香、色、韵、姿"四绝,而且"花、叶、根、核仁"俱可入药。

(1)人格特征:"众花冬眠我独开,众人皆醉我独醒。"这种人有独特的眼光和敏锐的观察能力,思维灵活、心直口快,容易走极端;他们为了真理、信念、正义等不屈不挠,宁愿牺牲自己也要坚持斗争,具有"梅花情结"。典型人物有屈原、陶渊明等。

(2)医治药方:走出自我,融入社会。

3. 竹的人格

"咬定青山不放松,立根原在破岩中。千磨万击还坚劲,任尔东西南北风","一节复一节,千枝攒万叶;我自不开花,免撩蜂与蝶。"(郑板桥)。在春天它虽不引人注目,但在冰封大地之时,它却依旧挺拔、颀长,只有松、梅与之做伴;它抗寒而"傲斗风雪",挺直腰而"笑傲众生",不变节而绿叶长青;春天新竹笋像一支支利箭,穿过顽石,刺破硬土,勇往直前,脱去层层外衣,披上一身绿装;它"经霜雪而不凋,历四时而常茂。"充分显示了它不畏困难,不惧压力的强大生命力和顽强品格。

(1)人格特征:这种人虚心有节、始终如一、高风亮节、一生正直,宛如竹子枝繁叶茂而不开花,虚心顽强而不与世俗同流合污,但有时也免不了清高与狂放。

(2)医治药方:"莫信直中直,须防仁不仁。"

(二)类动物人格

类动物人格是指教师在其社会化过程中,由于在特定教育与特殊环境的长期影响下,在"人格建构"中逐步产生并逐渐稳定下来的、具有一定代表性的、类似某种动物特性的教师行为倾向。典型的类动物人格有:

1. 孔雀人格

小学课文《美丽的孔雀》一文中描述的孔雀,它虽美丽漂亮,但华而不实;它虽体态优雅,但没有能力翱翔于蓝天,喜欢自我鉴赏、故作娇媚,甚至惺惺作态;从《骄傲的公鸡》一文中我们也可以看到孔雀人格的影子,它只看到自己华丽的外表,而不懂得关注自己的内部品质。

(1)人格特征:这种人经常关注自己的穿着和仪表,特别关心别人对自己外表的称赞与评价;他们目光短浅,能力偏低,性格偏怪,情绪常不稳定,好走极端,有"自恋趋向"。

(2)医治药方:"外表的美丽,永远躲不过岁月的风霜。"

2. 狐狸人格

狐狸聪明伶俐,善于隐蔽自己的弱点,发挥自己的优势;擅长"以己之长,攻彼之短",有创新、察言观色、随机应变的头脑,有敏锐的政治嗅觉,有圆滑的人际技巧。

(1)人格特征:这种人过于狡猾、缺乏实干;具有两面手法,有投机思想,忠诚度偏低,很难得到信任和找到真正的朋友。典型代表人物为和珅。

(2)医治药方:"路遥知马力,日久见人心。"

3. 狼的人格

狼善于卧薪尝胆、知己知彼与团结协作,不会攻击比自己强大的敌人,如果不得不面对强敌,必然"群起而攻之";狼有自知之明,它们也很想当兽王,但狼知道自己不是虎,它们能用最小的代价,换取最大的回报;狼表里如一,它们也想善良,但自己的胃只能消化肉,只好堂堂正正地干吃肉的勾当;其自由可贵、有傲气,更有傲骨,决不会为了嗟来之食而不顾尊严地向别人摇头摆尾;狼钟情,且"授子以渔",从母狼怀孕直到狼崽有独立能力之前一直保护它们,当小狼有独立能力时坚决离开它,它们知道若做不了狼就会变成羊。

(1)人格特征:这种人勇敢、强悍、狂妄、有野心,但自尊、智慧、机敏,具有十足的野性和血腥味;由于他们凶残和不择手段而容易取得成功。典型人物如西夏国主李元昊。

(2)医治药方:"为善为乐,为恶难逃。"

(三)传统人格

传统人格是指教师在其社会化过程中,由于在传统教育与特定环境的长期影响下,在"人格建构"中逐步产生并逐渐稳定下来的、具有一定代表性的、传统价值观与人生观的教师行为倾向。典型的传统人格有:

1. 市侩人格

是绝对的利己主义者,凡有机会他就上,凡有利益他必先,且作得很恰当圆滑,天衣无缝,一切看上去是那么自然。他们眼光尖锐、准确,手段高妙、敏捷,当你想探索他的灵魂或抓捏他的核心时,他却软滑滑地,滑得你全身毛骨悚然,不知道哪里是他的核心,可一旦触到他的利害,他又挺硬的,甚至可以和你拼命。他们非常忌讳"太认真",更要面子、名誉与自尊。

(1)人格特征:这种人聪明、灵活、敏感,见利忘义、唯利是图,为了利益不惜背叛朋友,甚至出卖人格、国格,容易先富起来,更容易失去朋友,缺少后劲。

(2)医治药方:山峰越高、山谷越深。

2. 东郭人格

来自寓言《东郭先生与狼》的故事。东郭先生乐善好施、有知识,重礼节、重伦理,但迂腐、动手能力和辨别能力差,还会说假话(他骗走了猎人),当面对狼的"无赖"时,他却不知所措,还不如一个农民机智与聪明。

(1)人格特征:这种人虽有知识和懂得道理,但他们死读书和读死书,生活、生存能力差,容易上当受骗,喜钻牛角尖,常怀酸葡萄心理,是典型的传统知识分子人格。典型人物为孔己己。

(2)医治药方:"优胜劣汰,适者生存。"

3.愚公人格

从《愚公移山》的故事中,我们可以看到愚公其人——看重个人意志和集体力量,有自信,注重持之以恒,但缺乏科学头脑和辩证思维,使蛮劲、走弯路,显然搬房子比搬山容易。"铁棒成针"的故事也犯了类似的错误,钉子磨成针或用铁棒去兑换针,必然要快捷得多。

(1)人格特征:这种人精神可嘉,但头脑简单,四肢愚笨,方法更不可取。

(2)医治药方:"给我一个支点,我可以撬起地球。"

4.嫉妒人格

对别人的优势心怀不满,只看见自己的劣势,而看不见自己的优势。他们不能正视自己,而且主观臆断,大多虚荣、心胸狭隘、疑心病重、占有欲强,常捕风捉影,不满、怨恨、烦恼、恐惧,他们有明显的对抗性,不断膨胀的发泄性,不易察觉的伪装性,明确的指向性。

(1)人格特征:这种人常常有不悦、怨恨、恼怒和自卑的消极情绪,怀有"踩倒别人、我做老大"的破坏性情感。典型人物如春秋战国时的庞涓。

(2)医治药方:"临池羡鱼,不如退而结网。"

(四)理想人格

理想人格是指教师在其社会化过程中,在新人文主义人才理念与知识经济的历史背景下,具有时代意义的、具有一定代表性的、和谐完善的教师行为倾向。孔子的"圣贤人格",老子的"无为人格",墨子的"兼爱人格",庄子的"逍遥人格",佛教的"佛陀人格",基督教的"灵魂解放",伊斯兰教的"理想天园"等都是对理想人格的设计与追求,但他们均有一定的局限性和非现实性。在人格建构中,理想的、具有现实意义的人格有:

1.君子人格

"君子为政之道,以修身为本。""君子务本,本立而道生。"(孔子)"本"就是做人的根本,"务本"就是要学会做人,学会做一个有仁爱之心,能"泛爱众"和"博施于民而能济众",以仁为本,通过个人刻苦的道德修养,完善自己的道德情操与人格,成为德才皆备的人,然后推己及人,达到齐家、治国、平天下;"君子若钟,叩之则鸣,拂之则不鸣,叩之以小者则鸣,叩之以大者则大鸣……",达到"志存高远、知书达礼、忠恕守信、重义轻利、正大光明、和而不同"的气度与胸襟。

人格特征:坚定、自信、轻松而具有人格魅力;"循规"但未必"蹈矩",心胸宽广,心怀主义,服务大众,能明辨是非,心存浩然正气。典型人物有诸葛亮、苏轼、纪晓岚等。

2.犹太人格

以犹太人为主的以色列是贫瘠沙漠上崛起的"袖珍超级帝国"。犹太人具有强大的民族凝聚力,犹太民族自强不息、奋斗不止、勇于创新,他们凭着自己的聪明智慧,成为世界上赚钱最多的民族,在全球无论金融界、商界,还是科学界,他们拥有的财富比重始终独占鳌头。据统计,诺贝尔奖获得者中,30％以上是犹太人。他们重视教育,让孩子从小就知道书本是甜的;书柜要放在床头,而不能放在床尾;在墓园中也常放有书本,寓意生命有结束之时,求

知却永无止境。学者比国王伟大,他们信奉"人不能像走兽那样活着,应该追求知识和美德。"(但丁)

人格特征:这种人重个人修养,重社会责任,有强烈的进取精神;恪尽职守、顽强、坚韧,善于"吸取他人之长,补己之短",能"破从来之陋习,求知于天下"。典型人物有马克思、爱因斯坦等。

3. 水的人格

无形、无味、无色;气态、固态、液态;能柔、能劲、能刚;能轻、能重;能静、能动,看似没有性格,但事实上无处无性格。"上善如水,水利万物而不争""随风潜入夜,润物细无声""水能载舟,也能覆舟"。典型人物如汉高祖刘邦、唐太宗李世民。

(1)气态的水。(天上的云)心境好时徜徉蓝天、俯瞰人间、朝霞夕照、彩虹冉冉,夜间随风细雨,润物无声;心境不好时遮天蔽日、阴雨绵绵,或乌云翻滚、狂风大作,扔下瓢泼大雨;发怒时雷声轰鸣,犹如千军万马,车轮滚滚,让胆大者怯懦,胆小者恐惧。(山间的雾)扑朔迷离、清新优雅,或缭绕于山颠,或徜徉于沟壑之间,或穿梭于树梢,或笼罩大地,让人近在咫尺也模模糊糊、朦朦胧胧。

(2)固态的水。(雪)洁白无暇、飘飘洒洒、万籁俱寂、"唯宇茫茫";(冰)冰清玉洁、晶莹剔透、薄者透明、厚者坚硬,即便你泰坦尼克号,如果你不躲避我,我也能给你撞个大窟窿,让你沉入海底。

(3)液态的水。(深山之水)清泉,它清澈、清爽、清亮、清纯透明,人见人爱;(屋檐之水)天长地久,以柔克刚,水滴穿石;(大江之水)滔滔而来、滚滚而去,后浪推前浪,汹涌澎湃;(大海之水)无边无际、深不可测,或轻风细浪,充满诗情画意,或惊涛骇浪,让人恐惧。

第三节　新教师的人格魅力

一、人格魅力

(一)什么是人格魅力

人格魅力指一个人在性格、气质、能力、道德品质等方面具有的很能吸引人的力量。

一个人的魅力在于人格的魅力,人格分为虚假的人格和本性的人格、艺术的人格。有魅力的人格即是真实的人格。有的人非常圆滑,其人格属于艺术人格。具有艺术人格的人肯定没有具有本性人格的人有魅力,而拥有虚假的人格的人迟早会被人抛弃的。

(二)人格魅力的功能

1. 凝聚人心的力量

人格魅力具有凝聚人心的力量。周恩来在政务活动中,"不但能把朋友而且还能把敌人争取过来",究竟是什么原因使周恩来赢得了人们如此由衷的敬仰和爱戴?除了与他的"才智过人"有关外,更与他崇高而完美的人格魅力有关。一个具有高尚人格魅力的人,可以将他人紧紧地吸引住,将人们团结在自己的周围。

2. 净化灵魂的力量

每一个见过周恩来的外国人,无不被他的风采和人格魅力所慑服、所倾倒。曾任联合国秘书长的哈马舍尔德,风度翩翩,人称"世界第一绅士"。然而,他在与周恩来会见后说:"在周恩来面前,竟使我无法不感觉到自己是个野蛮人。"可见周恩来的魅力之大!在具有高尚人格魅力的人面前,我们会觉出自己灵魂深处的渺小,会自觉地修正自己的错误,净化自己的灵魂。

3.振奋精神的力量

凡是了解周恩来的人,甚至仅是和他见过一面的人,都深深被周恩来人格魅力所感染、所折服。英国元帅蒙哥马利说,周恩来"是一位敏捷和清醒的思想家,有非常令人愉快的性格,高雅的幽默感,总的说来,他是一位有高度才智、非常令人喜欢的人物,而且有动人的风度。"周恩来崇高的人格,对中国人民精神的振奋力量更是巨大的。

4.榜样示范的力量

榜样的力量是无穷的。周恩来的人格蕴含着高山仰止的力量。他不仅以荣誉心、自尊心等充实和塑造者自己的精神世界,而且在怎样生活、怎样做人、怎样工作方面给人们以教育与启示,并以巨大的感召力影响着整个社会。周恩来的人格魅力,是一种自然的流露,充分体现出人民性的特征,深切地被人民的心理所接纳,成为人们敬仰的中心、学习的楷模、做人的指南。周恩来和他的不朽的人格力量,已成为人类文明史上的宝贵遗产。崇高的人格,是一面旗帜,是人们学习和看齐的榜样。

5.征服世界的力量

征服世界可以靠经济实力,也可以仰仗武力,但伟大的人格魅力有时也是一种非凡的力量。凡是接触过周恩来的人,不管阶级立场、意识形态如何不同甚至对立,都会不由自主地被他所吸引、所折服。周恩来伟大的人格力量,不仅成为民族的认识、历史的认识,也已成为世界的认识。它超越了国界,超越了意识形态,超越了时空,已化为一种精神与世界文明共存。周恩来总理去世以后,联合国为他降半旗。

二、新教师人格魅力的结构

一个人的魅力最基本的构成就是他的外表和个性。如果有人告诉你,你很漂亮,这起码说明你已经具备一定优势,自然而然引起了别人的好感。但如果从来没人夸过你,也不必难过,你该想一下,这也许不全是因为你的外貌。因为已经有太多相貌平平甚至近乎丑陋的人,用他们的内心赢得了人们由衷的赞许和崇敬,证明了外貌的魅力同人格的魅力相比,实在是小巫见大巫。纵观古今,但凡为人们所承认的有巨大吸引力的人,他们的内心都有这些共同点:有道德、有理想、有情感。这种道德、理想、情感结合自身,以自身独特的个性表现出来,便构成了一个人的人格魅力。人格魅力不但存在于伟人身上,每个人身上都潜藏着人格魅力的因素。只要你好好地挖掘,就会展示出你的人格魅力。

(一)有理想,抱负远大

理想和抱负是构成人格魅力的重要因素,一个缺乏理想、没有抱负的人会显得懒散而茫然,自然就不会是一个具有人格魅力的人。不管时代的潮流和社会的风尚怎样,人总可以凭着自己高贵的本质,超脱时代和社会,走自己正确的道路。

激励人们前进和进步的,是理想和希望。人类正是存在有各种各样梦想般的理想,才有了今天的进步。人们梦想日行千里才有了汽车、火车;人们梦想像鸟一样飞上天空,才有了飞机;人们梦想到月亮上看看,才有了宇宙飞船……可以说,没有梦想,人类必定还处在一片黑暗之中。"不想当元帅的士兵,不是好士兵",人必须为理想而活着,为理想而奋斗。

(二)有学识,孜孜以求

有学识,从广义上讲就是有知识和能力。具体讲就是人的才华、才识、才学、才智等。知识是走向启蒙和智慧的途径,能使人有自知之明,促进人的智力、道德和精神的发展,它可以帮助人们自我完善,适应社会。没有人可以抵挡来自知识的吸引力。

自古以来,凡是知识渊博、学识丰厚的人都得到人们的尊敬,人们更崇尚那些为获取更多知识、不断孜孜以求的学者。孔子"学富五车",被人们尊崇为"圣人"。他是自学成才的典范。正是通过刻苦的学习,孔子才掌握了渊博的知识,并授徒讲学,成为一位大教育家、大思想家。北宋时期著名历史学家司马光,为了充分利用时间学习,他特地为自己设计了一个圆木枕头,将它放在硬邦邦的木板床上。圆木枕头容易滚动,睡觉时只要一翻身,它就会滚走,这样就不可能一觉睡到天亮。

(三)有道德,品格高尚

道德在人格魅力中闪耀着最耀眼的光芒。如果说"抱负远大""学识渊博"还笼罩着一层"伟人"色彩,让人有可望而不可即之感,那么,道德则是人格魅力中最普通、最广泛和最基层的因素,同时,也是人性中最容易挖掘、发展和修炼的因素。它普遍存在于社会的每一个角落,散落在每一个社会人的举手投足之间。也许,正是因为"道德"触手可及,所以,在现实生活中,人格魅力往往被我们理解为"道德魅力"。人格魅力中的道德素质主要包括以下几方面。

1. 真诚可信:人格魅力的基础

人格魅力的基本点就是真诚可信。真诚待人,恪守信义是赢得人心、产生吸引力的必要前提。中华民族历来强调信用,在人与人的交往中,把信用、信义看得非常重要。孔子说:"与朋友交而不信乎?"墨子:"志不强者智不达,言不信者行不果。"还有"一诺千金"、"一言百系"、"一言既出,驷马难追"等都是强调一个"信"字。清代顾炎武曾赋诗言志:"生来一诺比黄金,那肯风尘负此心。"表达了自己坚守信用的出世态度和内在品格。因此,中国人历来把守信作为人出世、齐家治国的基本品质,言必行,行必果。

2. 谦虚宽容:人格魅力的核心

一个具有人格魅力的人,一定是一个谦虚宽容的人,他不会骄傲自大,目空一切;也不会斤斤计较,与人格格不入。他会认为,自己的知识只是知识海洋中的一滴,自己的地位是为社会做出贡献的岗位,自己的资源只是更进一步服务社会的资本。

一个具有人格魅力的人一定是宽宏大量,与人为善,宽容待人,能主动为他人着想,愿意关心和帮助别人。在关心和帮助他人过程中自己被他人接纳,受人尊重,因而能更多地体验成功的喜悦。

3. 正直善良:人格魅力的根本

正直和善良是做人之根本。何为正直?正则品端,直则人立。做人一定要正直,因为在其中有德行和雄辩的秘诀,有道德的影响力;做一个正直的人,必须把心灵的高尚和精神的理智结合起来。正直虽不是行善,但正直的背面一定写着善良。人世间最宝贵的是什么?雨果说得好,是善良。"善良是历史中稀有的珍珠,善良的人几乎优于伟大的人。"心怀善良的人,总是在播种阳光和雨露。

4. 乐于奉献:人格魅力的外现

通俗的理解,奉献就是给予、奉送的意思。一个人拥有再多的东西,如果他只是拥有、占有甚至专有,不给予社会,不施与他人,这种人对社会对他人而言毫无意义。当你的朋友甚至是素不相识的人需要你的帮助的时候,请不遗余力地奉献你的关爱;当工作需要你的时候,请毫不保留地奉献你的才能、勤劳和责任;当国家和民族需要你的时候,请义不容辞地奉献你的青春、人生乃至生命!

(四)有情感,亲和力强

"亲"主要是指亲情,体现为爱、关心、温暖、支持等;"和"主要是指协调、和谐,体现在适度、合理上。亲和性是指一个人在与别人交往时表现出的容易亲近别人、易被别人接受的一种能力和性格特征。一个人是否具有亲和性以及亲和性的大小和一个人的内在心理素质有很大的关系。

人们都愿意和亲和性强的人交往。如果某个人在与人交往中表现出傲慢、冷漠、拒人于千里之外,那么会使别人感到不快、别扭、受到侮辱,因而不愿意和他交往;如果某个人在和他人交往时表现出害羞、胆怯、缩手缩脚,那么,别人和他打交道时也会觉得不那么舒畅,也会影响人际交往的质量,无法达到心灵的共鸣。如果一个人有很强的亲和性,那么与人交往时不但能够容易沟通,顺利地实现双方的愿望,而且会使双方感到愉快。

1. 亲和性是一种人格魅力

一个亲和性很强的人具有一种独特的人格魅力,人们和他接触就会被他深深地吸引。周恩来总理之所以得到世界范围的广泛认同,得到全国人民的深切爱戴,一个很重要的因素,就是因为他是一位亲和性很强的人。不论何时,人们只要读到诗人柯岩的诗篇《周总理,你在哪里?》就禁不住热泪盈眶。在中国,总理几乎成了周恩来的代名词,作为一代伟人,除了为国家和人民做出"鞠躬尽瘁,死而后已"的杰出贡献外,他的极具亲和性的人格魅力也是一个很重要的因素。

2. 亲和性是一种交往能力

一个人具有很强的亲和性,表现在与人交往时,他热情、大方、随和、平易近人,容易与人接近,容易得到别人的接受和认同,没有心理障碍,自己和对方都能处于坦然的状态。这实际上是交往能力强的一种表现。

3. 亲和性是一种理解力和洞察力

一个人之所以表现出很强的亲和性,是因为他对自己、对别人具有很强的理解能力。常言道:画猫画虎难画骨,知人知面不知心。人心隔肚皮,难以揣摩。"知人者智,自知者明",知人固然不易,然而知己更难。

一个亲和性很强的人对人对己都有很强的理解力和洞察力。他能够知道自己是一个怎样的人,对自己既不夸大也不妄自菲薄;对别人能够体察入微,认识到每个人都会有自己的个性、爱好和禁忌,在与人交往时,不把别人看得过于高大以至于自己害怕,同时又能尊重别人。

4. 亲和性是一种与人为善的心态

亲和性强的人具有与人为善的心态。他不把人假定成丑恶的、讨厌的、难缠的,而是假定为善良的、有趣的、讲理的。这样,在与人交往时,他就会采取一种主动、友善、接近的态度,在他的感染下,对方也会采取相同的态度,双方的交往会感到愉快和满意。

5. 亲和性是良好个性的体现

一个人具有与人为善的心态,喜欢与人交往,善于与人交往,在与人交往的过程中经常体验到愉悦,那么,这个人就会具有很强的亲和性,亲和性就构成了他良好个性的一部分,这将会给他的生活带来很大的帮助,给他的事业带来成功的机遇。

(五)有责任,勇挑重担

责任是社会对于一个人的信任,把重大的责任搁在一个人的肩头,可以唤醒蛰伏在他体内的创造力、智力,催唤出他的自恃、自信以及解决问题的勇气。只有敢于并有能力承担起责任的人,其内心才充满自由,责任越多越广,就越多自由,自由的内心必然使一个人焕发出光彩的人格魅力。

1. 对自己负责

爱惜自己的身体和灵魂,不轻易伤害甚至放弃它们。你来到这个世界,你就是自己的主人,自己正在做或将要做的事情,请先用头脑去想一下:你所处的环境,无论是多么舒适安逸,或多么险恶莫测,你都要保持心灵的坚强和清净,守住灵魂的净土。

2. 对他人负责

因为有了他们,你在这个星球上才不至于孤独。你也许可以做得更好,让自己成为每一个认识自己的人快乐起来的理由。你的父母想到你会不会安心?你的兄妹是不是把他们最棘手的问题向你求助?那个你向之承诺感情的人,有没有从此感觉幸福的来临?约翰·密尔顿写下了这样的诗行:"……你的心来了,地狱也成了天堂;它走了,天堂也不过是地狱……"

3. 对社会负责

我国古代推崇"天下为公","仰不愧于天,俯不愧于人,内不愧于心","天下兴亡,匹夫有责",说的是心中要有国家,胸中要有人民。即鞠躬尽瘁为人民,国家的利益高于一切。

(六)有毅力,百折不挠

毅力是一种优良的意志品质,指坚持不懈,坚忍不拔,持之以恒,百折不挠地把目标决定贯彻到底的行动和精神,是一种不竭的心理的能量。它意味着:当事情出了差错时,当你跋涉的路看起来很艰难时,当忧虑正一点点将你包围时,当成功看起来很遥远而你已感到身心疲惫时,你可以适当地休息,放慢脚步,但千万不能放弃。即使受到最大的打击,也要坚持不懈;即使遇到最大的障碍,也不能停息。

具备顽强毅力的人,总能在他们的人生中表现出两个明显的特点:一是百折不回的坚持性。他们不会被暂时的挫折失败所迷惑,具有不达目的誓不罢休的决心和毅力;二是坚韧不屈的顽强性。他们始终努力克服着一切艰难险阻,朝着目标奋斗不已。

三、新教师人格魅力的特征

教师的人格是指教师所具有的独特的完整而稳定的心理特征的总和。教师被誉为"人类灵魂的工程师",从事教育和培养新一代的光辉事业,应具备特定的人格特点,这些特点表现为:

(一)正确的动机

忠诚于人民的教育事业,献身于人民的教育事业,是新教师从事教育教学活动最高尚的动机。只有具有对教育事业的无私奉献精神的内在动力,新教师才会把自己的全部精力投入到教育事业中去,认真负责地做好各项教育工作。

(二)浓厚的兴趣

对教育工作的热爱是教师创造性地完成教学任务的不竭动力。首先,新教师的兴趣要广泛。一方面,社会、科技的进步与发展,给教育带来前所未有的新东西,新教师要时常探求这些新知识,并应用于教学中;另一方面,由于新事物的不断涌现,使得学生的兴趣范围越来越广,孤陋寡闻、见少识浅的教师很难激起学生的求知欲,很难培养出一大批知识面广的人才。其次,新教师的兴趣要有中心。教师的中心兴趣是指对学生的身心发展,对教育活动的研究兴趣。这种兴趣是促使教师接近和了解学生,积极钻研教材,研究教育方法,创造性地完成教育工作的重要条件。

(三)强烈的情感

教师强烈的情感是对教育工作的极大热情,这种情感直接感染学生,影响教育教学过程。教师的情感主要表现在:

1. 对教育事业的"教育爱",对学生的"师爱"

对教育事业充满深厚情感的教师,必然乐于献身教育事业,就会对学生充满诚挚的爱,时时刻刻关心学生的成长,精益求精地提高教学水平。因此,教师的这种情感是与其责任感、义务感、荣誉感和自豪感联系在一起的。有了这种情感,教师才能尊重学生,维护学生的自尊心;信任学生,想方设法增强学生的自信心,激励他们成长;才能因材施教,严格要求学生。

2. 对所教学科的热爱

一个教师热爱所教学科,就会加深对教材的钻研理解,富有情趣地去讲好每一堂课,从而使学生产生相互交融的情感体验,更深刻地感受和理解并掌握教材。

3. 高尚的情操

一个具有深刻的道德感、强烈的理智感和正确审美感的教师,会在任何场合下诱导出学生相应的社会情感,这对于学生高尚情操的形成,将会产生重大影响。

(四)坚强的意志

坚强的意志品质是新教师顺利完成教学工作的保证,也是学生学习的榜样。新教师的意志品质主要表现在:

1. 明确的目的性

教育工作具有明确的目的性和力求达到这一目的的坚定意志,是新教师动员自己的全部精力克服困难的内部条件。它能使新教师在任何情况下坚守教育岗位,明确自己的职责。

2. 坚忍不拔

不怕困难,持之以恒,坚定不移,百折不挠是教师影响学生的内在力量,新教师具有这一意志品质,就能在教育实践中保持旺盛的精力,克服各种艰难困苦,并以自身的品行陶冶学生的情操,培养学生的大无畏精神。

3. 沉着自制

新教师意志的自制力是指能够掌握或控制自己行为的能力。在教学过程中,新教师会因自己内心的烦恼或学生中出现的问题而苦恼,这时,新教师应处变不惊、沉着自制,意识到自己的行为可能会给学生带来的不良影响,从而理智地对待学生,冷静地处理,妥善地解决,充满激情地组织课堂教学。

4. 坚决果断

所谓果断,就是教师善于及时采取决断的能力,这是新教师直接影响学生的内在力量。新教师具备这一品质,在出现偶发事件时,就能明辨是非,及时作出反应,果断作出处理;而当发现自己的决定有错误时,又能及时地改变或停止执行这一决定。

（五）良好的性格

在教师的人格中,性格是核心,它能影响其他各个因素。因此,良好的性格是新教师最重要的人格特点。新教师的良好性格主要包括以下几个方面:

1. 公正无私

在教育教学过程中,教师必须公平地对待班集体中每一个学生,关心爱护学生的成长,不可偏爱,对那些学习上有困难的学生以及品德行为较差的学生更应如此。

2. 谦虚诚实

新教师要正确认识自我,对自己身上的缺点或错误勇于改正;还要虚心向别人求教,老老实实做学问,甚至不耻下问,向学生学习。

3. 活泼开朗

活泼开朗是精力充沛、心胸豁达的表现。新教师应保持这种性格,像孔子那样"发愤忘食",以积极饱满的情绪去教育学生,感染学生,使学生有亲近感,收到"无言之教"的效果。

四、新教师人格魅力的修炼

心理学家提供了几种培养人格魅力的方法:在任何场合中,谨记以礼待人,举止温雅,性格开朗,和蔼可亲,特别是应该具有接受批评的雅量和自嘲的勇气。对别人显示浓厚的兴趣和关心,大多数人都喜欢谈自己,因此在与人交际时应该懂得如何引发对方表露自己。与人交往时,经常和他们的目光相接触,使对方产生知己之感。博览群书,使自己不致言谈无味。慷慨大度,这样才能获得别人的欣赏。

"自然人"成长为"社会人"需要依靠教育,更需要加强自我修养,新教师的人格素质是新教师素质的核心成分。大凡新教师一定有人格,但未必有魅力。新教师应从哪些方面修养自己的人格呢?

（一）自信,不断构筑精英自我

自信走向成功,信念决定人生。新教师的自信来源于精深、广博的知识和熟练的生活、生存的技能,起源于对职业的认同和正确的自我评价,巩固于环境期望和自我成功的体验。新教师的自信是教师内在的精神力量,是行为的潜在动力,是新教师人格的核心要素。"科技是第一生产力",知识经济期盼高素质人才,因此,应在人格建构中"装备"自我。

1. 做文化和造就文化的精英

从天之骄子的狭小天地中走出来,广泛吸取古今中外文化,重点摄取有价值的文化精髓,造就具有独立个性的文化自我。

2. 做科技和科技创新的精英

通晓科技发展,能够科技创新,掌握科技手段,正确运用科学技术,摒弃陈旧的学习手段。

3. 做价值和创造价值的精英

打破传统"重物轻人"的价值观念,兼顾人的精神价值,着重关注知识对人类的服务和享用功能,确立知识在教师塑造和人类发展中的绝对地位,改变"知识无用"和"读书求仕"的错误观念。

4. 做观念和更新观念的精英

走出陈旧的教育观,建立新型的人才观,建立"潜能开发"的素质观;消除不良的人际关系,在自我意象中发现和构造最佳自我,在社会文化和现实生活中打造自我,造就学生成长道路中的健全人格,塑造社会人格的时代典范。

(二)自强,不断构造全新超我

自强是努力向上,永不懈怠,自强是民族的希望,是个人走向成功的基石。新教师的自强就是以超我为导向,以尝新为契口,以科技为手段,肩负历史的重任、时代的重责,在人格塑造中逐步实现:

1. 理想信念的科学性

新教师的理想与价值观要与社会最根本的理想与价值一致,充分体现社会主体文化的时代理念,具有浓厚的科学精神和丰富的人文理性,具备超越"功利自我"的社会性关爱。

2. 关注社会的广泛性

社会中虽有关爱和互助,但更遵循"优胜劣汰,适者生存",新教师只有走进社会,广泛地参与和研究社会,立足于社会发展的需要、个人发展的规律,具备前瞻性的视角和胆识,才是有生命力的新教师。

3. 知识能力的超前性

新教师的知识结构、兴趣爱好、能力技能要具有较强的现代意识和未来意识,紧跟时代步伐,对未来充满信心。

4. 自我发展的全面性

拥有精湛的科学知识和丰富的文化内涵,高尚的情感和高雅的情趣;具备全面的能力和优秀的品格,超人的智慧和卓越的灵感。

(三)自尊,不断改造原始本我

自尊是自我尊重并希望被人尊重的心态,它产生于正确的自我评价,积极作用于人的行为。具有自尊的新教师,对工作有强烈的责任感,为人处事光明磊落,坚持原则,敢于斗争,能自觉学习,锐意进取。缺乏自尊的新教师,常妄自菲薄,缺少勇气和信心,有时委曲求全,没有原则性,甚至阿谀逢迎,丧失人格。新教师的自尊是在不断地进行原始本我改造的基础上产生的。新教师的原始本我常表现为:

1. 盲目自负

重理性,轻适用性和特殊性,以自我为中心,忽视自己的主体性和差异性,视自己为知识的拥有者而妄自尊大,听不进他人的建议而文过饰非。

2. 茫然自卑

受"学而优则仕"的传统观念和社会偏见的影响,产生"百无一用是书生"的心理意向;自我认定虽"才高八斗",却"怀才不遇";虽"满腹经纶",却"孤守一隅"。

3. 固守陈规

认为"谋事在人,成事在天",知识学不完,"过关"就行;漠视自我的身心健康和潜能开发,能与不能,只看考分;缺乏创造性和远见卓识,不求上进,但求无过,满足于平碌生活。

4. 心理失衡

宣泄的非理性,把自己的"平凡"归咎于社会的不公,把自己的"清贫"归因于政府的无能,把自己的"无能"归罪于教师的愚笨、言语的攻击性、行为的反道德性。

(四)自控,懂得大集体而小我

自控,即自我监控,是自我意识在意志方面表现出来的自我监督,自我控制。新教师的自我监控是新教师人格的塑造机制,它推崇卓越价值观和崇高职业观,是新教师行为的"伺

服机制",因此新教师应:

1. 重社会责任

孔子说"君子喻于义,小人喻于利";孟子说"无恒产而有恒心者,惟士为能",均以"士以载道"的社会道义,强调了知识分子的社会责任。西方知识分子常被誉为"社会的良心",肯定了知识分子的正义感和批评精神。新教师是知识分子的精英,更应重视社会的责任。

2. 重集体效应

新教师的成长是集体劳动和个人劳动的产物,学习具有长效性。新教师发展具有长期性,只有将个人的发展融入集体的发展中,才能发挥教师的整体效能。

3. 重个体协同

协同是各方面相互配合共同完成任务,协同的实质是目标一致、力量归一、能力优化。新教师的协同是新教师个体间、新教师与教师、新教师与家长、新教师与文化等的协同,它是发展影响力的整合机制,是实现优化成长的前提。

4. 重自我主体

自我是发展的主体,兴趣是最好的老师,尊重是发展的前提。因此,激发自己的学习兴趣,学会学习,学会选择、发挥主体的主动性。

(五)自爱,体验幸福感之真我

主观幸福感(Subjective Well-Being,简称SWB)主要是指人们对其生活质量所做的情感性和认知性的整体评价。在这种意义上,决定人们是否幸福的并不是实际发生了什么,关键是人们对所发生的事情在情绪上做出何种解释,在认知上进行怎样的加工。

新教师要找到幸福感,首先要学会自爱,即自我关爱,关注自己的内心体验,关心自己的身心和谐、健康,预防由于社会期望、工作重压等带来的心理坍塌,构建一个体验丰富、积极向上的心境:

1. 尝新完善,走出自负

新教师尝试完善,首先要脱下自负的外衣,虚心上进,广泛接纳和吸收外界;其次要尝试未知,挑战未来,拓宽自己,打破专业、行业界限,走出地域和文化的束缚。

2. 尝新激励,战胜自卑

心理学家发现,一个没有激励的人仅能发挥其能力的 20%~30%,而当他受到激励时,其能力可以发挥 80%~90%。可见有无激励,其效能却有 3~4 倍之差,新教师的激励,更多的是自我激励——尝新自我期望,善待挫折,战胜自我否定,心存"欲得其上,必求上上"的成就期望。

3. 尝新成功,克服失落

渴求成功是人和动物的本能愿望,人在目标追求上,会有成功与失败两种体验,换一个角度认识和体验失败,失败未必是沮丧和泪水;尝新成功,新教师会无意中点燃自身的职业兴趣,在工作中拥有更多的自信。

4. 尝新快乐,释放重压

快乐使人能想得更好,做得更快,感觉更舒服,身心更轻松,反应更敏锐,新教师的快乐有成长的快乐,更有人与人心灵的沟通,人与物灵魂的接触,人与自然交融的精神体验。

(六)自助,防病态人格之扰我

助人自助是心理健康教育的目的,新教师在助人自助的同时也需要自助,即通过了解心理健康知识后自我帮助。人格障碍是指人格发展的内在不协调,指在没有认知障碍或智力障碍的情况下,个体出现的情绪反应、动机和行为活动的异常。多数心理学家认同病态人格区别于精神病,它是正常人格的一种变异,介于精神病与正常人之间。

人格障碍者行为问题的程度不同,有的人在社会生活中与正常人一样生活,只有他的家人才能感觉到他的怪癖与难以相处;严重者表现为明显的社会适应障碍,不能正常地学习和生活。值得重视的是:人格障碍与精神病是相互转化的,严重的人格障碍若得不到及时有效的矫正,会成为精神病的高发人群。新教师在自我成长中要提防下列病态人格:

● 偏执型人格。主要表现为固执,敏感,多疑,情感不稳定,易躁易怒,心胸狭隘好嫉妒,自我评价过高。

● 分裂型人格。主要表现为退缩,孤僻,胆怯,沉默和怪癖,不爱社交。

● 情感性人格。可以表现为持续性情绪抑郁低落,或持续性的情绪高涨,也可以是两者交替出现;情绪不稳,容易无节制地发生愤怒、仇恨和暴力行为,常因微小的精神刺激而突然爆发出非常强烈的愤怒和冲动,甚至会出现十分暴烈的攻击性行为,自己几乎不能控制。

● 强迫型人格。主要表现为在平时常有个人不安全感和不完善感,因而焦虑,过分地自我克制,过分地自我关注。

● 癔病型人格。主要表现为人格发展不成熟,情绪不稳定,常故意用过分做作、夸张和戏剧性的行为引起别人的注意。

● 衰弱型人格。主要表现为能力低下,缺乏主动精神,被动地服从别人的愿望占优势。他们常感精力不足,易疲劳,情绪易波动,缺乏生活乐趣,常为小事伤感。

● 无情型人格。主要表现为对人不真诚,不坦率,不可信赖,不肯尽社会义务,是极端的利己主义者。

● 依赖型人格。一些同学平时养成了对学校和家长的依赖心理,面临职业选择,也容易产生"反正父母会给我想办法"、"反正学校得给我们分配工作"的依赖思想。试想,一个缺乏自立、自主、自强意识的新教师,怎么能作出符合自己特点的职业选择呢?

● 清高型心理。一些女大学毕业生因自己的学习成绩好、家庭条件优越,或者因自己的能力强,在同学中有一定的竞争实力,或者因自己容貌出众、能唱会跳等,产生一种自命不凡的优越感,一种自视过高的心理。

● 自恋型人格。以自我为中心,自我评价过高,主观自我高于客观自我,因而在生活中爱听表扬忌听批评,且具有高度幻想性,特别是过高的自我评价带来成功的虚幻体验,过度自信,希望引起别人的重视。一般而言,这类新教师天赋较好,一直处于被关注的中心,自信心与自尊心都较强,缺乏失败的生活经历与亲身体验,因而生活在理想世界中,但一旦面临挫折甚至失败时,将无法面对现实世界而导致心理崩溃。

第十一章　新教师人际关系

和谐的人际关系是全面贯彻党的教育方针、实现学校发展目标的重要条件。同时，和谐的人际关系还有利于营造培养高素质人才的学习环境。学校是培养高素质的社会主义事业建设者和接班人的摇篮，应该有一个良好的学习氛围。

第一节　人际关系概述

一、人际关系的含义

人际关系对每个人来讲都至关重要，因为它不但影响着人们的生活质量以及工作和学习的绩效，还是衡量个体心理健康水平的主要标准之一。

（一）什么是人际关系

人际关系是一个被广泛使用的概念，不同的学科领域对人际关系的解释有不同的角度。心理学所研究的人际关系是指人与人之间通过交往建立起来的某种比较稳定的心理联系，它反映着人与人之间的心理距离，也标志着人与人之间亲近性、融洽性、协调性的发展水平和现实状况。人际关系是多种心理因素的复合体，其基本成分包括认知、情感和行为。

（1）认知。人际关系建立的前提和基础。人际关系从人与人的相互认识和了解开始，认知是其形成、发展和改变的前提与基础。

（2）情感。人际关系的核心因素。人际关系状况以各种情绪情感体验为特征，如喜爱与厌恶、尊重和鄙视等。情感体验的性质是直接导致人际关系状况的决定性因素，因此情感是人际关系的核心要素。

（3）行为。人际关系的表现方式。人际关系的建立要以各种交际行为为基础，人们在交往中必须借助各种沟通方式来传递信息，这就少不了各种沟通手段的应用，如语言（包括语音、语气、语调等副语言）、表情、手势、身体姿态等行为。这些行为既是建立人际关系的条件，也是反映人际关系状况的重要依据。

认识、情感、行为这三个要素是相互作用、不可分割的一个整体。情感是在认知的基础上产生的，认知能唤起情感的发生，也能控制和改变情感的发展，情感又会影响和改变认知，而认知和情感因素都要通过行为表现出来。

（二）人际关系的种类

人是作为一个社会成员生活在社会环境中，每个人在生活中都要与周围的人建立各种各样的关系，例如亲子关系、兄弟姐妹关系、夫妻关系、婆媳关系、朋友关系、师生关系、同事关系、上下级关系、供求关系、买卖关系等。这些关系中包括了血缘关系、工作关系、政治关系、经济关系等，虽然它们并不是心理学意义上的人际关系，但都要以人际关系为基础。所有这些关系都必须建立在人与人之间通过交往而建立起来的心理联系的基础上。在人际交往中，按个人带有的动机和目的，可将其分成三大类：

1. 包容型人际关系

个体希望被他人信任和接受，建立起彼此亲密和谐的关系，行为特征表现为主动的交往、沟通、相容、参与等。与此相反则表现为孤立、疏远、对立、退缩等。

2.控制型人际关系

个体需要保持自身的权利和威望而与他人建立、保持良好的关系,主要行为特征有影响、控制、支配、领导等。相对应地,则表现为抗拒权威、忽视秩序、受人支配、追随等。

3.感情型人际关系

个体希望与他人进行情感的交流而形成的关系,行为特征表现为喜欢、友善、同情、亲密、热心等。相对特征表现为憎恨、厌恶、冷淡等。另外还可将人际关系分为个体的和群体的人际关系、纵向的与横向的人际关系、稳定的与临时的人际关系、积极的与消极的人际关系等类型。

二、建立良好人际的原则

(一)尊重原则

尊重包括两个方面:自尊和尊重他人。自尊就是在各种场合都要尊重自己,维护自己的尊严,不要自暴自弃。尊重他人就是要尊重别人的生活习惯、兴趣爱好、人格和价值。只有尊重别人才能得到别人的尊重。

(二)真诚原则

只有以诚待人,胸无城府,才能产生感情的共鸣,才能收获真正的友谊。没有人会喜欢虚情假意,多少夸夸其谈都会败下阵来。

(三)宽容原则

在人际交往中,难免会产生一些不愉快的事情,甚至产生一些矛盾冲突。这时我们就要学会宽容别人,不斤斤计较,正所谓"退一步海阔天空""人不犯我,我不犯人。人先犯我,礼让三分"。不要因为一些小事而陷入人际纠纷,这样我们会浪费很多时间,同时也变得很自私自利,变得很渺小。

(四)互利原则

互利是指双方在满足对方需要的同时,又能得到对方的报答。人际交往永远是双向选择,双向互动。你来我往交往才能长久。在交往的过程中,双方应互相关心、互相爱护,既要考虑双方的共同利益,又要深化感情。

(五)理解原则

理解是成功的人际交往的必要前提。理解就是我们能真正地了解对方的处境、心情、好恶、需要等,并能设心处地地关心对方。有道是"千金易得,知己难求",人海茫茫,知音可贵啊!善解人意的人,永远受人欢迎。

(六)平等原则

与人交往应做到一视同仁,不要嫌贫爱富,不能因为家庭背景、地位职权等方面原因而对人另眼相看;不能盛气凌人,不能太嚣张;而要学会将心比心,学会换位思考,只有平等待人,才能得到别人的平等对待。

三、人际交往中的心理效应

(一)首因效应

在人际交往活动中,我们会很重视开始接触到的信息(包括容貌、语言、神态等),至于后面的信息就显得不那么重要了,这种心理称之为首因效应。首因效应启迪我们,一方面要给他人留下良好的第一印象,另一方面又要在以后的交往中纠正对他人第一印象的不全面的认识。

(二)近因效应

近因效应,是指最近一次交往的印象对我们的认识所产生的影响。这种印象往往是最深刻的印象。一般而言,熟人之间的交往近因效应会发挥较大的作用,因此我们平时应注意给人留下良好的最近印象。

(三)光环效应

又称晕轮效应,是指在交往的过程中,我们往往会从对方的某个优点而泛化到其它有关的方面,由不全面的信息而形成完整的印象。光环效应往往对恋爱的双方起更明显的作用,正所谓"情人眼里出西施。"

(四)投射效应

投射效应是指在交往的过程中,我们总是假设他人和自己有相同的倾向,即把自己的特性投射到他人身上,从而形成对他人的印象。所以,我们不要瞎猜别人的坏处,不要那么小心眼,不要以小人之心度君子之腹。

(五)刻板效应

刻板效应是社会上对于某一类事物或人物的一种比较固定、概括而笼统的看法。在人际交往中,我们有时会把对某一类人物的整体看法强加到该类的每一个个体上而忽视了个体特征。刻板效应有利于总体评价,但对个体评价会产生偏差。比如,农村来的同学认为城市来的同学见识广,而城市来的同学认为农村来的同学见识狭隘。

四、人际交往的基本理论

(一)人际交往的心理模式

美国著名的心理学家爱利克·伯奈(E. Berne)依据对自己和他人所采取的基本生活态度,提出了四种人际交往心理模式:

1. 我不好,你好

表现为自卑,甚至是社交恐惧。根源于童年的无助感,这种态度如果没有随着年龄的增长而改变,长大后就容易放弃自我或顺从他人。他们喜欢以百倍的努力去赢得他人的赞赏,或者喜欢与父母意识重的人为友。

2. 我不好,你也不好

不喜欢自己也不喜欢别人,看不起自己也看不起别人,常放弃自我、陷入绝境,极端孤独和退缩。

3. 我好,你不好

以自我为中心,自以为是,总认为自己是对的,而别人是错的,把人际交往中失败的责任推在他人身上,常导致自己固执己见,唯我独尊。

4. 我好,你也好

相信他人,能够接纳自己和他人,正视现实,并努力去改变他们能改变的事物,善于发现自己和他人的优点与长处,从而使自己保持一种积极、乐观、进取的心理状态,是一种成熟、健康的人际交往心理模式。

(二)人际关系的行为模式

一定的人际关系表现出一定的人际行为模式,也就是说,一方的行为会引起另一方相应的行为。一般说来,一方表示的积极行为会引起另一方相应的积极行为;一方表示的消极行为会引起另一方相应的消极行为,这是人际关系行为模式的规律之一。美国心理学家霍妮依据个体对他人的态度,将人际关系行为模式分成三类:

(1)谦让型。其特征是"朝向他人",无论遇到何人,总是想到"他喜欢我吗?"

(2)进取型。其特征是"对抗他人",无论遇到何人,总是想知道该人力量的大小,或该人对自己有无用处。

(3)分离型。其特征是"疏远他人",无论遇到何人,总是想保持一定的距离,以避免他人对自己的干扰或影响。

霍妮研究的是精神分析,她提出的人际关系模式是在对神经症研究的基础上得出来的,可以看出,每一种类型都相当的极端,在实际中遇到的应该不是绝对的某一种交往类型。

第二节　新教师人际适应和调整

一、学校人际关系

人际关系是普遍存在的一种社会现象,但在学校情境中有其特殊性,因为学校担负着教育人的职责,人际关系状况将直接影响学生的精神生活。

(一)学校人际结构

学校作为特定的社会环境,其成员主要由管理者、教师、职员和学生等组成。学校人际关系主要包括领导同教职工之间的上下级关系、教师同教师之间的同事关系、教师同学生之间的师生关系、学生之间的同学关系等方面。如果把范围扩大些,还可以包括学生、教师同家长的关系。

同其它环境中的人际关系状况相比,学校中的人际关系有一些明显的特征。下面做一简要概括:

1. 上下级关系

与其他部门相比,学校中的上下级关系最大的特点是它的平等性和融洽性。这是因为学校领导者在最基本的社会角色上同其他教师是一样的,首先是教育者,其次才是校长或主任。这就决定了学校中的上下级之间在权力距离上差距比较小,在地位上相对比较平等。校长要想树立自己的威信,主要依靠非权力性影响力。

2. 同事关系

学校中的同事关系最大的特点是整体性与个体性的协调统一。整体性是指教育过程应该是教师集体协同活动的过程,要完成育人的任务必须依靠整个教师集体,而不可能只靠一两个人。因此,教师之间的配合与协作是职业的要求。个体性是指教育教学活动实际上是由教师个人完成的,其效果主要取决于教师个人的思想与业务素质。这两方面特点构成了教师在处理同事关系时要注意两个问题:一方面要强调个人素质在完成教育教学任务中的重要作用,鼓励教师充分发挥个人的能动性和创新性;另一方面又要防止教师过分突出个人的作用,忽视集体的力量。

3. 师生关系

师生关系的最大特点是它的互补性,即教师与学生双方的需要都必须通过对方才能得到满足。一方面,学生的成长和发展离不开教师的教导;另一方面,教师自我价值的实现也离不开学生的发展。这是"教学相长"更深一层的含义。在师生关系中,教师处于主导的一方,教师如能对学生表现出关心、爱护、尊重、信任的积极态度,通常就能促进良好师生关系的建立。

4. 同学关系

同学关系是学生成长环境中的重要组成部分,是儿童社会化过程中不可缺少的外部条件之一。同学关系在中小学时期最大的特点是其地位在逐渐上升直至占据主导的地位。由从属地位发展到主导地位的关键学段是在初二前后。对此,教育者必须予以足够的关注。

(二)学校人际功能

美国心理学家沙赫特·斯坦利曾经做过这样一个实验:他以每小时 15 美元的酬金聘请人到一个小房间里去住。这个小房间与外界完全隔绝,没有报纸,没有电话,不准写信,也不让其他人进入,最后有五人应聘参加实验,实验结果是:有一个人在房间里只待了两个小时就出来了,另一个人待了八天。这个待了八天的人出来以后说:"如果让我在里面再多待一分钟,我就要发疯了。"研究表明,人都有强烈的交往需要,都畏惧孤独,害怕离群索居。

1. 个人获得充分发展的重要条件

一个人的成长与发展离不开周围人的支持与帮助,如家庭关系的和睦、同事关系的和谐、上下级关系的融洽等,对教师个人专注事业、丰富学识、获得更多的发展机会,都具有十分重要的意义。特别是来自领导方面的理解与支持,常常是决定一个人事业能否取得成功的关键。所以有人说,在决定一个人能否成功的因素中,专业知识和技术只起百分之二十的作用,良好的人际关系则起百分之八十的作用。

2. 提高教育教学质量、完成教育任务的基本条件

人际交往是学校中开展教育教学工作的基本途径,不论是课堂教学还是做学生的思想工作,都必须通过师生间的人际沟通和各种形式的交往来进行。因此在这一过程中,以师生关系为核心的人际关系的状况常常会成为决定教育教学效果的关键。正所谓"亲其师而信其道",这是所有优秀教师共同的经验。

3. 有助于教师的身心健康

良好的人际关系是保持身心健康的重要条件。首先,良好的人际关系有助于满足个体多方面的心理需要,如安全、归属、爱和自尊等方面的需要。在生活中,每个人都需要他人的关心、尊重、信任、支持、接纳、喜爱甚至依靠,这些基本的需要如不能得到满足,常会导致心理紧张,影响身心健康。其次,良好的人际关系可使人保持愉快的心境。家庭和睦、同事友好、邻里互助、会使人精神愉快,心情舒畅。否则,你争我斗、关系紧张极易产生压抑、郁闷、焦虑、烦躁等情绪状态,长此以往身心健康必受损害。此外,良好的人际关系还可以提供有效的心理支持。人们遇到了烦恼或挫折,需要他人的支持与帮助,理解和信任,良好的人际关系正是一种重要的心理支持系统,可以有效地减轻人的心理压力,促进自我调节水平和心理承受能力的提高。

二、新教师人际关系

教师人际关系是指在学校情境中,教师个体通过与其他成员的交往或共同活动而建立起来的各种比较稳定的心理联系。具体表现为教师与领导、教师与教师、教师与学生、教师群体与其他群体之间的各种关系。教师人际关系状况对其自身和教育教学工作都会产生重要影响。

(一)新教师人际类型

新教师因其工作范围比较有限,人际关系的类型相对简单,基本上有如下几种:

1. 工作型人际

完全出于工作需要形成的人际关系,基本上没有情感卷入。交往目的性明确,交往方式单一、直接,原则性强,缺乏支持与协作的精神。

2. 情感型人际

新教师在工作环境中也存在私人情感,一般都有自己的朋友圈。与一部分学校成员彼此了解和互相介入的范围及深度较大,包括工作问题、家庭生活以及个人的内心世界。由于情感卷入程度较深,在工作中能够积极配合,相互支持,但是原则性会相对降低,易违反规章制度,有时反而会影响工作绩效。班主任与本班部分学生之间属于这种类型的人际关系。

3. 混合型人际

既出于工作的目的,又有一定的情感投入,在教师人际关系中占主导地位。一般情况下是在工作过程中逐渐产生的彼此欣赏和喜欢,但互相了解的程度并不深,较少涉及工作之外的情感接触。科任教师与大多数学生之间也属于这种人际关系。混合型人际关系的双方既能融洽和谐地相处,积极主动地配合,又不失基本的原则,从工作绩效上看是最为有利的。

(二)主要的影响因素

1. 外部因素

(1)时空因素。指交往双方必须有共同的活动时间和活动场所,这是交往的前提条件。美国社会心理学家费斯廷格曾对同一栋宿舍楼里的家庭主妇做过调查,发现住在同一层楼的人比不同楼层的人成为朋友的可能性要大,而住在同一层楼的人中距离较近的又比距离远的更易成为朋友。这就是我们常说的"远亲不如近邻,近邻不如对门"的意思。在同一办公室里的教师通常会有更多的了解,也容易建立比较密切的关系,其原因就在于此。

(2)交往频率。指双方交往的频繁程度。保持比较密切的联系和经常性的交往是建立良好关系的重要条件之一。班主任同学生的关系之所以要比科任教师密切,就是因为班主任同学生接触的机会更多一些。教师要想同学生建立良好的关系,前提是必须主动去接近学生、了解学生。

(3)交往倾向。指双方在交往中所表现出来的态度倾向。一般情况下,我们对待别人时如能表现出真诚、热情和友善的态度,对方通常也会表现出积极的回应,相反亦然。这也就是所谓的"投桃报李"。在师生交往中,教师如能对学生表现出应有的尊重与信任,学生通常也会对教师表现出起码的尊敬和信赖。相反,如果师生关系很紧张,一般都能从教师一方找到一些原因。

2. 内部因素

(1)交往双方的相似性。指交往双方在家庭背景、个人经历、兴趣爱好、价值观念、人生目标等方面所表现出来的相似点或共同点。交往双方的共同点越多,越容易建立起良好的人际关系。教师在与同事或学生交往时,如能尽可能地寻找出双方的共同点和相似性,对改善双方的关系一定能起到积极的作用。

(2)交互双方的互补性。指交往双方在气质、性格、能力等个性特征方面所表现出来的互补性。交往双方若能在某些方面形成一种互补的关系,则双方的关系必然会表现出比较稳定与和谐的状态。教师与学生之间就存在着天然的互补关系,离开对方,自己需要的满足和存在的价值就失去了基本的条件。在教育实践中,关键是双方都要充分意识到这一点,这是建立和谐关系的重要基础。

(3)内部吸引力。指交往双方个人品行和个性特征方面如果具有某些突出的优点,通常会有效地增加个人的魅力和对他人的吸引力,这样就会有助于良好人际关系的建立。比如一些优秀教师是因其品格高尚、学识过人、无私奉献、风趣幽默等优秀品质而赢得了学生的敬仰。

新教师在其特定的职业范围内,所涉及到的人际关系类型相对简单一些,主要是与领导、同事、学生之间发生人际互动,当然还包括其他(如学生家长等)相关人群。但是由于这些群体,特别是学生群体数量较大且沟通渠道多样,所以新教师在适应方面就必须不断探索、调整,以建立起有利于工作和促进自我身心健康发展的良好人际关系。

三、新教师与领导

学校中的领导者包括了从校长、主任,到年级组长、学科组长等业务管理者等不同层次的领导。作为普通教师,在与他们交往的过程中,既要适应对方的需要与特征,同时也在能动地影响着对方,反映着自己的需要和个性特征。这里仅从新教师如何更好地了解领导者的需要和争取领导支持的角度来做一些分析。

(一)了解领导的需要

从校长角度看,为了建立良好的上下级关系,必须了解教师的需要。那么,作为教师要与领导者保持良好的关系,也同样应了解领导的需要。在这方面值得特别重视的主要有以下几项:

1. 自尊的需要

每个人都希望受到别人的尊重,当领导的这种需要就更突出。所以新教师首先要满足领导获得尊重的需要,具体说,新教师首先要支持领导的工作,服从领导的正确决定,不要公开表示对领导的不满或当面顶撞;其次,对领导的努力和工作成绩要给予充分的肯定和承认,不要只看缺点和不足;第三,对领导有什么意见或建议应单独找领导谈,而不要当众让人下不来台。

2. 成就的需要

凡是有事业心的领导者都希望在工作上有更大的成绩,在办学水平上有新的提高。作为新教师要想让领导满意,首先就要做好本职工作,在教育、教学质量上走在前面;其次,如果有可能,可以在学校管理、教育科研或教学改革方面主动多做一些事情,提出一些建议,帮助领导出谋划策,这样就很容易引起领导的重视;第三,如果能够在学校以外拿出一些教研、科研成果,获得一些奖励,如市、区级的优秀课,国家级或市、区级科研论文交流,在各级刊物上发表论文等,就一定会受到领导的重视。

3. 交往的需要

领导也是普通人,也需要朋友和友谊,因此,同领导交往时不要有不必要的距离感,不要因为对方是领导就不愿或不敢去接近,只要能与领导平等相处,在正常的交往中发现有共同的志趣、爱好,有相似的理想、价值观,有相似或互补的性格特征,即使是普通教师也完全可以与领导成为朋友。

(二)获取领导的支持

领导的支持是做好工作的重要条件,因此,只有争取到领导的支持才能把工作做得更好。那么,怎样争取领导的支持呢?

1. 要尊重领导、相信领导

一个新教师只有尊重、信任领导,听从领导指挥,才能得到领导的支持;相反,一个总跟领导对着干的教师就很难得到领导的支持。

2. 要努力工作,做出成绩

容易引起领导重视、得到领导支持的通常都是那些敬业爱岗、积极进取、事业心较强的教师。所以,作为一个新教师要想争取领导支持,就要努力工作并做出一定成绩来,这是争取领导支持的基础。

2. 主动汇报,积极建议

要获得领导支持,就要让领导了解情况,包括现实问题和对策建议,这样,领导才能明确地表示态度,支持教师的工作。在此过程中,教师不仅要积极向领导汇报自己的工作情况与需要解决的问题,还应把自己的一些具体建议或解决问题的方案提供给领导,这样便于领导选择和决策,更容易得到领导的支持。

这里要注意,对领导一时没能给予支持的事情,要有耐心,等待时机再去争取,而不要立即表示不满,背后随便议论,或者发牢骚、说怪话,这样容易造成误会,影响上下级的关系和团结,争取领导支持也就更困难了。

四、新教师与同事

新教师的同事关系实际上是教师集体内部的人际关系。这种关系是建立在共同的工作任务和特定组织环境基础上的,对于学校工作任务的完成具有重要的意义。在这里,我们将从集体意识以及竞争与合作的角度来探讨教师之间的交往问题。

(一)重视集体精神

学校是一个集体,教师在学校里是作为一个教育集体,共同担负育人任务的。教育过程不可能只靠一两个教师来完成,而必须依靠整个教师集体的协作、配合才能完成。所以说,独木难成林,这是学校教育方式的一个基本特点。从这一点来看,如何发挥教师集体的整体效应,是决定教育效果的关键。只有教师集体同心协力,才能对学生产生一致的积极影响,才会培养出德、智、体、美全面发展的社会主义劳动者。看来,新教师必须首先确立这样一种集体观念,才能在处理同事关系时做到顾全大局。

集体环境对每一位教师都有着十分重要的影响作用,在一个集体中,教师的心理与行为通常都会受到集体环境多方面因素的影响。这些社会心理因素所起的作用,有时会超过教师个人的意愿。因此,任何一位教师要想很好地适应所在的集体,就必须处理好个人与集体的关系。

通过增强教师的集体意识,可以对教师之间的人际交往产生多方面的积极作用:第一是促进教师彼此间的相互认同。作为同一个集体的成员,大家在目标、利益、归属需要的满足等方面,都有很多的共同点,很容易在心理上彼此接纳,相互认同。第二是容易提高交往的广度和深度。在一个健康的教师集体中,很少会有勾心斗角、尔虞我诈的小帮派现象,这就使同事间可以在最大范围内进行充分的交往与沟通,交往中也不必互相防范、各打自己的小算盘,这样的良好气氛是增强集体内部团结的重要基础。第三是相互间容易配合。由于长远目标的一致性,使得教师在交往中能够做到三个服从,即个人利益服从集体利益、局部利益服从全局利益、当前利益服从长远利益,在这样的基础上,人际关系才可能达到和谐、融洽的境界。

(二)在合作中竞争

竞争作为社会发展的重要动力,无论是对群体还是对个人,只要条件适当,就能起到促进作用。但是这并不意味着竞争就是一切,或者说,同事之间就只存在竞争的关系。实际上,竞争与合作是实现集体目标的两个基本条件,缺一不可。在鼓励教师增强竞争意识的同时,还要强调从两个方面正确对待竞争:

1.竞争要"适度"

良性竞争需要一定条件,这便是公平、公开、公正的竞争环境。而要创设这种氛围,首先要解决的是人的观念。常会看到有些人在竞争中的一些不正常的表现:明争暗斗、相互诋毁、不相往来、互不买账等等,这实际上是把竞争变成了对立,使动力退化为内耗,这其实都是来自对竞争的不正确理解。在工作中的竞争并不是你死我活的竞争,而是促进发展的动力。如果错误地认为竞争就是为达到目的而不择手段,那么心态就不会平和,而公平、公开、公正的竞争环境就无从谈起,竞争将陷入无序的混乱中,不仅不能起到激励作用,反而会导致群体凝聚力下降、士气低落、人际关系紧张,甚至出现恶意竞争的局面,将竞争演化为战争。因此,竞争应该在公平有序的条件下进行,使每个人的潜能被更大地激发出来,更好地投入到工作中。这样,集体的目标才能加速实现。

2.竞争中强化合作

在引入竞争机制来提高工作自觉主动性的同时,也更需要强调团队的合作精神。因为只有通过合作,才能更好地形成合力,促进教育系统功能的改进与完善,从而更好地实现学校的育人目标。为了搞好工作,教师必须与同事处好关系。我国著名教育家叶圣陶指出:"教师之间要团结无间,互相配合。"为此,教师间要做到:第一,要尊重同事的劳动,维护同事的威信,发现问题要及时补台,千万不要在学生面前贬低其他老师;第二,同一学科的教师要团结互助,互相学习,新老教师之间可以通过拜师、结对子、确定指导关系等方式进行传、帮、带;第三,同一年级,不同学科的教师要密切配合,可以采取课题协作、专题研究、情况沟通、重点突破等方式,齐心协力做好工作。

(三)避免"文人相轻"

"文人相轻"是封建社会遗留下来的一种坏习气,指的是文人之间互相轻视、贬低的不良习气,这一现象的存在同知识分子劳动的特点有关。由于知识分子的劳动具有个体性和创造性,自我欣赏、夜郎自大是他们很容易形成的通病。教师是知识分子的一部分,教师的劳动也具有较强的个体性和创造性。不同的教师在教学方法和教学风格上存在着普遍的差异,在大多数情况下,这些不同的教学方法和教学风格在实际效果上都是各具特色、各有千秋的,因此在客观上具有自我肯定和自我欣赏的基础。

如果缺乏自知之明,不能客观评价自己,很容易表现出妄自尊大、看不起别人,轻易否定其他教师的教育教学成绩,讽刺、打击获得各种荣誉的教师,夸大他们的缺点和不足等。这些都会影响同事之间的团结,也会对教学水平的提高产生不利的影响。克服这一弱点应从以下几方面做起:

第一,要辩证地看待自己已有的成绩。一个人不论达到多高水平,也不可能是极限,山外有山,天外有天,学海无涯,学无止境。要牢记"虚心使人进步,骄傲使人落后"这句格言,做到谦虚谨慎,戒骄戒躁,不要浅尝辄止,固步自封。

第二,要看到自己的每一点进步中都包含着其他人的心血,现有成绩绝不是单凭个人努力的结果,其中凝结着领导的关心、同事的帮助、老教师的传授、学校创造的条件,因此,不能把成绩全部记到自己的账上。要想继续进步,就要虚心向优秀教师学习,善于取他人之长,补自己之短,这样才能百尺竿头,更进一步。

第三,要给自己定出更高的目标,确定更远大的志向。凡是容易自满的人,都是缺乏远大理想和宏伟志向的人,真正志存高远的人会遥视远方的目标,不断发现自己与目标之间的距离,根本来不及骄傲。

(四)新教师如何改善自己的人际关系

1.保留意见

过分争执非但无益且又有失涵养。通常,应不急于表明自己的态度或发表意见。谨慎的沉默就是精明的回避。

2.认识自己

促进自己最突出的天赋,并培养其它方面。只要了解自己的优势,并把握住它,则所有的人都会在某事上显赫。

3.避免夸张

夸张有损真实,并容易使人对你的看法产生怀疑。精明者应克制自己,表现出小心谨慎的态度,说话简明扼要,决不夸张抬高自己。过高地估计自己是说谎的一种形式,它能损坏你的声誉,对你的人际关系产生十分不好的影响,有损你的风雅和才智。

4.适应环境

适者生存,不要花太多精力在杂事上,要维护好同事间的关系。不要每天炫耀自己,否则别人将会对你感到乏味。必须使人总是感到某些新奇。每天展示一点的人会使人保持期望,不会埋没你的天资。

5.取长补短

学习别人的长处,弥补自己的不足。在同朋友的交流中,要用谦虚、友好的态度对待每一个人。把朋友当做老师,将有用的学识和幽默的言语融合在一起,你所说的话定会受到赞扬,你听到的定是学问。

6.言简意赅

简洁能使人愉快,使人喜欢,使人易于接受。说话冗长累赘,会使人茫然,使人厌烦,而你则会达不到目的。简洁明了的清晰的声调,一定会使你事半功倍。

7.避免自负

把自己的长处常挂在嘴边,常在别人面前炫耀自己的优点,这无形中贬低了别人而抬高了自己,其结果则是使别人更看轻你。

8.丢弃抱怨

抱怨会使你丧失信誉。当自己做的事没成功时,要勇于承认自己的不足,并努力使事情做圆满。适度地检讨自己,并不会使人看轻你,相反总强调客观原因,抱怨这,抱怨那,只会使别人轻视你。

9.坚守诚信

对朋友同事说谎会失去他们的信任,这是你最大的损失。要避免说大话,要说到做到,做不到的宁可不说。

10. 远见卓识

当财运亨通时要想到贫穷,这很容易做到。一定要多交朋友。维护好朋友同事之间的关系,总有一天你会看重现在看来似乎并不重要的人或事。

五、新教师与学生

师生关系历来就是教育中的一个关键性问题。对于学生来讲,师生关系对其学习态度、学习兴趣、学习效果及个性发展等方面都有重要影响;反过来对教师而言,师生关系对教师的工作信心和热情也同样会产生特别的作用。可以说,对一个优秀教师而言,其教育理念的体现和教育效果的取得,无不是通过良好师生关系的建立以及合理的交往与沟通来实现的。所以新教师必须了解建立良好师生关系的基本规律和要领。

(一)人际角色

教师的角色意识是指教师对自己所扮演的社会角色应有的行为方式的认知与期待,教师对自己自身角色的理解和期待不同,其行为方式就会有很大不同。比如有些科任教师认为自己的主要任务就是教课,班级管理是班主任的事情,与自己无关,所以在课堂上只管讲课,对学生的违纪行为则不闻不问。

现代教师应扮演的社会角色有哪些呢?美国教育心理学家 J. M. 索里和 C. W. 特尔福德认为,教师在教学过程中要扮演十几种不同的角色。在这里,我们根据现代社会和学生个体发展的需要,认为教师的职业角色应确定为以下六方面:人类文化的传递者;学生灵魂的塑造者;班级活动的领导者;学生家长的代理人;学生的知心朋友;心理健康的维护者。

按照这些角色规范的要求,教师不仅要完成"传道、授业、解惑"的职责,而且要关心学生的个性发展和身心健康;不仅要让学生掌握知识,而且要让学生学会学习;不仅要让学生学会做事,更要指导他们学会做人。而这一切都必须建立在和谐融洽的师生关系的基础上。所以,教师与学生的关系不仅是教育者与受教育者、领导者与被领导者的关系,而且应该是一种平等的互教互学的关系。

新教师要把自己定位为既是教育教学的管理者,更是服务者;既是知识的传播者,又是智慧的开启者;既是引领学生健康成长的先行者,也是沟通无间的知己者。同时还应成为协调人际关系的专家、化解心结的治疗师等等。如能形成这样全面的角色意识,良好师生关系的建立就是顺理成章的事了。

(二)人际情感

在师生交往中,随着师生间相互了解的加深,情感因素就伴随而来。教师出于良好的职业素养,对学生产生了喜欢、欣赏、信任、期待等积极情感,自然会引起学生积极的回应,同样对教师也表现出喜欢、尊重、敬佩、亲近的情感。这就会成为良好师生关系的重要基础。

皮格马利翁效应告诉我们,当学生感受到教师对自己的信任和期待时,感激之情和不能辜负老师信任的决心就共同成为自我完善的外部动力;反之,教师对学生冷漠、生硬的态度和否定、贬低的评价,都是妨碍师生良好人际关系形成的天敌,因为这种缺乏热情和爱心的教育所伤害的不仅仅是学生的学习热情,更是在损伤他们的自尊,而青少年的自尊又是那样的脆弱,曾被苏霍姆林斯基称之为"一朵玫瑰花瓣上颤动欲坠的露珠"。这说明师生间的情感是一件十分宝贵的易碎品,得到它很不容易,只能去精心地培育和呵护。

师生间积极情感的建立中,教师是责无旁贷的发起人和主动者。因为学生似乎在天性中就有着对教师的崇敬与服从,但他们的热情如果遇上教师的冰冷态度又会迅速降温乃至熄灭。所以教师不仅要做燃尽自己的蜡烛,更要做能够点燃学生热情之火的火柴。

（三）人际冲突

1.师生冲突的产生

在师生交往过程中,各种矛盾会贯穿始终。作为教育主体的学生,与起主导作用的教师进行人际互动时,不可避免地会出现各种各样的矛盾,比如教师的要求与学生的愿望不一致时,教师的教育态度与方式方法不得当时,学生对教师缺乏理解不能配合时,师生双方在某一具体事件中产生误会时,都可能产生冲突。

这些冲突的出现一般都有其特定的原因,即相对合理性。这种"矛盾法则"实际上也为教育的发展提供了内在的动力,从而勾勒出丰富的画卷。如有些学生上课不听讲,违反课堂纪律,不交作业,甚至做一些影响集体荣誉的事,教师就要对其批评,如果学生不能接受,就会引起师生冲突。或者教师对学生的态度过于消极,缺乏应有的尊重和理解,动辄讽刺挖苦学生,或有体罚、变相体罚的现象,这当然会引起学生的反感和反抗,由此也会引发师生之间的矛盾与冲突。

2.师生冲突的影响

师生冲突从其效果看,可分为消极的和积极的两种。消极冲突主要是指那些对师生双方都没有任何好处,比如,课堂上某学生随便说话又不接受老师的批评,激怒了教师而发生了争执。

这样的冲突会引起其他学生情绪的紧张和注意力的分散,对课堂秩序会产生极为不利的影响,使正常的教学无法进行,同时也会使教师的威信降低。而且,由于师生经常处于情绪紧张、不安、激怒的状态,不但影响了学生的身心健康,也会影响教师的身心健康。

3.师生冲突的解决

解决师生冲突的关键是教师。因为在师生交往中,教师始终是处于主导的一方。能否建立良好师生关系的关键是教师,解决师生冲突的关键仍然是教师。教师能否用正确的态度对待学生,热情、耐心地帮助学生,真诚、平等地与学生沟通,使学生不断加深对教师的了解,是建立良好师生关系的基础。同样,教师能否对师生间发生的冲突进行冷静的分析,给予充分理解,特别是能否站在学生的立场上对学生的表现给予足够的理解和谅解,同时对自己的教育态度和方式方法进行认真的反思并做出适当的调整,也是解决师生冲突的一个重要前提。

当师生冲突不可避免时,教师要冷静,泰然处之,防止师生冲突的加剧,以至于不可收拾。在冲突中教师应当对自己的工作进行反思,找出师生冲突的症结和自己思想方法与工作上的不足,不能采取强制的做法。但是,教师不能为了解决师生冲突而放弃原则,屈从于学生的压力。教师应该在检查自身问题的同时,取得学生的理解和支持,帮助、引导学生客观地分析师生冲突产生的原因,共同找出解决问题的办法。

总的说来师生矛盾基本上源自特定时代、文化、社会背景下不断发展的青少年身体心理状况,与教师既有的价值观、教育观、学生观的不适应、不调和。我们不妨从矛盾的主要构成着手分析:

（1）知识技能掌握与能力提高过程中的矛盾。

当教师运用教学手段对学生进行从无知到有知、从知少到知多并伴以能力培养的改变中时,很容易出现目标不一致,对任务理解程度不相同,对教学方式运用看法不统一等问题,尤其是教师的经验并不能适用于每一个学生,这种适应与调整都必须有时间和观念作为保证,因此冲突会随时随地地凸现出来。

(2)自我意识发展过程中的矛盾。个体社会化的进程在求学阶段处于加速期,独立性、自立性的提高,成人感的出现使学生积极要求教师更多地理解他们、尊重他们、信任他们。另一方面,毕竟因学生自身心理成熟水平和社会适应能力的相对滞后使理想与现实之间有着难以逾越的鸿沟。这时教师所扮演的角色常常是训教者的身份,冲突便由此爆发。

(3)品德形成过程中的矛盾。学校教育一直同社会现实存在差距,而学生品德形成又同时受到学校教育和社会大环境的共同影响,当两者不可调和时,在学生尚欠成熟的心海中会掀起波澜,特别是当教师的言教与身教明显不一致,与社会现实严重脱节时,渴望"学会做人"的学生与努力"教会做人"的教师之间的冲突便尖锐起来了。

面对这众多的矛盾与冲突,我们切不可为此而忧虑,因为既然它们的存在是个必然,那么我们所要做的就不应该停留在"为什么"上,而是要去思考如何将矛盾转化,使之成为促进学生自我教育、自我提高的内驱力。不过,要使教师的某些观念发生转变并不容易。如由应试教育向素质教育转型过程中,教师对学生的评价标准往往一时难以改变;再如当学生一天天长大,年级渐渐升高,教师却与他们的接触越来越少,沟通越来越困难,原因多半是教师错误地认为学生已不再需要沟通或因为对学生的不理解而害怕接触,其结果则是教师在学生心目中的威望相应地越来越低。

一部美国系列剧《成长的烦恼》在国内引起了巨大的反响,从中我们看到了孩子在长大成人的历程中其行为与成人观念的一次次碰撞,对于这些无论是家长还是教师都无法回避。许多抱怨"现在的学生越来越难教了"的教师,如果仍不能正视这些矛盾的存在,进而从中去反思自己应如何去理解他们的话,那么冲突将只有激化,问题只会愈发复杂。

(四)人际行为

对于矛盾冲突,教师在发现原因、直面现状的同时,更需要去努力寻找最大程度地使之转化为促进良好师生关系发展的契机。以下为针对不同的冲突表现需要进行的相应的行为调控:

1. 角色冲突控制

教师与学生在追求教与学的目标方面存在着差异。教师由于其角色身份,向学生提出的目标要求通常来自于政府教育部门和学校组织的意愿,这就很难与每一位学生以其个人为出发点而确定的目标达成一致。如果这时教师一味强调自己的权威性,固执己见的话,冲突就无法得到控制。只有以民主的方式、平等的姿态同学生沟通以形成共识,用非权力的影响力对学生进行约束和教导,才能最终形成共同目标。

2. 态度冲突控制

正确的交往态度会使人自然而然发生情感卷入,反之则只可能产生强烈的冲突。教师对学生的态度表现出自身的个性特征,也取决于基本的学生观。试想,一个认为学生是工作中的麻烦,不断想方设法要制服他的老师,能否以理解宽容的态度来对待学生呢?大多数人在人际交往中遇到了困难和障碍,其根本原因是由于自己对他人态度体系的缺陷而间接造成的。这足以提醒教师,对待成长中的青少年,态度决定结果,你的微笑会换来一张张灿烂的笑容,你的表扬与鼓励将赢得学生的尊敬和爱戴。

3. 认知冲突控制

常言道:听其言、观其行则知其人。教师试图去了解学生,学生也同样地来探询老师。一旦在相互认知过程中出现偏见、刻板印象、光环效应、以偏概全等问题即心理的错误认知,离冲突的发生也就为时不远了。

在日常的交往中,教师应首先做出表率,将一个真实的自我展示给学生。这里真实是指不矫饰、不遮掩、不夸大自己的缺点和优点。再通过多方位的接触,使学生全面地、客观地认识教师,理解教师,形成中度、深度卷入的人际关系状态基础。此外就是要主动进行心理换位思考,不过应注意纠正换位思考的一个理解误区,即认为换位就是为了认同对方。其实不然。心理换位是一种充分理解对方意图的方法,它并不代表我站在你的立场上考虑问题就一定要同意你的观点和意见。就像不少老师在教育学生时慷慨陈辞,"我是为了你们好,你们怎么就是不理解,不站在我的角度好好想一想?"恐怕这时很少会有学生真正去设身处地理解老师,从而相信老师是为自己好。

4. 规范冲突控制

在学校中,教师无疑是学生认同的权威,也有权力用规范去要求学生。但权威未必被学生信服,规范也未必具有强制力。特别是教师用强硬的手段去规范学生时,权威与规范都可能大打折扣,甚至失效。

师生这对矛盾体在人际互动中呈现出一种特别的样式,调整适当会朝有利于沟通的方向转化,控制不当而导致的冲突激化则很可能造成严重的后果。教师应在实践中积极探索并逐渐掌握适合自己的行为调控方法,将师生之间的心理距离调适到一个恰当的位置,使自己真正理解和洞悉学生心理的差异性,因材施教。

六、新教师与家长

教师与学生家长之间人际关系形成的纽带是学生。作为共同的教育对象,学生受到双方的关注,是交往内容的核心甚至全部。理想的沟通是在教师、学生和家长三方之间建构起一个三角形的双向互动模式,使每一方都能获得另两方传递的有效信息。特别是教师与家长通过及时联系,在更高程度上对学生的教育引导实现互补性与一致性的促动,合力推进学生的成长。

由此可见,新教师与家长之间的人际交往具有非常重要的意义和作用,它直接关系到学生能否得到一个来自家庭和学校共同形成的良好教育氛围。

首先,是教育要求的一致性,因为教师和家长都在对学生提出要求,但由于双方在教育观、价值观以及具体的教育方式上存在差异,并且对学生自身的心理发展特点在认识上也不尽相同,所以具体要求经常不同甚至截然相反。这样会令学生进退两难、无所适从,时间长了将慢慢产生反感、抵触、厌倦、焦虑等情绪,不利于他们的心理健康,也干扰师生关系和亲子关系。为了令双方满意、自己过关,学生往往撒谎、两边隐瞒,使品德的形成也受到影响,严重时还可能导致双重人格及行为的出现。

其次,教师与家长的这种人际交往实际上是一种在共同目标下的合作关系,而作为其合作基础的学生,由于在家庭和学校中所承担的社会角色不同,相应的行为表现也有不同。因此,及时互通有无,使教师能够了解到学生的另外一面,更加全面地掌握更多信息,从而为调整、改进教育措施与手段,为因材施教提供依据。对家长而言,通过从教师那里获得的信息、受到的指导来纠正一些不正确的教育态度、教育观念和教育方法,优化家庭教育环境,把在学校里已取得的教育成果带回家,并得以强化和巩固。

当然,形成、发展良好的合作关系必须遵循一定的原则,否则双方的差异势必会导致矛盾、分歧,令合作难以很好地进行下去。

(一)教育性原则

教育学生使其健康成长是教师同家长合作的出发点与归宿点。在这一明确的目标前提下,关系结构中学生理应被放在中心地位。教师一方面要为学生提供良好的交往形象,用自己与家长交往中的实际行动做出榜样;另一方面要杜绝利用家长爱孩子的心理而提出不合理要求,例如教师节让学生"献爱心",要求学生家长为自己办私事等等。这是违背教育性原则的,会令教师丧失学生的尊重和家长的信任。

(二)主导性原则

交往过程中,教师应主动发挥作用。这是因为在学生成长的诸多影响因素中,教师是居于主导地位的。在与家长的合作中,教师的主动姿态会促进家长交往的积极性,使其更好地来配合教师,共同实现教育目标。在主导性原则指导下,教师可以通过多种途径来实现沟通,像家访、家长会、家教专题讲座以及家长委员会等形式都是常用而且有效的。

(三)平等性原则

诚信尊重、平等相待是与家长交往中教师必须恪守的一项基本原则。它要求教师对所有的家长一视同仁,尊重并合理地对待家长意见。如果对有的家长热情逢迎,而对有的家长傲慢冷淡,这种不公平会严重妨碍交往,挫伤家长和学生的感情。而且厚此薄彼的态度也反映出教师的功利心态和不健康人格。

(四)及时性原则

我们一直强调沟通和信息反馈要及时,教师和家长无论哪一方发现了问题,都应迅速与对方取得联系,认真查找原因,共商解决办法。这既可以帮助学生尽快克服困难,又能够防止问题进一步加剧,避免因时间拖延而导致解决问题的难度加大。所以重视和坚持及时性原则是非常必要的。

第三节　新教师人际形象的自我塑造

一、教师人际形象与人际吸引

(一)人际形象的意义

现代社会中,由于工作和生活节奏的加快,人与人之间接触和联系的概率也大大增加。有人做过统计:一个人在一生中与他有过重要交往的平均人数约为 500 人。这不能不提醒我们应该努力去营造好自己的人际关系,因为它在很大程度上决定了我们的快乐或烦恼,也在为事业的发展创造机会或设置障碍。那么要怎样做才能使自己的人际活动更加和谐融洽呢? 良好的人际形象会帮助我们大大提高人际吸引的力度和效果。

人与人之间因种种原因形成的友好、亲近和喜欢等心理现象被称为人际吸引。其中包括需要的互补、时空的接近、共同的特征、交往的频率、功利的交换以及才华、仪表等等。而在这种吸引开始发生的时候,如果交往双方都具备了对方所倾向的吸引条件的话,那么形成的人际形象当然不会错,沟通也就自然而然地发生了。

教师在职业范围内的人际吸引主要来自于学生,新教师以其真诚、乐观、积极、开放的态

新教师角色适应与专业发展

度和热情、宽容、睿智、幽默的性格特征感染和影响着学生，会在无形中起到示范的作用，这就是我们所说的人格魅力。而每一个新教师在关注自己人际形象的同时，其实也是在为塑造整个教师群体的形象贡献力量。

（二）破坏形象的表现

良好人际形象树立起来并不容易，需要天长日久地去营造、悉心呵护，而破坏它却轻而易举，只要一两件事处理不当、一两句话注意不好，新教师的人际形象就可能在学生心目中一落千丈。

学生对新教师的评价无不来自于教师日常的行为表现。我们在一项调查中，从专业水平、个性特征、仪表形象、生活习惯等四个方面来了解学生对新教师的看法，所得出的具体结果通过受学生喜欢的特征和不受学生欢迎的特征来进行对比，从而反映出新教师在学生心目中的人际形象。

作为新教师，与学生交流最多的场所就是课堂。因此，新教师在教学过程表现出教法单调、呆板，表达能力差，对课堂秩序控制不利就成为学生产生否定态度的主要原因了。这实际上是新教师专业能力和从业态度的体现，而能力的提高必须依赖于新教师工作态度的改进。对有些教学水平不高的新教师，学生却并不很排斥，因为他们正以积极的态度、不断的努力提高自己的业务水平，这一点学生看得很清楚。相反，有的新教师虽很具潜力但却不愿把精力更多地投入工作，得过且过，而这才是学生最反感的。

在管理中专制独断，对学生讽刺挖苦或态度急躁，对待学生不公平、偏心，教育方式简单生硬等表现，所反映出的是新教师自身修养水平的欠缺和性格成分中的某些缺陷，这都会令学生产生反感而影响师生关系。

此外，平时一些看似细节，新教师本人并不太在意的问题，像不修边幅、不讲卫生或服饰装扮过于时尚、夸张；言行举止随意、粗俗或者煞有介事、做作；还包括不守时，经常迟到或拖堂等等，都会破坏新教师在学生心目中的人际形象。

（三）新教师的人际吸引

首先是教学受到学生的欢迎，教师以其简洁、生动的语言，深入浅出地把学生带入相关的知识领域，使学生不仅爱听、爱学，并且会听、会学。其次是在个人品格方面，能够做到公平、宽容、诚实守信、平易近人，这些品质不仅为新教师赢得学生的尊敬，更在潜移默化中给学生提供良好的身教，起到榜样的作用。再有就是新教师以其自然整洁的风度仪表、规范得体的举止言行给学生树立起良好的个人生活形象和审美规范，用个人的魅力感召和引领学生积极健康地成长。

二、新教师人际形象训练

优良的心理素质是个体主动建构的结果，只有不断增强开展心理素质训练的自觉性与主动性，充分认识到心理素质训练是个体与外界进行物质、能量、信息交换的过程——交换越充分、越主动，自我身心越趋完善，心理越趋成熟。训练中，首先，要敢于"挑战自我"，从"攻克自我"着手，以发展自我为目标，以自己的优缺点为突破口，推动自身整体心理功能趋向于最优化；其次，要善于"塑造自我"，擅长创造、利用各种良好的人文环境，促使自我类别化，借助客观力量以推动自我身心的和谐、健康发展；第三，要学会"自我期待"与"自我激励"，只有具备了自我建构的主观要求和迫切愿望后，自觉设置目标，自我激励，心理素质训练才会有成效。

(一)净化心灵,开启心境之我

心灵是人的精神世界,它是个体灵魂深处的思想与情感,它由道德、情趣、智慧、才华、意志、信念等组成,并通过人的物质躯体折射出来,表现为人的感觉、欲望、憎恨、直觉、冲动与激情等。俗话说"心为万物之灵,及心有灵知之用",健康的心灵能够使个体保持平静的心绪和客观而周到的思虑,以及产生快乐的情绪,净化过的心灵能启动个体纯正的行为动机,开启个体恬静的自我心境。良好的心理素质表现在应该有一颗纯正的心,有一块恬静而宽广的心地。心灵净化的途径:

(1)回归自然。随着科技的发展和生活节奏的加快,现代人的精神压力越来越重,因而找回人与自然之间的和谐关系,并与之心灵相通才能净化人的心灵——沐浴在清晨的紫霞与黄昏的余辉中,倾听大自然的声音;置身于寂静的夜幕下,感应深邃的夜空,体味生命的原始气息。

(2)读诗诵词。既能得到审美的精神愉悦,又能启迪人的智慧,开启灵感之门;既能与古人对话、体验真情,又能"明目清心"。

(3)感受艺术。艺术是人类精神生活的重要内容,它有一种强大的社会动力,使社会趋向于和谐与美,使人清新静怡、超庸脱俗,它改造和美化生活,是净化人类灵魂的良药。

(4)强身健体。运动可以宣泄情感,激发潜能,培养个体的意志与魄力;运动不但使人回归自然、体验真我、超越自我,而且常能促使我们对生命产生新的领悟。

(5)心理按摩。接受心理按摩既能缓解或消除心理疲劳,减少心因性疾病,又能储备能量,激发灵感与潜能。诸如:幽默,倾诉,唱歌,跳舞,养花,钓鱼,下棋,沐浴等均能净化人的心灵。

(二)潜能开发,打造精神自我

潜能是个人身体、心理等方面存在的发展可能性,是个体存在的、但却未被开发与利用的能力。潜能开发的本质是把人类先天的潜在能力逐渐诱导出来,激活个体已拥有的知识,并进一步掌握新知识。威廉·詹姆斯认为,自我的客体是由物质自我、社会自我、精神自我三部分组成的,社会自我高于物质自我,精神自我又高于社会自我。物质自我的核心成分是不容易被改变的人的身体;社会自我是个人的物质自我与精神自我在他人心目中或社会群体中产生的总体形象。精神自我是一个人内心的、主观的存在,具体地说是指个体的心理能力或性情。我们认为精神自我是个体在后天的成长中得到建构的那部分,其可塑性最大,是人类原本具备的、蕴藏在潜意识中的所有最好的生存情报,它等待个体的开发和使用。个体潜能开发旨在打造精神自我,完备社会自我。其具体内容应该包括:

(1)完善道德自我。道德自我是一个人的道德修养、道德水平与社会道德形象。

(2)发掘智慧自我。智慧是人分析判断、发明创造的能力,智慧自我是一个人的智慧水平,是个体发现问题和解决问题的能力与技巧。

(3)塑造情感自我。情感自我是指个体情商的高低,以及个人在道德感、理智感、美感等方面的真实体验与愉悦程度。

(4)培养意志自我。意志自我是指意志在独立性、果断性、坚韧性、自制性等几个方面在个体行为上的表现,意志是人类特有的高级心理活动,一定强度的意志品质是个人健康的保证,正确的意志行为是个人走向成功的基本条件。

(5)挖掘艺术自我。艺术自我是指一个人在艺术修养与艺术能力等方面的水平。

(6)拓展人际自我。人际自我是指个体在人际交往、人际关系等方面的广度、深度与可信度。

此外,还包括动机自我、兴趣自我、态度自我、经验自我、能力自我、性格自我等方面的进一步开发与利用。

(三)超越自卑,激发自信之我

自卑即自我评价过低,对自我价值产生怀疑。自卑是个体人格上的一种缺陷,是一种失去平衡的行为状态。自卑常以一种消极防御的形式表现出来,它使人变得特别敏感,经不起任何刺激。自卑消蚀人的斗志。长期处于自卑的个体,不仅心理活动失去平衡,而且也会诱发其生理失调和病变。每个人都有先天的生理或心理缺陷,这就决定了每个人的潜意识中都有自卑感存在。超越自卑会使自己建立自信而去寻求优越感。目前新教师中的自卑现象比较普遍,因此,要加强自我心理素质训练,其做法有:

(1)建构积极的自我意象。客观自我评价,正向自我体验——聚会、学习坐前排,不说消极的话,不落入消极情绪中,一旦出现消极苗头立即正面处理。"只要你把恨变成爱,你就能享受生活的乐趣"。

(2)追求心灵自我。心灵富有才是永恒的财富,金钱、荣誉和感官的放纵是短暂的——生活中随时记录灵感,并经常提示自己;做人守时,并随时利用零碎的时间做一些可能的事。

(3)培养社会情感。尝试庄子"至人无己"的人生境界——遇到挫折对自己说:太棒了!每天坚持一次运动;听心跳一分钟,恪守诚信,说到做到,懂得原谅。

(4)学会送人"玫瑰"。常带微笑,坚持做一些"分外之事",每天真诚地赞美三个人。不用训斥、指责的口吻跟别人说话。

(5)学会自我激励。"苦难对于天才是一块垫脚石,对于能干的人是一笔财富,对于弱者是一道万丈深渊";"世上没有一条比脚更长的路,没有一座比人更高的山"。

(6)寻找并体验成功。积极自我暗示:决心就是力量,信心就是成功,灰心就是衰弱,死心就是失败;自动自我监督:走路比平时快30%,肢体语言健康有力,说话声音有感染力。

(四)性格塑造,提升人格魅力

性格是人在对现实的态度和行为方式中表现出来的稳定的心理特征。它在人格中具有核心地位。自爱还是自弃、开朗还是抑郁、勤奋还是懒惰、认真还是马虎、负责还是塞责、踏实还是轻浮、宽容还是计较、合群还是孤僻、自制还是放纵、坚强还是脆弱,灵活还是死板等都间接影响着个体的人格魅力,影响着个人的未来。因此,塑造良好的个性是新教师走向成功的前提条件。其做法有:

(1)创造积极的信念。人的性格受世界观、人生观的制约与调节,只要坚定拥有积极的人生目标与生活信念,性格就会自然受到熏陶,个体就会表现出乐观、坦荡与自信。

(2)激发意志,调动情绪。在不断深化自我认识的过程中,加强自我监督、自我控制、自我鼓励、自我惩罚;增强自我努力、自我誓约、自我命令等,逐渐达到自我完善。

(3)战胜不良习惯。自我修养不会一帆风顺,要克服不良性格,必须纠正不良习惯,不断向自己的坏习惯开刀。

(4)有效利用环境。"敌人帮助成长,困境激发思维",在困难面前拥有乐观向上的精神,培养不怕困难、勇于挑战的个性品格。

(5)重视群体风格。群体对个体性格有一种类化的作用,因此,在良好愿望的支配下,要重视群体风格的建设。

(6)从小事做起。性格修养,应时时在意、处处留心,从小事做起,因为"不积跬步,无以至千里;不积小流,无以成江海。"

(五)目标激励,激发心理动力

目标是个体希望达到的境界和标准。确定适当的目标,能诱发和激励人的动机与行为,以调动人的积极性。新教师只有对高目标不断地追求,才能启动其奋发向上的内驱力。自我实现是指实现个人理想、抱负,发挥个人的能力到最大程度,完成与自己能力相称的一切事情。马斯洛认为:人的最高需要即自我实现就是以最有效和最完整的方式表现他自己的潜力,唯此才能使人得到高峰体验。因此,新教师要结合自己的个性特长与发展规划,进行目标激励。其方法有:

(1)凡事先订立目标,并制作"梦想版",尽量将目标视觉化,并将目标追求与能力训练相结合——"今天的生活取决于三年前的选择,今天的选择将决定三年后的生活"。

(2)寻找路径和方法。协调理想与现实之间的差距,尽力找到实现目标的途径和方法——"成功者找方法,失败者找借口";"用脚走不通的路,用头也许能走通"。

(3)激励自我完善。山不在高,但须有"景"(风景);井不在深,但须有"源"(水源);人不在靓,只需有"心"(信心、恒心、爱心、责任心、上进心),且常带微笑。

(4)学会自我期待。情商理论认为:自我期待是自我激励的根本源泉,一个人只有有所期待,才会在实际行动中对自己进行激励;一旦这种期待消失了,自我激励也不复存在了,期待包括期望和等待。

(5)激励自我超越。自我超越是指突破极限的自我实现或技巧的精熟。它是以磨练个人才能为基础,却又超乎此项目标;以精神的成长为发展方向,却又超乎精神层面。

个人通过自我目标激励,可以充分发挥自己的潜能,逐步实现自己的性格优化,能力强化,心态健化,行为良化,稳步提升自我追求的心理动力,促进个体心理健康与积极行为的出现。

三、新教师人际问题及调适

(一)人际心理问题

教师承担着教书育人的神圣职责,在某些时候还要充当学生心理顾问的角色。但这些并不意味着教师本身就没有心理问题。毕竟作为普通人,又处在当今社会转型时期,来自工作、生活各方面的变化和压力,使教师不时处于应激状态而难以迅速适应,很容易导致心理失衡甚至产生心理障碍。我们发现,在新教师群体中相对典型且出现频率较高的心理问题包括:

1.嫉妒

有人说嫉妒是一剂慢性毒药,蚕食人的理智,吞噬人的健康,谋杀人际关系。这样的比喻入木三分,十分深刻。随着社会竞争的日益加剧和分配差异的逐渐拉大,由于传统文化的消极影响和个人性格上的某些缺陷,在利益再分配的过程中,嫉妒的表现正悄悄萌生在一些人的心头。比如同一学科组内教师在教学效果、科研成果等方面的比较,同一年级中教师在班级管理工作、考试成绩方面的对比,同一年龄段的教师在晋升职务、职称时的比争等等。而一旦优胜劣汰的结果被绝对化,当竞争直接触及到个人的既得利益时,往往嫉妒就会趁虚而入。当局者采取种种损人又不利己的荒唐想法和行为去掩饰自己对竞争失败的恐惧和焦虑,但结果常常适得其反。这种时候,只有及时改变认识、正确看待竞争,发现并借助它积极的动力性作用,同时不断提高自身修养,才有可能根治嫉妒这一恶疾。

2. 偏见

有的教师在解释自己偏爱或偏恶某些学生的原因时强调:人的性格差异使我们无法对同一件事物或同一个人持有完全相同的看法,因此新教师面对众多的学生,当然也不可能把情感平均分配。这听起来似乎不无道理,可实际上这是把人的自觉能动性同绝对化的非理性信念混淆起来了,其认识是非常有害的。

许多研究表明,教师的态度在影响学生成长因素中居于重要地位。学生自尊被伤害,自信被打击,失去前进的动力,在很大程度上都是由于教师因偏见而产生的刻板印象所致。青少年敏感的心灵使他们很容易从教师的表情、语气和眼神中捕捉到冷漠、蔑视、疏远等信息,从而读懂自己在教师心目中的位置。在这样的期待效应下,师生关系将严重地破损,学生的成长道路也被笼罩上阴影。所以新教师必须认真地反思这一问题,确保在思想上对学生一视同仁、平等对待。

3. 自我中心

在学校中你会看到有这样一些教师,作为班主任他们非常重视自己班级的利益,作为课任教师则特别强调自己学科的重要性。这些教师在其班级本位和学科本位的背后,对学生则是命令要求多、倾听沟通少。因此,他们不仅招来其他班学生、其他科教师的反感,而且还受到本班同学的非议。

通过这些现象我们认为,这类教师存在着过度的自我中心意识。他们对学生,甚至对同事指手划脚、责备苛求,听不进意见、一意孤行。毫无疑问,这样的教师无论在师生关系还是同事关系方面都不会形成良性沟通。

它的消极作用还有,当一部分学生渐渐适应了教师的态度和行为方式后,他们在耳濡目染中可能会不自觉地接受、模仿。也向唯我独尊、不顾他人需要与感受的思维、行为模式演化。如果由此塑造出一批自我中心主义者的话,那么后果是相当严重的。

4. 自制失控

教师的工作相对繁重而且琐碎,常常听到有人抱怨工作太累、收入太低、学生太不听话等等。另外,教师各自家里都有一堆事情,特别是目前中小学中女教师比重很大,更是忙完了工作忙家务,管完了学生管孩子。如此操心费力,难免会把生活里的一些情绪带到教学、班级管理以及和同事的交往中,这是可以理解的。

但如果总以此为借口,在工作与交往时情绪化严重,那么这种自控意识差、自制水平低的表现就变成妨碍正常教育活动和人际交往的心理问题了。对此,应让新教师学会一些行为调控的方法并有意识地使用,以改善人际关系、提高工作绩效。更重要的是还要调整认知,适应生活节奏和工作要求,使自己真正摆脱自制力失控的心理困境。

(二)积极心理调适

教师身上的一些心理问题,就其本身而言并不可怕。因为那些大多属于一般性心理问题,只要认识到了并及时地疏通、矫治,是不会产生太大影响的。但是又必须重视下面两种情况,因为如果不加注意或忽视则可能导致一般性问题发展为严重的心理障碍,对教师本人及其家人、学生、同事等造成更大的损失。

一是对存在的问题没有及时发现。如前面说到的教师自我中心问题,就往往只被认为是个性好胜、要强,工作作风不民主等,包括当事人自己可能也没有准确地认识到表象背后的原因。这样,问题便被隐藏了起来,从而将会带来难以估计的消极影响。

二是虽然认识到问题的存在,但没有及时进行调适。调适的方法属于技术性问题,通过心理咨询人员的指导和阅读心理自助读物,只要坚持实践就会取得收效,比如一些调节情绪、控制行为的方法就相对容易掌握。转变起来比较困难的则是明知故犯的情况,即教师能够意识到自己的问题,但却在主观上缺乏转变的动机。

像偏心的教师很清楚自己在想什么、做什么,但却不以为然,不愿改变。其结果是教师的错误观念与学生的抵触情绪形成循环验证效应,使师生关系恶化,导致学生联名要求更换教师、故意对抗教师等严重的后果。这时就必须对教师进行干预,以行政手段或心理辅导来促使其改变,保证教育工作的正常进行,保护学生人格的健康发展。

总的说来,教师的人际心理现象表现出丰富的形式和内容,它直接关系到新教师自身工作、生活的顺畅进行,同时也对其它相关人群具有非常重要的影响。因此必须关注和重视教师在人际交往中的心理健康,给予正确有效的指导。

主要参考文献

[1] 张永华编著. 大学生自我超越[M]. 北京:中国戏剧出版社. 2008

[2] 贺新宇等主编. 心理学[M]. 成都:西南交通大学出版社. 2009

[3] 顾明远等. 教育大辞典[M]. 上海:上海教育出版社. 1991

[4] 陈学宏,蒙佐德. 新时期课堂教学导论[M]. 成都:电子科技大学出版社. 2003.

[5] 蒙佐德,吴应朝. 教学策略要论[M]. 成都:电子科技大学出版社. 2004

[6] 蒙佐德,耿德英. 教学认知的多维解构[M]. 成都:电子科技大学出版社. 2006

[7] 何匡仆 谌业锋著. 学校科研指南[M]. 成都:电子科技大学出版社. 2002

[8] 蒙佐德,曾光福. 基于潜在个性的教学[M]. 成都:电子科技大学出版社. 2009

[9] 张永华. 教师道德人格结构及其构建[J]. 教学与管理. 2008(3)

[10] 张永华. 教师心理素质的"自我超越"[J]. 扬州大学学报(社科版). 2009(3)

[11] 张永华. 素质教育与教师人格素质[J]. 重交通学院报. 2002(2)

[12] 张永华. 浅析情感与师生情感的"异化"[J]. 四川师范学院学报. 2004(1)

[13] 张永华. 教学"创新之路"刍议[J]. 凉山大学学报. 2004(4)

[14] 张永华. 教学"创新分类法"刍议[J]. 西昌农业专科学校学报. 2004(4)

[15] 张永华. 大学生"人格能级发展理论"的构建[J]. 西昌学院学报. 2005(4)

[16] 张永华. 儿童社会化中的"人格烙印"[J]. 西昌学院学报. 2007(3)

[17] 谌业锋. 教师心理健康的自我维护[J]. 上海教育. 2004(14)

[18] 谌业锋. 教师心理健康的维护[J]. 北京:中国民族教育. 2006(2)

[19] 谌业锋. 校本教研的三种有效途径[J]. 北京:中国民族教育. 2006(8)

[20] 谌业锋. 课堂讨论的组织策略[J]. 成都:四川教育. 2006(11)

[21] 谌业锋. 教师专业成长的几点思考[C]. 在教学反思中走向专业成长,龙门书局. 2008

[22] 谌业锋. 促进教师专业发展的校本教研[DB/OL]. 业锋教育在线. http://www.lsyf.cn. 2005

[23] 谌业锋. 新教师的角色适应与专业发展[DB/OL]. 谌来锋主页. http://jksyf.scxxt.com.cn. 2006

[24] 王本陆主编. 课程与教学论[M]. 北京:高等教育出版社. 2004

[25] 张华. 课程与教学论[M]. 上海:上海教育出版社. 2000

[26] 吴立岗,夏惠贤主编[M]. 现代教学论基础. 南宁:广西教育出版社. 2001

[27] 靳玉乐. 现代课程论[M]. 重庆:西南师范大学出版社. 1995

[28] 钟启泉. 课程与教学概论[M]. 上海:华东师范大学出版社. 2004

[29] 廖哲勋,田慧生主编. 课程新论[M]. 北京:教育科学出版社. 2003

[30] 钟启泉,张华主编. 世界课程改革趋势研究[M]. 北京:北京师范大学出版社. 2001

[31] 杨小微主编. 现代教学论[M]. 太原:山西教育出版社.2004

[32] 余林主编. 课堂教学评价[M]. 北京:人民教育出版社.2006

[33] 联合国教科文组织.学会生存——教育世界的今天和明天[M].北京:教育科学出版社.1996

[34] 傅道春主编.教师的成长与发展[M],北京;教育科学出版社.2001

[35] 吴康宁.教育社会学[M].北京:人民教育出版社.1999

[36] (美)格雷斯.教师和角色冲突[A].教育学文集·教师[C].北京:人民教育出版社.1999

[37] 胡艳.从21世纪教育发展趋势看未来教师角色特征的变化[J].北京师范大学学报.2002(2)

[38] 王俊明.近年来国内关于教师角色冲突的研究综述[J].教师教育研究.2005(5)

[39] 刘次林.教师的幸福[J].教育研究.2000(5)

[40] 董泽芳.社会转型期的教师角色冲突[J].华中师范大学学报(哲社版).1996(6)

[41] 王洪玲.对教师解决其角色冲突问题的几点思考[J].职教论坛.2006(2)

[42] 梁玉华,庞丽娟.论教师角色意识:内涵、结构与价值的思考[J].教育科学.2005(8)

[43] 陈琦,刘儒德主编.当代教育心理学[M].北京:北京师范大学出版社.2007

[44] 刘维良编著. 教师心理卫生[M].北京;知识产权出版社.2001

[45] 罗晓路.专家一新手型教师教学效能感和教学监控能力研究[J].心理科学.2000(6)

[46] 林崇德,申继亮,辛涛.教师素质的构成及其培养途径[J].中国教育学刊.1996(6)

[47] 张素玲.教师专业发展的特点与策略[J].辽宁教育研究.2003(8)

[48] 国际21世纪教育委员会联合国教科文组织总部中文科译,教育——财富蕴藏其中[M].北京:教育科学出版社.1996

[49] 傅建明著.教师专业发展——途径与方法[M].上海:华东师范大学出版社.2007

[50] 余文森,连榕等编著.教师专业发展[M].福州:福建教育出版社.2007

[51] 王建国著.课程变革与教师专业发展[M].成都:四川教育出版社.2004

[52] 姬秉新等编著.新课程与教师专业发展[M].北京:首都师范大学出版社.2003

[53] 周跃良等著.信息化环境中的教师专业发展[M].北京:科学出版社.2008

[54] 傅道春主编.教师的成长与发展[M].北京:教育科学出版社.2001

[55] 申继亮主编.教学反思与行动研究——教师发展之路[M].北京:北京师范大学出版社.2006

[56] 檀传宝等著.走向新师德——师德现状与教师专业道德建设研究路[M].北京:北京师范大学出版社.2009

[57] 盛群力等. 试论系统设计教学中的备课程序[J]. 教育研究.2001(5)

[58] 吴守一. 提高课堂讲授效果的探讨[J]. 江苏大学学报(高教研究版).2004(1)

[59] 赵水祥,王振中. 小组合作学习存在的问题及解决对策[J].教育科学研究.2004(12)

[60] 黄甫全. 课程与教学论[M]. 北京:高等教育出版社.2003

［61］高俊霞.情境教学:创设充满智慧和情趣的空间［J］.中国教育报.2007.8(5)

［62］陈晓端,马建华在.当代课程教学新理念述要［J］.教育科学研究 2006(2)

［63］林冬桂.学科活动课的特点及教学［J］.教育导刊.2004.(21)

［64］吴圣潘.浅论问题教学模式的设计［J］.生物学教学.2002(7)

［65］许红梅主持.教育学精品课程 http://www1.dnsou.cn/jpwznews.asp?

［66］金陵职业教育中心:http://www.jlzjzx.cn/showcourse.asp?

［67］中国搜课网.hi.baidu.com/chinasouke/blog/item/d21fd42

［68］全国中小学教师远程教育研究中心 http://edu6.teacher.com.cn/tln003a

［69］杨耀辉.新课程呼唤活动课教学:http://www.jiao-yu.cn/teacher/jsjx/

［70］肖永春,齐亚丽主编:成功心理素质训练［M］.复旦大学出版社.2005。

［71］谌业锋.病由心生亦由心去——让我们把心放下轻构生活［N］.济南:当代健康报

［72］谌业锋.如何建立学生心理档案［I］.北京:人民教育.2002(8)

后 记

学习是一生的事,是现代人的第一需要。从某种角度说,学习已经成为每个现代人的生存和发展的基础,只有学会学习,我们才能在当今社会大潮中搏风击浪,勇往直前。《学习的革命》一书指出:"全世界在争论这样一个问题:学校应该教什么? 在我们看来,最重要的应该是两个科目:学会怎样学习和怎样思考。"许维诚先生曾说过:"从个人来说,在无限广阔的知识海洋中,如何快速地获取自己的那一部分知识? 随着事业的发展,又如何补充知识来满足新的需要? 面对知识本身的不断发展,又如何能做到不落后于时代? 这些问题都告诉我们,学习是每个社会成员终身的事情。"新一轮基础教育课程改革将使中小学教师队伍发生一次历史性的变化。每位教师都将在这场变革面前掂出自己的分量,做出自己的回答。这场改革给教师带来了严峻的挑战和不可多得的机遇。在这场改革中,新教师必须努力提高自身的专业知识水平,增强适应能力,促使自己转变教育观念、教育方式、教学行为等。

"教学不只是一种职业,而是一种事业。职业可以讲代价,而事业只能讲意义、讲献身。"这就要求新教师发扬老教师那种"不用扬鞭自奋蹄"、"无人喝彩自钟情"的敬业精神,注重从师德、师能两个方面去提升自己,以特有的职业境界、专业境界和事业境界,来对待教师这一神圣职业。

新课程的培养目标要求全面贯彻教育方针,推进素质教育,体现时代要求。新教师要牢固树立终身学习的意识,本着"干什么、学什么,缺什么、补什么"的原则,贵在自觉、重在支持、巧在结合地抓好学习,不断更新自己的知识,力争使自己的知识结构能达到专与博、广与深的有机结合,具有较强的知识后发优势和可持续发展能力。

该书引用了许多专家和学者的观点,我们均在参考文献中作了介绍。由于时间仓促,该书有不成熟、甚至错误的地方,希望得到广大读者的包容和指教。

新教师角色适应与专业发展